湖北省教育厅人文社科一般项目资助（23Y107）

武汉纺织大学校基金专项（校2024400）

绿色品牌故事真实性

维度与建构

黄钞华◎著

九州出版社
JIUZHOUPRESS

图书在版编目（CIP）数据

绿色品牌故事真实性：维度与建构 / 黄钞华著 .
北京：九州出版社，2024. 6. -- ISBN 978-7-5225
-3136-6

Ⅰ . F272. 3

中国国家版本馆 CIP 数据核字第 20244PZ513 号

绿色品牌故事真实性：维度与建构

作　　者　黄钞华　著

责任编辑　邓金艳

出版发行　九州出版社

地　　址　北京市西城区阜外大街甲 35 号（100037）

发行电话　（010）68992190/3/5/6

网　　址　www.jiuzhouopress.com

印　　刷　唐山才智印刷有限公司

开　　本　710 毫米 ×1000 毫米　16 开

印　　张　14. 5

字　　数　222 千字

版　　次　2024 年 6 月第 1 版

印　　次　2024 年 6 月第 1 次印刷

书　　号　ISBN 978-7-5225-3136-6

定　　价　68. 00 元

序　言

随着国家"双碳"战略的大力推进，绿色消费的理念渐入人心，绿色品牌备受青睐。然而，很多品牌为了攫取更多的利润，披上了"漂绿"的外衣。大量的"漂绿"行为在迷惑诱导消费者的同时，也给真正的绿色品牌带来了信任危机。货真价实的绿色品牌如何有效地向消费者呈现品牌真实的绿色理念，如何赢得消费者的绿色信任显得格外重要。

真实性是当代市场营销的基石之一，也是绿色品牌营销的首要原则。目前，在品牌研究领域，品牌真实性已经成为国外品牌研究的热点话题。由于消费者与绿色品牌之间信息不对称，消费者无法切实感知绿色品牌的质量和功能，从而弱化了对品牌的真实性感知。尽管关于品牌真实性的维度问题尚未形成一致结论，但学者们普遍认为品牌真实性是一个多维度结构。部分学者已经对绿色品牌真实性构成要素进行了探讨，但关于绿色品牌如何借助恰当载体来呈现品牌真实性的问题研究较少。已有研究表明，品牌故事被证实是传播企业绿色发展理念和价值观的一种非常有效的途径。很多绿色品牌都从不同的角度讲述着自身绿色发展的品牌故事，讲好品牌故事为品牌带来了成功，但理论界关于绿色品牌如何通过品牌故事这一媒介呈现真实性的研究较少。因此，本书系统梳理了国内外品牌故事和品牌真实性领域的研究成果，采用扎根研究来提炼绿色品牌故事真实性的构成维度，为绿色品牌故事真实性的体现奠定理论基础。

真实性作为品牌故事构成的核心要素之一，已有研究证实品牌真实性会显著影响品牌信任，进而影响消费者的品牌态度和行为。但理论界较少对品牌故事真实性的前因后果进行系统深度的挖掘和论证。本书采用多种实证分析方法，检验了绿色品牌故事真实性对绿色信任的作用和影响程度，并探讨了不同自我建构类型的消费者在二者关系中的差异；设计眼动追踪实验来探索不同类型绿色品牌故事下的消费者品牌真实性感知的差异，为建构绿色品牌故事提供指导依据。

品牌故事通过情节设计和内容建构来产生叙事传输效应，使消费者沉浸其中，进而影响或改变消费者的态度和行为。绿色品牌故事同样需要以合理的叙事结构呈现给消费者，才能有效传递品牌价值理念。叙事修辞策略是影响叙事传输效果的重要手段，但学术界较少检验叙事修辞策略应用于绿色品牌故事真实性建构的效果。因此，本书引入拟人、反转和象征三种叙事修辞手法用于绿色品牌故事真实性建构，实证检验了叙事修辞、沉浸感和品牌真实性感知之间的关系。

本书的具体内容为：以绿色品牌故事真实性为研究对象，第一，通过文献计量分析软件和文献研究法对国内外品牌故事和品牌真实性领域的研究成果进行系统归纳梳理；第二，对40个绿色品牌的品牌故事文本和一手访谈资料进行扎根理论研究，提炼绿色品牌故事真实性的构成维度，并检验绿色品牌故事真实性构成维度测量指标体系的合理性；第三，对504份正式样本数据进行实证分析，检验了绿色品牌故事真实性对绿色信任的影响，同时考察了消费者自我建构类型的调节效应；第四，通过眼动追踪实验检验了在不同类型绿色品牌故事（品牌自身故事VS品牌产品故事VS消费者故事）下消费者品牌真实性感知的差异化，归纳了消费者对绿色品牌故事内容的兴趣点；第五，提出将叙事修辞手法用于建构绿色品牌故事真实性，并采用结构方程模型进行有效性检验；第六，进行了总结，并对研究局限和未来研究方向做了简要说明。

基于以上研究要点，本书得出以下研究结论：

第一，开发了绿色品牌故事真实性构成维度的测量指标体系。本书通过质性编码分析的层次聚类分析，提炼出绿色品牌故事真实性由原型真实、建构真实和情感真实三个维度构成，其中原型真实包含绿色品牌原生性、绿色主体象征性、绿色价值原创性；建构真实包含绿色叙述逻辑性和绿色叙述可靠性；情感真实包含诚实性、自然性、天然性和道德性。绿色品牌故事真实性构成维度不是独立存在，而是相互关联的。本书开发了一套由15个测量项目组成的量表，经过对实证数据的信效度分析、探索性因子分析和验证性因子分析，论证了测量指标体系的合理性。

第二，厘清了绿色品牌故事真实性构成维度对绿色信任的影响。通过结构方程模型实证分析表明，绿色品牌故事真实性的各个构成维度都对绿色信任有着显著影响，但不同自我建构水平在二者关系的调节效应中存在差异化。其中，对于独立型自我建构消费者而言，原型真实更能促进消费者的绿色信任；对于相依型自我建构消费者而言，情感真实更能促进消费者的绿色信任。自我建构水平在建构真实和消费者绿色信任的关系中的调节效应不显著。

第三，不同类型绿色品牌故事对消费者视觉注意和品牌真实性感知的影响存在显著差异。与品牌自身故事和品牌产品故事相比，消费者故事对消费者视觉注意的影响更大，且容易产生更高的品牌真实性感知评价，绿色品牌产品故事次之，品牌自身故事获得的视觉注意和真实性感知评价最低。消费者在阅读绿色品牌故事时，对采用修辞策略描述的故事情节内容注视次数更多、持续停留时间更久。

第四，绿色品牌可以通过采用叙事修辞手法来建构绿色品牌故事。本书将拟人、反转和象征手法应用到故事建构策略中，通过实证分析检验了不同修辞手法应用对消费者真实性感知和信任的评价效果，为绿色品牌建构绿色品牌故事提供了理论指导。

综上所述，本书具有一定的贡献之处：

第一，通过扎根理论研究和实证检验分析，提炼了绿色品牌故事真实性构成的关键维度，开发出一套可靠的绿色品牌故事真实性测量指标体系，丰富了品牌故事和品牌真实性领域的研究成果；第二，厘清了绿色品牌故事真实性对绿色信任的影响及各个子维度的影响程度，拓展了信任理论在绿色品牌故事真实性领域的应用；第三，引入叙事修辞策略用于建构绿色品牌故事，为绿色品牌开展故事营销提供了新视角；第四，在传统实验法基础上，引入眼动追踪技术用于检验不同类型绿色品牌故事下消费者视觉注意和品牌真实性感知的差异性，丰富了绿色品牌故事领域认知行为研究的工具箱。

目　录
CONTENTS

1 绪 论

1.1 研究背景

1.1.1 现实背景

从国家层面来看，环境的可持续性已成为现代世界发展的关键，世界各国领导人和组织已做出巨大努力，以减少非绿色生产对环境的影响。日益严峻的环境问题也推动企业实施环保计划，致力于可持续发展，将消费从传统产品转向绿色产品。党的十八大以来，以习近平同志为核心的党中央高度重视生态文明建设，党的十八届五中全会提出要坚持创新、协调、绿色、开放、共享的发展理念。2021年2月2日，《国务院关于加快建立健全绿色低碳循环发展经济体系的指导意见》提出要全面贯彻习近平生态文明思想，坚定不移贯彻新发展理念，全方位全过程推行绿色规划、绿色设计、绿色投资、绿色建设、绿色生产、绿色流通、绿色生活、绿色消费，统筹推进高质量发展和高水平保护，建立健全绿色低碳循环发展的经济体系，确保如期实现"碳达峰"和"碳中和"的目标，推动我国绿色发展迈上新台阶。2022年1月，国家发改委牵头发布《促进绿色消费实施方案》，指出要在各个领域深度融合绿色消费理念，全面促进绿色消费低碳转型升级，建立健全绿色消费的体制机制，让绿色消费成为公众的行动自觉。习近平总书记强调，要强化公民环境意识，倡导绿色低碳消费，推广节能、节水用品和绿色环保家具、建材等，推广绿色低碳出行，鼓励引导消费者购买节能环保再生产品，推动形成绿色低碳、文明健康的生活方式和消费模式。

从企业角度来看，当今市场越来越强调环境的可持续性，越来越多的企业纷纷投入大量资源来开发绿色新产品以抢占市场份额。近年来，越来越多的企业将绿色发展理念纳入企业社会责任体系中，创新绿色低碳技术，打造智能化、清洁化的绿色工厂；培育绿色低碳产业，提供共享出行、循环利用等绿色产品服务；传播绿色低碳理念，助推简约适度、环境友好的生活方式形成风尚。事实上，只有勇于承担社会责任的企业才是最具生命力和最具竞争力的企业，才能永葆发展动力。品牌战略专家科勒教授曾指出世界强势品牌的十个特点之一，就是打造强势绿色品牌，当全球目光都集中在绿色诉求之际，绿色结合品牌会成为大趋势。对于想在全球市场上创造竞争优势的组织来说，可持续性已经变得非常重要。然而，就在国家大力倡导绿色环保、引导消费者树立绿色消费理念时，大量的企业以环保的名义，推出大量的"漂绿"广告来实现绿色溢价，攫取市场份额和商业利润。尽管这类广告在客观上鼓舞了环境主义者，促进了消费者的环保意识提升，但本质上，虚假的绿色广告往往会加剧消费者对企业的不信任，也会导致消费者对真实绿色品牌的误判。在国内低碳经济蓬勃发展的大环境下，本土消费者的环保意识也日趋增强，阿里研究院2017年发布的消费报告显示，消费者在消费选择上更加倾向于"纯天然""绿色""节能"的产品。而企业在迎合这一消费热潮的过程中应如何取舍，在这样混乱和复杂的"漂绿"营销背景下，如何向消费者呈现绿色品牌的真实性则显得尤为重要。DDB Communications 的首席创意官 Amir Kassaei 断言，即使"一个真实的广告或许不太可能赢得戛纳电影广告节的金狮奖，但它很可能赢得消费者的心"。具体来说，广告商认为真实的广告可以激发品牌信任，帮助消费者与品牌建立联系，引发共情，并帮助克服消费者对广告的怀疑。因此，对于绿色品牌而言，有效地向消费者传递其真实的绿色价值理念是至关重要的。

从消费者角度来看，消费者对绿色产品或服务的态度和意图已经得到了广泛的研究和讨论[1]。在当前环保主义消费盛行的情况下，一个良好的绿色品牌战略定位能够为企业提供获得竞争优势的机会。为了在绿色领域脱颖而出，绿色品牌在消费者的眼中必须是值得信赖的。组织和制造环境友好产品的信誉对于消费者对绿色产品的态度有很大的影响，最终导致绿色消费。因此，信任是影响消费者购买绿色产品决定的驱动力。然而，正是由于市场上普遍存在的"漂绿"现象加剧了消费者对绿色产品或服务的怀疑态度[2]。消费者也可能由此怀疑绿色产品或服务的质量、功效和可用性，甚至质疑公司对环境的承诺[3]。"漂绿"广告无论是通过虚假的陈述，还是含糊其词、夸张的表达方式来诱导消费者，其内容大都包含着不真实和令人误解两个方面的问题。随着社交媒体的发展，"漂绿"广告的形式更加难以追踪，这为真正的绿色品牌营销带来更艰巨的挑战。企业对于绿色行为的模糊性宣传或陈述会大大降低消费者的绿色信任（Green Trust），也可能导致绿色消费者困惑，无法让消费者做出客观的消费决策，影响消费者的消费欲望。"漂绿"行为不仅误导了消费者，还会对那些真正忠于环保使命的企业造成巨大负面影响，使其失去竞争优势。由于特定"绿色"领域的复杂性，消费者与绿色品牌关系的发展是一项特别困难的任务[4]。而最近的研究表明，积极的绿色品牌态度并不能保证实际的购买行为，而绿色形象有助于促进绿色购买行为[5]。

实践中，品牌故事也被证实是一种非常有效的方式来传播企业的绿色发展理念和价值观，很多绿色品牌都从不同的角度讲述着自身绿色发展的品牌

[1] Hartmann P, Apaolaza Ibáñez V, Forcada Sainz F J. Green Branding Effects on Attitude: Functional versus Emotional Positioning Strategies [J]. Marketing Intelligence & Planning, 2005, 23 (1): 9–29.

[2] Chen Y, Chang C. Greenwash and Green Trust: The Mediation Effects of Green Consumer Confusion and Green Perceived Risk [J]. Journal of Business Ethics, 2013, 114 (3): 489–500.

[3] Gleim M R, Smith J S, Andrews D, et al. Against the Green: A Multi-method Examination of the Barriers to Green Consumption [J]. Journal of Retailing, 2013, 89 (1): 44–61.

[4] Papista E, Dimitriadis S. Consumer-green Brand Relationships: Revisiting Benefits, Relationship Quality and Outcomes [J]. Journal of Product & Brand Management, 2019, 28 (2): 166–187.

[5] Chen Y, Huang A, Wang T, et al. Greenwash and Green Purchase Behaviour: The Mediation of Green Brand Image and Green Brand Loyalty [J]. Total Quality Management & Business Excellence, 2020, 31 (1-2): 194–209.

故事，会讲故事也为品牌带来了成功。故事通过一个主题来创造消费者与品牌之间的对话，让消费者将自己的体验融入品牌故事中，从而创造或增强其与品牌之间的联系[①]。比如，美国的护肤品牌 Tata Harper 创始人 Harper 早年因为继父患有癌症，医生强调要格外注意日常饮食、生活、家庭清洁用品等产品含有的毒素，她便开始关注绿色的成分，随后，Harper 在怀孕期间就萌生了创立纯天然护肤品牌的想法，并且将绿色理念延伸到产品的包装上；英国纯天然果汁品牌 Innocent 自成立开始，就不断讲述着其产品纯天然、包装纯绿色的品牌故事，以及与消费者亲密互动的有爱故事。无论是品牌开展慈善捐赠，还是与消费者互动，都无时无刻不体现品牌绿色、有爱的逻辑。反观国内的很多品牌，仅仅将绿色作为企业对外宣传的口号，没有深刻挖掘自身品牌具备的差异化绿色内涵，导致与其他品牌趋同。例如，我国国内很多化妆品品牌的故事，大多采用水、植物、自然的简单概念，没有深层次地挖掘自身品牌的特点和价值观，故事也仅仅停留在产品成分介绍或者浅显的概念表达上，由于大而空而无法打动消费者，无法引起情感共鸣。此外，由于消费者自身自我建构水平的差异，面对不同的绿色品牌故事的认知反应也存在显著区别。因此，对于绿色品牌而言，需要准确把握消费者的特点，对故事情节和叙事内容进行合理的建构，才有可能创造一个引人入胜的品牌故事。

随着社交媒体的发展和新一代消费者的成长，消费者对品牌故事和品牌传递的价值观产生共情的阈值标准越来越高，这就要求企业积极寻求从与众不同的角度讲述其独特的绿色品牌故事，以达到吸引消费者、引起共鸣的目的。真实性是实施绿色营销的首要原则。真实的故事最有力量，故事的真实性是实施故事营销的基础[②]。科恩和沃尔夫（2014）发现，当消费者被问及最看重品牌的是什么时，87% 的消费者认为品牌的真实性很重要，排名高于创新（72%）和产品独特性（71%）。随着学术界和商业媒体对品牌真实性的高

---

① Escalas J E. Imagine Yourself in The Product：Mental Simulation，Narrative Transportation，and Persuasion［J］. Journal of Advertising，2004，33（2）：37-48.

② Escalas J E. Imagine Yourself in The Product：Mental Simulation，Narrative Transportation，and Persuasion［J］. Journal of Advertising，2004，33（2）：37-48.

度关注，以及专业营销人员对品牌真实性的广泛使用，这个概念似乎已经被很好地理解了。然而，事实并非如此。真实性的概念和应用并未形成一致性的意见①。这一概念的模糊性使品牌的真实性研究陷入僵局，因为标准术语的缺乏阻碍了对研究的评估。如果对真实性潜在概念和构成维度的划分不清晰，那么对真实性在特定场景的运用就可能存在问题②。因此，绿色品牌需要深度挖掘品牌真实性的内涵，借助品牌故事这一媒介来呈现品牌真实性。本研究拟从品牌故事文本内容着手，探索绿色品牌故事真实性的构成维度，并检验绿色品牌通过故事真实性对绿色信任的作用，最后提出建构绿色品牌故事真实性的策略。

1.1.2　理论背景

随着可持续发展的深入，绿色品牌应运而生。从企业的视角来看，与非绿色品牌相比，绿色品牌强调的是一系列对于生态、环保和可持续性的绿色承诺③。从消费者的视角来看，绿色品牌是指满足"亲环境"消费者需求的品牌。绿色营销包括一系列广泛的概念，其中还包括通过生产有价值的和健康的产品来促进消费④。绿色营销是指企业承担其社会责任，维持和建立与自然、社会和顾客等利益相关者的可持续关系。因此，它包括以可持续的方式营销绿色产品和服务，可以将消费者的态度转变为"亲环境"的行为⑤。目前学术界关于绿色品牌的研究集中体现在三类视角：一是聚焦研究企业实施绿色品牌战略的策略以及为企业带来的财务、绩效、生态社会收益；二是聚焦研究

① 温韬. 品牌竞争时代的营销策略研究——对故事营销的应用与思考 [J]. 价格理论与实践，2009（08）：69-70.

② MacKenzie, Donald, Millo, et al. Constructing a Market, Performing Theory: The Historical Sociology of a Financial Derivatives Exchange [J]. American Journal of Sociology, 2003, 109 (1): 107-145.

③ Chen Y. The Drivers of Green Brand Equity: Green Brand Image, Green Satisfaction, and Green Trust [J]. Journal of Business Ethics, 2010, 93 (2): 307-319.

④ West P M, Huber J, Min K S. Altering Experienced Utility: The Impact of Story Writing and Self-referencing on Preferences [J]. Journal of Consumer Research, 2004, 31: 623-630.

⑤ Rettie R, Burchell K, Riley D. A New Approach to Sustainability Marketing Normalising Green Behaviours [J]. Journal of Marketing Management, 2012, 28 (3-4): 420-444.

消费者的绿色态度、绿色认知、绿色购买意愿或行为研究；三是聚焦消费者和绿色品牌企业之间的关系，即企业如何实施绿色营销战略来促进绿色消费行为。随着理论研究的拓展和社会对绿色发展的关注，关于企业如何开展绿色营销能够有效促进绿色消费行为的研究成为绿色品牌营销的热点话题，但鲜有学者考虑从品牌故事视角来建构绿色营销策略。

　　在营销领域，使用故事向消费者传达想法和品牌理念被证实是一种有效的营销手段，因为故事的特性和功能有助于体现品牌的理念[①]。通过创造一个好的品牌故事，企业可以引导受众信服和接受某个品牌，进而加强品牌认同。消费者对真实性的追求是当代营销的基石之一[②]。真实性具有长期、持久和当代的市场吸引力[③]。消费者渴望真实，以至于他们对真实的追求被认为是当代营销成功的基础。从品牌战略的角度来看，真实性是成功品牌的核心组成部分[④]。品牌经理通过给产品注入不同于其他品牌的价值来提高产品的真实性[⑤]。

　　近年来，社交媒体技术的发展催生了短视频、博客、在线社群等互联网平台的发展，为品牌故事搭建了新的载体，讲故事已成为现代市场营销的主要趋势。许多营销界学者都肯定故事营销能够显著影响品牌效益，认为故事能够赋予品牌生命、创造差异化，进而吸引消费者购买。未来学家罗尔夫詹森认为只生产实用产品不足以吸引客户，我们必须创造故事以体现产品超越实用的价值观。品牌故事能够将品牌变成一个富有情感和特殊意义的整体[⑥]。

① Escalas J E. Imagine Yourself in The Product：Mental Simulation，Narrative Transportation，and Persuasion［J］. Journal of Advertising，2004，33（2）：37-48.

② Brown S，Kozinets R V，Sherry J F. Teaching Old Brands New Tricks：Retro Branding and the Revival of Brand Meaning［J］. Journal of Marketing，2003，67（3）：19-33.

③ Grayson K，Martinec R，Brodin K，et al. Consumer Perceptions of Iconicity and Indexicality and Their Influence on Assessments of Authentic Market Offerings［J］. Journal of Consumer Research，2004，31（2）.

④ Aaker J L. Dimensions of Brand Personality［J］. Journal of Marketing Research，1997，34（3）：347-356.

⑤ Beverland M B，Farrelly F J. The Quest for Authenticity in Consumption：Consumers' Purposive Choice of Authentic Cues to Shape Experienced Outcomes［J］. Journal of Consumer Research，2010，36（5）：838.

⑥ Genosko，Gary. "The Drama of Theory：Vengeful Objects and Wily Props，" in Baudrillard：A Critical Reader，edited by Douglas Kellner，292-312.（Oxford：Basil Blackwell）.

故事是一种强大的沟通工具，在顾客的生活中随处可见。故事指的是"由两名或两名以上的人对过去或预期经验进行解释的口头或书面表达"，以故事形式表达的内容往往比表格形式表达的内容更富有感染力①。根据心理学、语言学、教育学和社会学等广泛学科的研究，故事与受众之间建立情感联系，从而增强理解、沟通和判断能力②。当消费者接触到一个引人入胜的品牌故事时，他们往往会根据故事重构自己的价值和信仰体系，从而影响自身的品牌态度和行为意向。当消费者对品牌故事进行叙事加工时，品牌故事可能会影响消费者的品牌态度和行为意愿③。贾艳瑞对品牌故事的要素进行了梳理，并探讨了故事中的不同要素对消费者态度的影响④。尽管品牌故事在促进消费者行为方面起着举足轻重的作用，但关于二者作用机制研究的文献相对比较匮乏。笔者梳理发现，国内学者徐蔓认为品牌故事具有说服效果，但不同的故事说服效果有差异，并从品牌故事的悲喜结局着眼，研究了悲喜两种结局的品牌故事对品牌态度的影响⑤。讲故事除了影响受众的情感，还可通过故事的方式建立真实感，一旦品牌有较高的可信度，受众就会更容易相信故事内容的信息⑥。

就绿色品牌而言，什么样的故事才能够使消费者对品牌产生信任并认同呢？ Chiu 等人认为具有真实感的故事会增进消费者的品牌态度，能够让消费者感受到品牌经营者的真诚，这样的故事能够有效地将品牌价值和商品资讯传递给消费者，赢得消费者认同，从而提升购买意愿⑦；由于真实性的存在，

① Genosko, Gary. "The Drama of Theory: Vengeful Objects and Wily Props, " in Baudrillard: A Critical Reader, edited by Douglas Kellner, 292–312. (Oxford: Basil Blackwell).

② West P M, Huber J, Min K S. Altering Experienced Utility: The Impact of Story Writing and Self-referencing on Preferences [J]. Journal of Consumer Research, 2004, 31: 623–630.

③ Chiu H, Hsieh Y, Kuo Y. How to Align your Brand Stories with Your Products [J]. Journal of Retailing, 2012, 88 (2): 262–275.

④ 贾艳瑞 . 品牌故事对消费者态度的影响研究 [D]. 厦门大学，2017.

⑤ 徐蔓 . 品牌故事对品牌态度的影响 [D]. 广东外语外贸大学，2020.

⑥ Green M C, Brock T C. The Role of Transportation in the Persuasiveness of Public Narratives [J]. Journal of Personality and Social Psychology, 2000, 79 (5): 701–721.

⑦ Chiu H, Hsieh Y, Kuo Y. How to Align your Brand Stories with Your Products [J]. Journal of Retailing, 2012, 88 (2): 262–275.

故事文本与戏剧之间的信任落差消失，消费者主观上会相信故事描述是真实发生的，从而衍生出对品牌的信任[①]。由此可见，绿色品牌故事真实性的建构将深切地影响消费者对绿色品牌的信任，真实性是绿色品牌故事营销的关键内核。

品牌故事能够提升农产品区域品牌的购买意愿[②]。项朝阳等也证实了农产品品牌真实性对品牌情感与品牌推崇有显著影响[③]。然而，鲜有研究探讨品牌故事在绿色营销领域的应用与建构策略，基于以上理论分析，本研究尝试从品牌故事真实性的视角来研究绿色品牌故事对绿色信任的影响及策略建构。

1.2　研究问题的提出

绿色品牌的发展在实践和理论研究中都备受人们关注。很多企业已经广泛开展各类绿色营销活动[④]，发展绿色品牌已成为企业获得显著生态优势的重要战略[⑤]。Chen 论证了消费者的绿色品牌形象感知对提高绿色品牌资产有积极的作用，进而影响消费者的绿色满意度和绿色信任[⑥]。

品牌故事已经被广泛应用于商业产品及服务、旅游目的地和特定人群等各种目标的营销。许多知名品牌通过故事在消费者心中塑造了良好的形象和

[①]　Deighton J, Romer D, Mcqueen J. Using Drama to Persuade [J]. Journal of Consumer Research, 1989, 16（3）: 335-343.

[②]　黎淑美. 品牌故事对农产品区域品牌购买意愿的影响研究 [D]. 石河子大学, 2020.

[③]　项朝阳, 李茜凌. 农产品品牌真实性对品牌推崇的影响研究 [J]. 华中农业大学学报（社会科学版）, 2020（03）: 91-99.

[④]　Yu M, Huang Y, Li C, et al. Building Three-Dimensional Graphene Frameworks for Energy Storage and Catalysis [J]. Advanced Functional Materials, 2015, 25（2）: 324-330.

[⑤]　Delgado-Ballester, Elena, Munuera-Alemán, et al. Brand Trust in the Context of Consumer Loyalty [J]. European Journal of Marketing, 2001, 35（11/12）: 1238-1258.

[⑥]　Chen Y. The Drivers of Green Brand Equity: Green Brand Image, Green Satisfaction, and Green Trust [J]. Journal of Business Ethics, 2010, 93（2）: 307-319.

信念。对消费者和心理学文献的研究梳理发现，叙事信息是唯一适合影响消费者信念的形式，因为消费者喜欢通过叙事内容获取信息[①]。讲故事是向消费者传达品牌价值的有效方法。与传统营销方法相比，品牌故事能够更好地阐释品牌价值[②]，并且有效帮助传递品牌价值。同理，故事可以使品牌的核心价值更易于理解[③]。故事也可以吸引、愉悦消费者。更重要的一点是，故事可以用来沟通、展示，并进一步说服消费者选择、购买和使用品牌产品[④]。品牌以故事作为消费者与其之间的媒介[⑤]，通过故事叙述者的观点来陈述某一段时间内人们的生活经验与意义，建立故事的真实感，帮助消费者来理解、体验、评估与处理品牌情感，并相信目标品牌是真实的。故事作为消费者与品牌之间沟通的工具，旨在促进消费者产生情感共鸣与信任感[⑥]。然而，并非所有故事都能够影响消费者的情感，而是需要详细规划设计故事叙事的内容与结构。一则故事要讲得动人，引起情感共鸣，故事设计者要注意故事本身的剧情结构与情感变化性，以及故事内容的真实可信程度[⑦]。基于以上分析，本书认为绿色品牌故事能够对消费者的绿色信任产生影响。本书首先探索和挖掘构成绿色品牌故事真实性的维度；然后，验证绿色品牌故事真实性的构成维度对绿色信任的作用，并对不同类型绿色品牌故事下的消费者关注点和品牌真实性感知差异性进行分析；最后，基于叙事修辞理论提出建构绿色品牌故事真实性的策略并进行检验。本书会进一步拓展品牌故事在绿色品牌营销领域的

---

① Van Laer T, de Ruyter K, Visconti L M, et al. The Extended Transportation-Imagery Model: A Meta-Analysis of the Antecedents and Consequences of Consumers' Narrative Transportation [J]. Journal of Consumer Research, 2014, 40 (5): 797–817.

② Lundquist, Eric. Healthcare.gov, Enterprise Startup Boom Among Top 2013 IT Stories [J]. Eweek, 2013.

③ Fog K, Budtz C, Yakaboylu B. Storytelling: Branding in practice [M]. Springer Books, 2010.

④ Escalas J E. Advertising Narratives: What are They and How do They Work [M]. Routledge, 1998.

⑤ Padgett D, Allen D. Communicating Experiences: A Narrative Approach to Creating Service Brand Image [J]. Journal of Advertising, 1997, 26 (4): 49–62.

⑥ Ramzy A. The Leader's Guide to Storytelling. Mastering the Art and Discipline of Business Narrative [J]. Corporate Reputation Review, 2007, 10 (2): 154–157.

⑦ Zak P J. Why Inspiring Stories Make Us React: The Neuroscience of Narrative [J]. Cerebrum: The Dana Forum on Brain Science, 2015, 2015: 2.

研究外延，丰富绿色品牌营销理论，具有一定的理论价值和实践意义。综上所述，本书的具体研究问题如下：

从消费者感知视角，绿色品牌故事的真实性由哪些维度构成？绿色品牌故事真实性如何对绿色信任产生影响？对于不同自我建构类型的消费者来说，绿色品牌故事真实性对绿色信任的影响是否存在显著差异？绿色品牌故事真实性构成子维度对绿色信任的影响度如何？

从消费者视觉注意视角，不同类型的绿色品牌故事对消费者视觉注意和品牌真实性感知评价是否有差异？

从叙事修辞建构视角，采用叙事修辞策略建构的绿色品牌故事能否增强消费者品牌真实性感知？围绕增强消费者真实性感知这一目标，绿色品牌又该如何构建一个适合的绿色品牌故事呢？

1.3　研究目的与意义

1.3.1　研究目的

为解决上述提出的研究问题，本书在深入梳理前人研究成果的基础上，首先，采用扎根理论分析法归纳提炼出绿色品牌故事真实性的构成维度基本框架，采用一系列实证分析来验证绿色品牌故事真实性维度确定的合理性和可靠性，构建出绿色品牌故事真实性的测量指标体系；并检验了绿色品牌故事真实性对消费者绿色信任的影响、消费者自我建构类型的调节效应；然后，运用眼动追踪实验验证不同类型绿色品牌故事下用户视觉注意和消费者品牌真实性感知的差异；最后，从叙事修辞理论的视角提出建构绿色品牌故事真实性的策略。具体而言，本书的研究目的有以下几个：

第一，构建绿色品牌故事真实性构成维度的测量指标体系。真实性是绿色营销的关键内核，找准绿色品牌故事真实性的构成维度，有助于指导绿色品牌精准施策、精准发力，围绕真实性的具体维度，从微观上予以修正。本书首先基于扎根编码分析和问卷调查实证分析提炼绿色品牌故事真实性的构成维度，将绿色品牌、品牌故事、真实性理论等应用到绿色品牌故事的具体场景，归纳出绿色品牌故事真实性的维度构成，丰富了品牌真实性在绿色品牌和品牌故事领域的理论，为相关研究提供了理论支持和测量工具。

第二，论证绿色品牌故事真实性对消费者绿色信任的影响。消费者绿色信任会促使购买行为，增强消费者绿色信任是绿色品牌真实性追求的动力。本研究通过构建绿色品牌故事真实性与绿色信任的结构方程模型，检验绿色品牌故事中不同维度的真实对绿色信任的显著影响。

第三，提出基于叙事修辞理论视角的绿色品牌故事建构策略。本书将眼动追踪实验用于测量不同类型绿色品牌故事文本下的用户视觉注意差异，并将三种叙事修辞策略运用到绿色品牌故事的构建中，采用实验法和实证分析对修辞策略的运用效果加以检验和论证，进一步丰富了绿色品牌故事领域的研究成果，为绿色品牌企业开展品牌故事营销提供理论和实践指导。

1.3.2 研究意义

从理论和实证两方面对绿色品牌故事的真实性维度构成、消费者绿色信任检验、品牌故事策略建构展开深入挖掘，本书研究包括理论意义和实践意义两个方面：

·理论意义

首先，本书通过对大量绿色品牌、品牌故事、品牌真实性的文献分析，梳理了品牌故事与绿色品牌的研究成果和研究视角。从文献分析中可以发现，国内外较少学者从品牌故事的视角来研究绿色品牌真实性的呈现问题。考虑到绿色品牌的特殊属性，结合品牌故事来研究绿色品牌真实性理论，开发并验证了绿色品牌故事真实性维度构成的测量体系，有助于进一步拓展绿色品牌真实性理论。

其次，本书构建了绿色品牌故事真实性对绿色信任的影响模型，从真实性的角度系统分析了品牌故事对绿色信任的影响路径，进一步证实了绿色信任在消费者—绿色品牌之间关系的重要作用，具有重要的理论意义。

再次，本书采用眼动追踪实验法来验证不同类型的绿色品牌故事对消费者的视觉反应，丰富了绿色品牌故事的研究方法。

最后，本书将叙事修辞理论应用于绿色品牌故事的策略建构，提出了绿色品牌故事新的研究视角，进一步拓展了绿色品牌故事和绿色营销理论研究的外延。

·实践意义

首先，本书以"品牌故事真实性"为研究切入点，从消费者感知角度探讨绿色品牌故事的真实性结构维度，有助于绿色品牌有针对性地向消费者传递绿色品牌信息，为绿色品牌建立良好的品牌形象提供依据。

其次，本书基于扎根理论研究和结构方程模型检验，对绿色品牌故事真实性各个维度对绿色信任的影响度进行了挖掘，有助于绿色品牌在建构故事中分清主次，更有针对性地设计和凸显真实品牌故事的关键要素。

最后，本书提出绿色品牌可以根据自身的特性，选择采用不同修辞手法来建构绿色品牌故事的策略，为企业深入挖掘自身品牌内涵，创造差异化的绿色品牌故事提供了科学依据。企业能够更清晰地结合消费者关注点创造适合的品牌故事，从而为建立消费者与品牌之间的强联系打下基础。

1.4　研究思路与技术路线

1.4.1　研究思路

本书的研究思路按照"维度确定——基准检验——异质性分析——策略建构"的脉络开展，见图1：

绿色品牌故事真实性对绿色信任的影响及建构策略

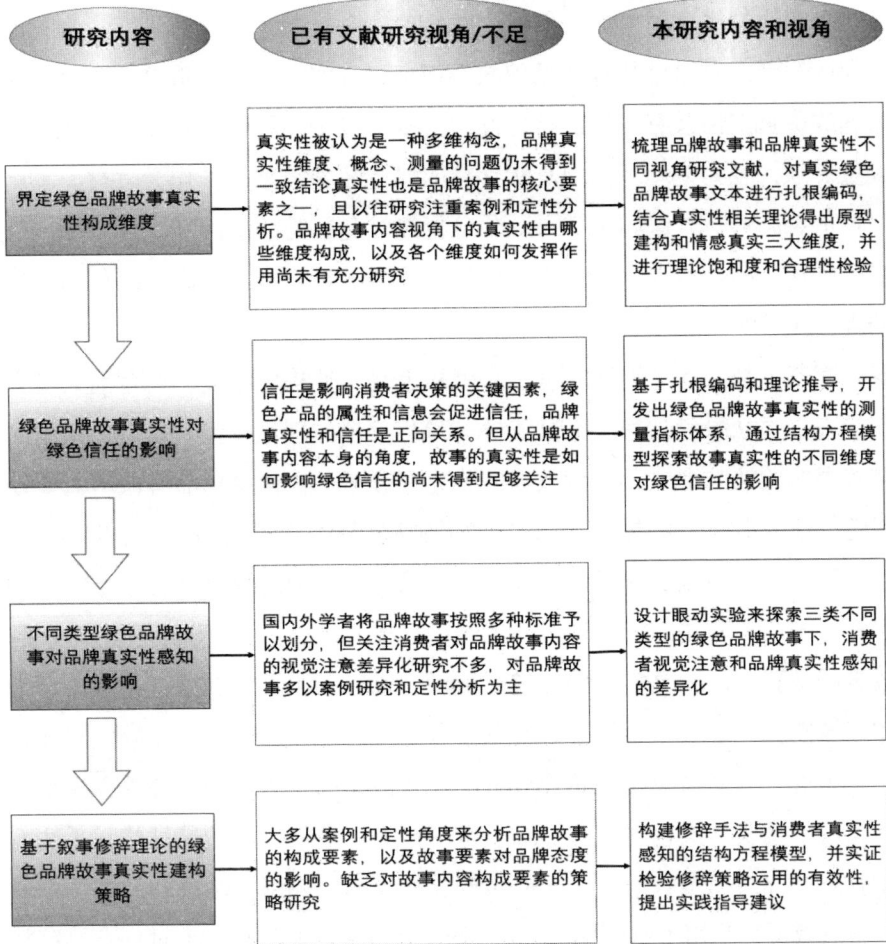

研究内容	已有文献研究视角/不足	本研究内容和视角
界定绿色品牌故事真实性构成维度	真实性被认为是一种多维构念,品牌真实性维度、概念、测量的问题仍未得到一致结论真实性也是品牌故事的核心要素之一,且以往研究也注重案例和定性分析。品牌故事内容视角下的真实性由哪些维度构成,以及各个维度如何发挥作用尚未有充分研究	梳理品牌故事和品牌真实性不同视角研究文献,对真实绿色品牌故事文本进行扎根编码,结合真实性相关理论得出原型、建构和情感真实三大维度,并进行理论饱和度和合理性检验
绿色品牌故事真实性对绿色信任的影响	信任是影响消费者决策的关键因素,绿色产品的属性和信息会促进信任,品牌真实性和信任是正向关系。但从品牌故事内容本身的角度,故事的真实性是如何影响绿色信任的尚未得到足够关注	基于扎根编码和理论推导,开发出绿色品牌故事真实性的测量指标体系,通过结构方程模型探索故事真实性的不同维度对绿色信任的影响
不同类型绿色品牌故事对品牌真实性感知的影响	国内外学者将品牌故事按照多种标准予以划分,但关注消费者对品牌故事内容的视觉注意差异化研究不多,对品牌故事多以案例研究和定性分析为主	设计眼动实验来探索三类不同类型的绿色品牌故事下,消费者视觉注意和品牌真实性感知的差异化
基于叙事修辞理论的绿色品牌故事真实性建构策略	大多从案例和定性角度来分析品牌故事的构成要素,以及故事要素对品牌态度的影响。缺乏对故事内容构成要素的策略研究	构建修辞手法与消费者真实性感知的结构方程模型,并实证检验修辞策略运用的有效性,提出实践指导建议

图1 研究思路

　　第一,根据研究主题广泛收集绿色品牌和品牌故事相关研究的国内外文献,对其进行梳理,通过对品牌故事的研究热点和研究视角进行文献计量分析,梳理出品牌故事的研究视角和研究热点。基于文献分析,国内外学者普遍认为品牌故事对品牌资产和消费者态度有着积极影响,然而理论界较少研究涉及将品牌故事在绿色品牌营销领域的应用。因此,本研究将研究关注点放在绿色品牌故事这一细分领域。

第二，学者们对品牌真实性进行了大量的理论研究，取得丰硕成果。然而，真实性的概念至今尚未形成一致结论，真实性在不同的研究背景下也有不同的解释。对绿色品牌和品牌故事而言，真实性都是最重要的要素。绿色品牌故事真实性又有怎样的特殊性呢？本书基于品牌故事和绿色品牌研究的大量文献，收集整理现实中真实存在的绿色品牌故事文本作为素材，采用扎根理论编码分析方法和聚类可视化分析对绿色品牌故事的真实性维度进行提炼和验证，结合前人研究成果和传播学领域的理论，最终确定绿色品牌故事的真实性维度。

第三，基于本书提炼的绿色品牌故事真实性构成维度，结合前人研究开发量表，建立绿色品牌故事真实性与绿色信任的理论模型。然后，采用问卷调查和实验法的形式，进行数据的收集和分析，检验绿色品牌故事真实性对绿色信任的影响，并进一步论证绿色品牌故事真实性维度构成的合理性。

第四，本书拟引入眼动追踪技术，以不同类型的绿色品牌故事作为刺激材料，采用实验法，捕捉被试者的眼动轨迹和关注点，进而再次对绿色品牌故事的消费者品牌真实性感知进行测量，比较不同类型的绿色品牌故事带来的差异性。

第五，本书围绕绿色品牌故事的真实性，基于叙事修辞理论，探索绿色品牌故事真实性的构建策略。综合运用拟人、象征、反转三种修辞手法，建立叙事修辞与消费者信任之间的结构方程模型，采用实验法和问卷调查的形式获取数据，利用 AMOS22.0 等统计分析软件来检验假设，验证绿色品牌故事与消费者真实性。

1.4.2　技术路线

研究的技术路线如图2所示。

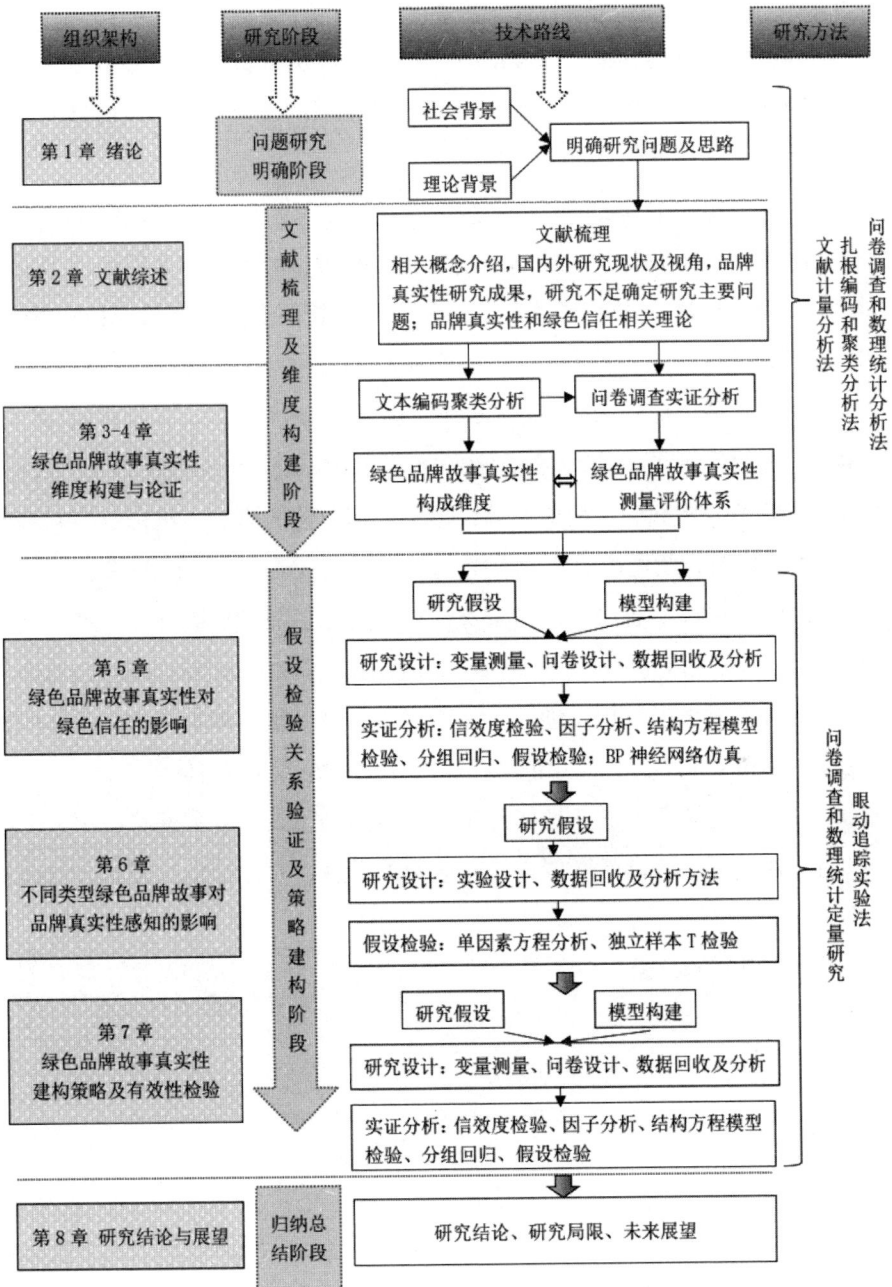

组织架构	研究阶段	技术路线	研究方法

第1章 绪论 — 问题研究明确阶段

社会背景 / 理论背景 → 明确研究问题及思路

第2章 文献综述

文献梳理
相关概念介绍，国内外研究现状及视角，品牌真实性研究成果，研究不足确定研究主要问题；品牌真实性和绿色信任相关理论

文献梳理及维度构建阶段

第3-4章 绿色品牌故事真实性维度构建与论证

文本编码聚类分析 ↔ 问卷调查实证分析

绿色品牌故事真实性构成维度 ↔ 绿色品牌故事真实性测量评价体系

问卷调查和数理统计分析法
扎根编码和聚类分析法
文献计量分析法

假设检验关系验证及策略建构阶段

第5章 绿色品牌故事真实性对绿色信任的影响

研究假设 / 模型构建

研究设计：变量测量、问卷设计、数据回收及分析

实证分析：信效度检验、因子分析、结构方程模型检验、分组回归、假设检验；BP神经网络仿真

研究假设

第6章 不同类型绿色品牌故事对品牌真实性感知的影响

研究设计：实验设计、数据回收及分析方法

假设检验：单因素方程分析、独立样本T检验

研究假设 / 模型构建

第7章 绿色品牌故事真实性建构策略及有效性检验

研究设计：变量测量、问卷设计、数据回收及分析

实证分析：信效度检验、因子分析、结构方程模型检验、分组回归、假设检验

问卷调查和数理统计定量研究
眼动追踪实验法

第8章 研究结论与展望 — 归纳总结阶段

研究结论、研究局限、未来展望

图2 技术路线

关于本研究技术路线图的具体解释说明为：

综合运用文献研究法、Citespace 文献计量聚类分析、引文分析工具等进行文献归纳和分析，梳理品牌故事和真实性领域的研究视角、研究基础、研究热点，提炼出本研究的理论基础。

收集整理现实中真实的绿色品牌故事文本作为素材，利用 Nvivo11.0 软件进行扎根编码分析和聚类可视化分析，在已有理论基础上探索绿色品牌故事真实性的构成维度，设计测量量表，并采用问卷调查法、情景模拟实验法，实证分析验证绿色品牌故事真实性构成维度的合理性和可靠性。

以消费者绿色信任为因变量，绿色品牌故事真实性为自变量构建结构方程模型，通过问卷调查收集数据，综合运用 SPSS22.0 和 AMOS22.0 软件进行结构方程模型分析和假设检验，验证原型真实、建构真实、情感真实对绿色信任的影响以及自我建构的调节效应。

采用眼动追踪实验法，来探索不同类型的绿色品牌故事文本（品牌自身故事 VS 品牌产品故事 VS 消费者故事）对用户视觉注意和品牌真实性感知的差异，结合被试访谈分析，进一步深度比较、挖掘影响消费者做出感知判断的关键语句和文本特点，为绿色品牌故事真实性的建构策略提供依据。

将拟人、反转和象征三种修辞策略运用到绿色品牌故事的建构中，并建立结构方程模型，通过问卷调查法获取数据，进行实证分析验证，并据此提出品牌故事构建的意见和建议。

得出本研究的结论。

1.5　研究内容与研究方法

1.5.1　研究内容

本书由八个章节组成，具体研究内容如下：

第一章为全书的绪论部分。本章主要通过对研究的理论背景和现实背景进行阐述，在对前人研究进行述评的前提下，提出本书研究的问题和研究价值，并提出拟解决研究问题的切入点与研究视角。另外，本章还对研究思路、研究方法、研究技术路线和主要研究贡献进行了详细介绍。

第二章为文献综述与相关理论基础部分。本章拟通过对绿色品牌、品牌故事、品牌真实性、叙事修辞理论等研究现状进行归纳分析和梳理，为本书的研究问题提供理论基础。首先，本章对绿色品牌的概念和内涵予以归纳梳理，对当前关于绿色品牌研究视角进行概括；其次，在品牌故事的研究梳理中，对国内外品牌故事的研究成果展开文献计量分析，详细梳理品牌故事领域的研究知识图谱，归纳出品牌故事的研究视角、构成要素及原则；此外，本章对品牌真实性的已有成果和主要观点进行了系统分析，对品牌真实性维度的不同划分类型进行归纳总结，通过已有成果的梳理，为本研究探索绿色品牌故事真实性的维度奠定了理论基础。

第三章主要运用扎根理论研究分析法，探索了绿色品牌故事的真实性构成维度。首先，根据绿色品牌的内涵，通过网络收集绿色品牌故事素材和一手访谈资料；然后运用 Nvivo11.0 软件进行逐级编码，在第二章文献研究基础上初步归纳出绿色品牌故事的真实性构成维度，并进行理论饱和度检验，构建绿色品牌故事真实性维度构成的理论模型。

第四章主要是开发出绿色品牌故事真实性构成维度的测量量表并进行实证验证，进一步确定绿色品牌故事真实性的测量体系。首先，根据第三章的编码分析和现有成熟量表，提出绿色品牌故事真实性的初始测量指标体系，并通过情景模拟实验法来进行问卷调查，进而对问卷数据开展探索性因子分析和验证性因子分析，从实证分析的角度来进一步检验绿色品牌故事真实性测量体系的合理性。

第五章主要探讨绿色品牌故事真实性对绿色信任的影响。首先，在理论推导基础上建立真实性与消费者绿色信任之间的理论模型并提出研究假设，引入自我建构类型作为调节变量；然后，综合采用实验法和问卷调查法，获取实证分析的大样本数据，借助 SPSS22.0 和 AMOS22.0 软件进行一系列的实证分析，来检验绿色品牌故事真实性的各个维度对绿色信任的影响，以及自我建构的调节效应。

第六章主要是将绿色品牌故事划分为品牌自身故事、品牌产品故事和消费者故事，运用眼动追踪技术，通过捕捉被试者眼球运动的相关指标数据，来获得消费者对绿色品牌故事的关注热力图和持续关注时间，进而探索不同类型绿色品牌故事下消费者关注点的差异及真实性感知的差异化，结合被试访谈综合分析，为下文绿色品牌故事建构策略提供依据。

第七章为绿色品牌故事真实性的建构策略部分。本章引入叙事修辞策略，构建了叙事修辞、品牌真实性感知与品牌信任之间的理论模型；并通过实验法和问卷调查法对变量进行数据收集分析，实证检验了叙事修辞对消费者态度的影响。最后提出了从叙事修辞角度如何构建绿色品牌故事的策略建议。

第八章为结论与展望部分。本章对本研究得到的主要结论进行归纳概述，并指出了本研究的局限性和不足之处，提出了未来研究的合理化建议。

1.5.2　研究方法

本书以绿色品牌、品牌真实性、品牌故事、绿色信任和叙事传输理论等作为理论基础，探索了绿色品牌故事真实性的维度构成，并通过一系列实证分析和实验研究验证绿色品牌故事真实性维度的可靠性、合理性，建立绿色品牌故事真实性与消费者绿色信任的理论模型。在此基础上，基于叙事修辞理论来提出建构绿色品牌故事的策略和建议。本研究是按照现状分析——问题提出——理论研究——实证分析——策略建构的脉络展开，具体研究方法如下所述。

文献计量分析法。本书首先结合研究背景对绿色品牌、品牌故事、品牌真实性、叙事修辞理论等领域的研究文献进行梳理，明确本研究涉及变量的概念、内涵以及研究理论基础，抛出本研究需要解决的关键问题。然后，借助 Citespace 文献计量分析软件和中国知网数据库的文献分析工具对国内外品牌故事的研究文献进行梳理，通过关键词聚类分析、文献共被引分析来归纳品牌故事研究领域的热点和视角，在总结前人研究的基础上，确定本书的研究对象和拟解决的问题。

扎根理论研究和聚类分析法。鉴于本书的首要研究问题是探索绿色品牌的品牌故事真实性构成维度，因此，我们基于品牌真实性理论的大量研究成果，梳理现有研究从不同视角对真实性的内涵和维度的划分类型；然后结合绿色品牌、绿色品牌故事的内涵，收集大量的绿色品牌故事素材，采用扎根理论编码分析法，运用 Nvivo11.0 软件对品牌故事样本素材进行归纳整理和开放性编码，在现有品牌真实性维度研究的理论基础上，提炼出绿色品牌故事的真实性维度；并采用编码相似性指标进行聚类可视化分析，对剩余品牌故事素材进行编码来进行理论饱和度检验；最后，本研究采用问卷调查法对开发的维度测量量表进行数据收集，通过探索性因子分析和验证性因子分析等手段对绿色品牌故事的真实性维度进行实证检验。

眼动追踪实验法。眼动追踪技术属于神经科学技术的一种科学研究方法。通过眼动追踪实验，能够为注意力研究构造出精确的效标。本研究通过捕获被试者在阅读绿色品牌故事文本材料时的眼球运动数据，来获得在不同类型绿色品牌故事文本下，被试关注点的差异信息以及态度反应。本研究采用真实的绿色品牌故事素材作为刺激材料（被试者对刺激材料的品牌不知晓），模拟设置品牌门户主页品牌故事界面，进行眼动追踪实验，从而获取被试者对绿色品牌故事刺激材料的关注点、停留时间、兴趣区域等一系列指标。同时，通过量表来测量消费者真实性感知的即时态度，检验不同故事素材下的用户感知差异性。

情景模拟实验和问卷调查法。为了解消费者面对不同品牌故事材料的反应，必须通过量表对被试者调查来获取数据。本研究涉及的绿色品牌故事真实性维度验证、品牌故事真实性感知、消费者绿色信任等变量测量，都是通过问卷调查法来实现的。问卷调查法与情景模拟实验结合使用，分为预调查实验和正式调查两个程序，预调查实验有助于对量表进行修正，通过正式的调查，有助于快速获得合理的样本量。若实施得当，可为假设检验提供数据支持。

数理统计定量分析法。本研究采用问卷调查法获取变量的测量数据，需要利用 SPSS22.0、AMOS22.0 等统计软件进行信度效度分析，来检验数据的信效度水平。然后通过描述性统计分析、探索性因子分析、验证性因子分析、方差分析、结构方程模型等验证变量间的关系和研究假设。

1.6　研究贡献

本研究从理论贡献和方法贡献主要可归纳如下：

从理论贡献来说，第一，开发并论证了绿色品牌故事真实性的测量指标体系。尽管品牌故事是呈现品牌真实性的有效方式之一，真实性是品牌故事营销的首要制胜原则，但较少研究关注品牌故事如何影响消费者品牌真实性感知，细分至绿色品牌领域的品牌故事真实性的相关研究更缺乏。纵观前人研究，国内外学者们从不同视角对绿色品牌真实性的测量体系展开了研究，为本研究奠定了理论基础。本书提出从品牌故事呈现绿色品牌真实性的新视角，采用扎根理论研究归纳提炼出绿色品牌故事真实性的构成维度并开发出测量指标体系，进而借助问卷调查法和实证分析法来论证了绿色品牌故事真实性测量指标体系的合理性和有效性，进一步丰富了绿色品牌故事真实性的理论成果。

第二，实证检验了绿色品牌故事真实性对绿色信任的影响。信任被认为是品牌建立长期消费者关系的先决条件，但少有研究对绿色品牌真实性与绿色信任的关系进行实证检验。因此，本书提出从品牌故事的角度检验绿色品牌故事真实性对绿色信任的显著影响，并论证了不同自我建构类型的调节效应，拓展了信任理论在绿色品牌故事真实性中的应用，为绿色品牌真实性研究提供了一个全新的维度，有可能为未来的可持续发展研究奠定坚实的基础。

第三，提出了引入叙事修辞策略来建构绿色品牌故事真实性的新视角。当前，品牌故事的重要性引起了大量企业的高度关注，但如何构建一个适合的品牌故事缺乏系统的理论研究和实践指导。本书引入传播学、文学领域的叙事修辞理论，提出通过修辞策略来构建绿色品牌故事，并通过实验法和实证分析方法，来检验修辞策略在绿色品牌故事真实性中的应用效果，为绿色品牌企业建构品牌故事提供了理论和实践指导。

从方法贡献来说，在传统实验法基础上，将眼动追踪技术用于检验不同类型绿色品牌故事下消费者视觉注意和品牌真实性感知的差异性研究，丰富了绿色品牌故事领域认知行为研究的工具箱，也为绿色品牌故事建构策略提供客观参考。

1.7 本章小结

本章梳理了研究的现实背景和理论背景，发现了绿色品牌实施真实性绿色营销存在的问题及发展机遇，进而提出本书的研究问题：从绿色品牌故事的角度，通过提炼绿色品牌故事真实性的构成维度来呈现绿色品牌的真实性，并检验绿色品牌故事真实性对绿色信任的影响以及绿色品牌故事真实性的建构策略。在此基础上归纳出本书的研究目的，品牌故事是呈现绿色品牌真实性的有效方式，挖掘绿色品牌故事影响真实性的关键要素及对绿色信任的影响路径，为绿色品牌采取恰当的策略建构绿色品牌故事提供指导。明确阐释本研究的理论价值和实践意义，围绕绿色品牌故事真实性这一问题提出了详细的研究思路和技术路线，规划了本书的研究内容体系框架，提出研究的创新点，为以下章节内容的设计提供纲领性的指导作用。

2 文献综述及相关理论基础

2.1 文献综述

2.1.1 绿色品牌的概念及内涵

绿色是现代产业发展的流行色。根据维基百科的定义，绿色品牌是指具备环保和可持续发展等理念的品牌，它能够促进环保主义消费者购买，从而提升企业品牌形象。绿色品牌拥有对环境无害的品牌特有属性，且会适时地将环境效益反馈于消费者。Grant 指出绿色品牌是一个相对概念，与非绿色品牌相比，因其具备显著生态环保优势而能够吸引绿色消费者的品牌①。绿色品牌同时具有可持续和环境特质的品牌属性。国内学者张秋玲认为绿色品牌具备三种绿色属性：一是对环境友好；二是对个人利益友好，主要是健康、天然、无毒、节能等；三是能够促进企业的可持续发展②。孙习祥等认为绿色品牌是关注环境保护和消费者健康，并能被消费者感知为对环境友好和对健康有益的品牌③。尽管关于绿色品牌的定义尚未统一，但其环保属性、生态友好属性和健康利益都得到了公认。国外关于绿色品牌的文献大多采用绿色品牌

---

① Grant，Adam M. Does Intrinsic Motivation Fuel the Prosocial Fire? Motivational Synergy in Predicting Persistence，Performance，and Productivity［J］. Journal Apply Psychology，2008，93（1）：48–58.

② 张秋玲．顾客感知风险对绿色品牌评价的影响［D］．广东外语外贸大学，2008.

③ 张启尧，孙习祥．基于消费者视角的绿色品牌价值理论构建与测量［J］．北京工商大学学报（社会科学版），2015，30（04）：85–92.

化（Green Branding）这一个术语，主要强调如何打造和建设绿色品牌的过程。Crane（2000）提出了被动绿色化、沉默绿色化、利基绿色化和合作绿色化四种绿色营销行动路线[①]。Darnall等采用案例研究的方式，提出了基于成本收益的绿色品牌建设评估模型，并证实企业采取单向绿色行动和参加环境计划两种方式对于企业绿色化效果有显著差异[②]。Grant（2008）则认为大多数企业要成功实施绿色品牌化，要么依赖创新性绿色技术，要么严格按照绿色环保有机的相关标准去运营企业[③]。企业实施绿色化行动的方式直接关系到企业绿色化的程度，为对外传递绿色品牌信号奠定了基础。树立良好的绿色品牌形象，不仅有利于扩大产品销售、提高企业声誉，更能从中提升品牌的形象与价值。绿色营销战略的实施是企业获取绿色消费者信任的一种途径，这不仅有助于传递品牌产品的可信信息，也有助于培育消费者对企业的信任[④]。

绿色品牌形象是企业最重要的一项无形资产。绿色营销是营销中一个新的、不断发展的概念[⑤]，除了一般市场营销的共性外，绿色品牌还拥有绿色性、持续性、外部经济性和系统性四个特质。绿色营销是一个组织在设计、推广、定价和分销品牌商不损害环境的产品方面所做的努力。科特勒和凯勒将绿色营销方案简化为三个组成部分：人、地球和利润[⑥]。

品牌的力量是在广泛的市场范围内产生强大的产品标识和消费者忠诚度的重要工具[⑦]。Kay指出差异化是企业建立强大品牌的关键逻辑[⑧]。绿色定位是

---

① Crane A. Facing the Backlash: Green Marketing and Strategic Reorientation in the 1990s [J]. Journal of Strategic Marketing, 2000, 8（3）: 277-296.

② Darnall N, Jolley G J, Handfield R. Environmental Management Systems and Green Supply Chain Management: Complements for Sustainability? [J]. John Wiley & Sons, Ltd., 2008, 45（October 2006）: 30-45.

③ Grant, Adam M. Does Intrinsic Motivation Fuel the Prosocial Fire? Motivational Synergy in Predicting Persistence, Performance, and Productivity [J]. Journal Apply Psychology, 2008, 93（1）: 48-58.

④ Bjorner, T. Environmental Labeling and Consumers? choice? An Empirical Analysis of the Effect of the Nordic Swan [J]. Journal of Environmental Economics & Management, 2004, 47（3）: 411-434.

⑤ Sarkar A N. Green Supply Chain Management: A Potent Tool for Sustainable Green Marketing [J]. Asia-Pacific Journal of Management Research and Innovation, 2012, 8（4）: 491-507.

⑥ 菲利普·科特勒, 凯文·莱恩·凯勒, 等. 营销管理（第13版）[M]. 清华大学出版社, 2011.

⑦ Bell C. Branding New Zealand: The National Green-wash [J]. Bronzs British Review of New Zealand Studies, 2006, 15（6）: 13-28.

⑧ Kay M. Strong Brands and Corporate Brands [J]. European Journal of Marketing, 2006, 40.

绿色品牌战略成功的关键因素。诸如有机、环保和节能等产品定位一样，绿色作为一种品牌象征属性，也是一种品牌定位的策略。当消费者认为某品牌对环境有一定的保护性时，便能够提升该品牌在消费者心中的绿色品牌形象。近年来，随着人们对环境问题的高度关注，很多企业通过不同的策略表现出对环境的高度关注，打造环保或绿色品牌成为很多企业开展差异化营销的工具之一。

由于环境承诺会带来绿色竞争优势，即使是那些不提供生态友好型产品或服务的企业也试图创建绿色形象①。尽管实施品牌绿色化战略可能为企业赢得顾客、降低风险、创造竞争优势，但由此也会显著增加企业绿色化的成本，并不是所有的绿色策略都是划算的②。因此，大量企业往往忽略了绿色品牌建设的真实过程，通过采用虚假宣传、误导消费者的"漂绿"手段，给消费者造成其产品是绿色和环保的假象，却没有真正将品牌绿色应用到商业实践中③。许多企业通过以下方式进行"漂绿"：隐藏的交易、没有证据、不相关、两害相权取其轻、含糊其词、崇拜虚假的标签以及欺骗④。这类企业通常只向消费者展示有关其产品绿色性能的比较片面的证据。刘呈庆指出绿色企业通常采用打造绿色声誉（广告）、出具绿色认证以及环保可持续发展报告信息披露等方式来对外传递产品的绿色环保属性⑤。Banerjee表明大多数绿色营销广告没有聚焦产品或服务本身的绿色环保属性，仅仅只为了树立一个绿色企业的形象⑥。杨晓燕等认为绿色品牌就是获得绿色认证的品牌⑦。仇立验证了绿色

---

① Chen Y, Chang C. Greenwash and Green Trust: The Mediation Effects of Green Consumer Confusion and Green Perceived Risk [J]. Journal of Business Ethics, 2013, 114 (3): 489-500.

② Chen R. Green to Gold: How Smart Companies Use Environmental Strategy to Innovate, Create Value, and Build Competitive Advantage [J]. Journal of Sustainable Tourism, 2011, 19 (6): 789-792.

③ Chen Y. The Driver of Green Innovation and Green Image-Green Core Competence [J]. Journal of Business Ethics, 2008, 81 (3): 531-543.

④ Terra, C. The Seven Sins of Greenwashing: Environmental Claims in Consumer Markets [J]. Environmental Marketing Inc. Ottawa, Ontario, Canada, 2009.

⑤ 刘呈庆. 绿色品牌发展机制实证研究 [D]. 山东大学, 2010.

⑥ Banerjee S, Gulas C S, Iyer E. Shades of Green: A Multidimensional Analysis of Environmental Advertising [J]. Journal of Advertising, 1995, 24 (2): 21-31.

⑦ 杨晓燕, 胡晓红. 绿色认证对品牌信任和购买意愿的影响研究 [J]. 国际经贸探索, 2008, 24 (12): 66-70.

认证、绿色品牌可得性和产品价格等对绿色消费行为的影响，指出绿色认证与产品的价格能够显著影响消费者绿色品牌购买行为[①]。郭锐等指出品牌来源国形象也影响着消费者对绿色品牌的信任[②]。然而，随着众多认证体系的诞生以及信息不对称性，人们对认证信息也产生怀疑。与此同时，企业披露环境可持续发展报告能够增强企业的绿色品牌形象，但是很多企业往往为了塑造自身的品牌形象，只发布对自身有利的信息来误导消费者，由此也会降低企业的可信度。很多学者的研究结论也证实，采用绿色认证手段并不能保证企业绿色产品属性的真实性[③]。

绿色品牌本质上要解决的问题是消费者的绿色信任问题，这要求绿色品牌企业不仅要在品牌建设实践过程是环境友好型的，更要注意其运用的信号策略是可信的[④]。Yu-Shan Chen 研究出绿色品牌形象、绿色满意度、绿色信任度与绿色品牌资产是正相关的关系，绿色满意度和信任正向调节了绿色品牌形象与品牌资产的关系[⑤]。绿色品牌形象指的是企业产品低污染、无公害、重环保的特征，代表企业注重可持续发展和人类健康，是消费者心中对品牌环境承诺的知觉集合。树立绿色品牌形象是增强企业绿色竞争优势的过程[⑥]。Mourad 等人表明正面的绿色品牌形象会直接地影响消费者对绿色产品的选择[⑦]。"漂绿"与绿色品牌形象、绿色满意度、品牌资产之间都呈负相关关系[⑧]。

---

① 仇立. 基于绿色品牌的消费者行为研究［D］. 天津大学，2012.

② 郭锐，李伟，严良. 漂绿后绿色品牌信任重建战略研究：基于 CBBE 模型和合理性视角［J］. 中国地质大学学报：社会科学版，2015，15（3）：11.

③ Giannakas K. Information Asymmetries and Consumption Decisions in Organic Food Product Markets［J］. Canadian Journal of Agricultural Economics/Revue Canadienne DagroEconomie，2002，50（1）：35–50.

④ 刘呈庆. 绿色品牌发展机制实证研究［D］. 山东大学，2010.

⑤ Chen Y. The Drivers of Green Brand Equity：Green Brand Image，Green Satisfaction，and Green Trust［J］. Journal of Business Ethics，2010，93（2）：307–319.

⑥ Zameer H，Wang Y，Yasmeen H. Reinforcing Green Competitive Advantage Through Green Production，Creativity and Green Brand Image：Implications for Cleaner Production in China［J］. Journal of Cleaner Production，2019，247（2）：119119.

⑦ Mourad M，Serag Eldin Ahmed Y. Perception of Green Brand in An Emerging Innovative Market［J］. European Journal of Innovation Management，2012，15（4）：514–537.

⑧ Chen Y，Tien W，Lee Y，et al. Greenwash and Green Brand Equity［C］. In Proceeding of the International Conference on Management of Engineering and Technology，2016，9（13），1797–1803.

综上可知，面对普遍存在的"漂绿"现象，真实的绿色品牌如何才能将品牌真实性传递给消费者？获取消费者绿色信任，降低消费者搜索成本，成为绿色品牌建设过程中亟待解决的关键问题。David Aaker指出企业可以通过广告或者设置感性情境等方式来促进消费者与品牌之间的情感连接，以实现传递品牌绿色属性的目的[①]。学者们已经认识到传播绿色品牌最有效的方式就是实现消费者与绿色品牌之间的情感效益[②]。

与传统的广告相比，品牌故事被认为更容易与消费者产生联系，促进品牌—消费者联结[③]。而讲故事被认为是建立品牌与消费者联系最有效的方式，品牌故事能够有效传达品牌的信息，通过这些信息，诱导消费者产生独特性的感知来获得差异化[④]。已有研究证实，采用第一人称叙事，具有高真实性和清晰故事情节的品牌故事更能促进企业树立积极的品牌形象[⑤]。许多研究都检验了消费者讲述的品牌相关故事和叙事广告在营销传播中的有效性[⑥]。通过文献梳理发现，鲜有研究关注品牌故事在绿色品牌营销中的效用，基于以上分析，本书试图从品牌故事的视角来探讨绿色品牌传播过程中的真实性问题。

2.1.2　国外品牌故事领域相关研究

近年来，与企业品牌相关的学术研究集中在品牌故事的概念和内涵上[⑦]。与旨在促进短期销售的广告不同，品牌故事指的是能够影响消费者感知并建

---

① Aaker D A. Measuring Brand Equity Across Products and Markets［J］. California Management Review, 1996, 38（3）: 102-120.

② 龚本军. 绿色品牌的标识颜色对品牌信任的影响研究［D］. 中南财经政法大学, 2019.

③ Granitz N, Forman H. Building Self-brand Connections: Exploring Brand Stories through a Transmedia Perspective［J］. Journal of Brand Management, 2015, 22（1）: 38-59.

④ Mossberg, Lena. Extraordinary Experiences through Storytelling［J］. Scandinavian Journal of Hospitality & Tourism, 2008, 8（3）: 195-210.

⑤ Huang W. Brand Story and Perceived Brand Image: Evidence from Taiwan［J］. Journal of Family and Economic Issues, 2010, 31（3）: 307-317.

⑥ Woodside A G, Megehee C M. Travel Storytelling Theory and Practice［J］. Anatolia, 2009, 20（1）: 86-99.

⑦ Janssen C, Vanhamme J. The Role of Brand Prominence on Consumer Perceptions of Responsible Luxury［J］. Arcwebsite.org, 2014, 119（1）: 45-57.

立长期消费者关系和信任的真实品牌内容①。研究表明，一个好的品牌故事可以作为实现差异化的关键营销策略②。品牌故事也可以作为一种媒介，能够让消费者了解、沟通和情感上联结一个品牌③。消费者对品牌的认知和情感联系主要来自对精心设计的故事情节的沉浸④。沉浸感可以促进叙事说服，引起消费者产生与故事一致的态度转变，并促进品牌真实性的感知⑤。本节主要利用文献计量分析软件，对国外品牌故事领域的研究成果进行系统梳理，为后续研究提供理论依据。

Citespace 软件是由美国德雷赛尔大学计算机与情报学学院陈超美教授基于 JAVA 应用程序开发的科学计量与知识图谱工具软件，可视化和分析科学文献中的趋势和模式，它被设计为一个渐进知识领域可视化工具⑥。Citespace 的设计原理来源于普赖斯的科学前沿理论，他认为论文之间会由于引证关系而形成网络，从而形成聚类，人们可以借助矩阵和图论等方法对其加以研究。如果将某一个领域的研究前沿设定为该领域的发展状况，那么前沿引文就形成了对应的知识基础，具体表现为文献共被引聚类。近年来，Citespace 分析已经广泛应用于科学文献中识别并显示科学发展的新趋势和新动态。Citespace 支持从科学出版物衍生出的各种网络的结构和时间分析，包括协作网络、作者共被引网络和文档共被引网络。它还支持混合节点类型的网络，如术语、机构和国家；以及混合链接类型，如共引、共现和直接引用链接。正是因为

---

① Ldha B, Km C. Digital Content Marketing's Role in Fostering Consumer Engagement, Trust, and Value: Framework, Fundamental Propositions, and Implications [J]. Journal of Interactive Marketing, 2019, 45: 27–41.

② Ryu K, Lehto X Y, Gordon S E, et al. Effect of a Brand Story Structure on Narrative Transportation and Perceived Brand Image of Luxury Hotels [J]. Tourism Management, 2019, 71: 348–363.

③ Escalas, Jennifer, Edson. Self-Referencing and Persuasion: Narrative Transportation versus Analytical Elaboration [J]. Journal of Consumer Research, 2007, 33 (3): 421–429.

④ Dessart L, Pitardi V. How Stories Generate Consumer Engagement: An Exploratory study [J]. Journal of Business Research, 2019, 104: 183–195.

⑤ Warren S M. Binge-Watching Rate as a Predictor of Viewer Transportation Mechanisms [D]. Syracuse University, 2016. *https://surface.syr.edu/etd/622.*

⑥ Chen C. CiteSpace II: Detecting and Visualizing Emerging Trends and Transient Patterns in Scientific Literature [J]. Journal of the American Society for Information Science and Technology, 2006, 57 (3): 359–377.

其强大的知识图谱绘制功能，Citespace 已经成为当前国内最流行的文献计量分析工具。

文献共被引聚类和关键词共现聚类分析是 Citespace 软件聚类的核心功能。文献共被引分析网络图中的聚类和关键节点能够展示某领域的研究前沿和知识结构。Citespace 软件聚类分析采用的原理是基于图论的谱聚类算法，该算法基于链接关系而不是节点属性开展聚类，通过对样本数据的拉普拉斯矩阵的特征向量进行聚类，本质上就是按照合理的方式对图进行切割，形成不同的子图，每一个子图内部相似度尽可能高，而子图之间的相似度尽可能低。

本书采用 Citespace5.7软件对"品牌故事"领域的现有文献进行计量分析。在 Web of science 核心数据库里面进行文献检索，检索主题词设置为："brand story" or "brand storytelling" or "brand narratives" or " brand narrative transportation"。时间设置为1900—2021年，共检索出文献99篇，主要分布在2010—2020年。经过精练分析，最终选择94篇文献和1069篇引文进行计量分析。本研究的检索时间为2021年11月20日。通过对发文量和引文量的趋势图分析，可以发现关于品牌故事的研究主要集中在近十年，发文量呈现明显的增长趋势（见图3）。

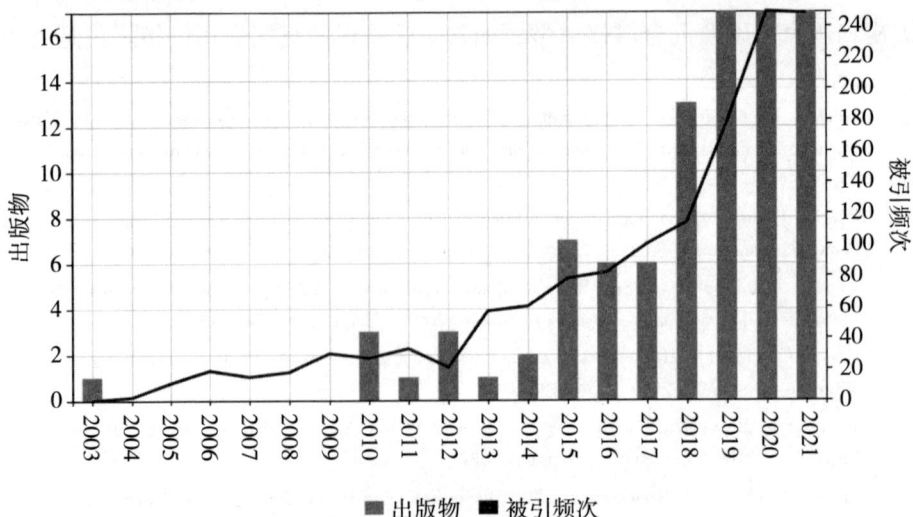

图3　国外品牌故事领域研究成果趋势

本研究根据 WOS 数据库生成的引文报告，得到前十位高被引频次的品牌故事研究成果（表1）。Brown Stephen（2003）研究论文被引用频次高达608次，该文通过对复古品牌的案例研究，揭示了品牌故事、品牌本质、理想化社区以及品牌悖论的重要性，为品牌故事领域的后续研究奠定了坚实的理论基础[①]。其次，Sangeeta Singh 的文章被引频次达到140次，排在第二位。该文强调了随着社交媒体的兴起，品牌故事不再是属于品牌拥有者单向输出的内容，而是与品牌消费者共同创造的内容，并首次将隐喻概念运用到品牌故事的创作中[②]。再次，Hung-Chang Chiu 等的文章提出品牌故事元素应该与品牌产品类型相适应，并验证了品牌故事元素对搜索产品和体验产品的消费者态度的差异化影响，品牌故事的真实性、简洁性、反转和幽默四种元素都通常有助于吸引读者[③]。但不同元素对不同类型产品来说也存在显著差异，比如真实性对于体验类产品来说比搜索产品更重要；对于搜索类产品，简洁程度对品牌态度有显著影响等。此外，Anca Cristina Micu 高被引文献研究了品牌故事与消费者之间的联系，分别从消费者情感体验的角度、消费者品牌依恋的角度论证了品牌故事的建构要素[④]。其他有三篇文章从个人视角研究了品牌故事的建构，或将隐喻、象征和故事原型应用到故事建构，或从自我身份的建构角度探讨了如何建构一个有凝聚力、有吸引力的故事。最后一个高被引文献的研究则是探讨了品牌故事结构的有效性问题[⑤]，也是当前品牌故事研究热点话题。

---

① Brown S，Kozinets R V，Sherry J F. Teaching Old Brands New Tricks：Retro Branding and the Revival of Brand Meaning［J］. Journal of Marketing，2003，67（3）：19-33.

② Singh S，Sonnenburg S. Brand Performances in Social Media［J］. Journal of Interactive Marketing，2012，26（4）：189-197.

③ Chiu H，Hsieh Y，Kuo Y. How to Align your Brand Stories with Your Products［J］. Journal of Retailing，2012，88（2）：262-275.

④ Micu A C，Plummer J T. Measurable Emotions：How Television Ads Really Work［J］. Journal of Advertising Research，2010，50（2）：137-153.

⑤ Ryu K，Lehto X Y，Gordon S E，et al. Effect of a Brand Story Structure on Narrative Transportation and Perceived Brand Image of Luxury Hotels［J］. Tourism Management，2019，71：348-363.

表1　国外品牌故事研究成果前十名高被引文献汇总

排序	题目	作者	期刊	出版年	被引次数
1	"Teaching Old Brands New Ticks: Retro Branding and the Revival of Brand Meaning"	Brown Stephen, Kozinets Robert V, Sherry John F	*Journal of Marketing*	2003	608
2	"Brand Performances in Social Media"	Singh Sangeeta, Sonnenburg Stephan	*Journal of Interactive Marketing*	2012	140
3	"How to Align Your Brand Stories with Your Products"	Chiu Hung-Chang, Hsieh Yi-Ching, Kuo Yi-Chu	*Journal of Retailing*	2012	74
4	"Measurable Emotions: How Television Ads Really Work Patterns of Reactions to Commercials Can Demonstrate Advertising Effectiveness"	Micu Anca Cristina, Plummer Joseph T.	*Journal of Advertising Research*	2010	54
5	"Who Am I? How Compelling Self-storytelling Builds Digital Personal Reputation"	Pera Rebecca, Viglia Giampaolo, Furlan Roberto	*Journal of Interactive Marketing*	2016	47
6	"Multi-stakeholder Brand Narratives: an Analysis of the Construction of Artistic Brands"	Preece Chloe, Kerrigan Finola	*Journal of Marketing Management*	2015	32
7	"Building Self-brand Connections: Exploring Brand Stories Through a Transmedia Perspective"	Granitz Neil, Foman Howard	*Journal of Brand Management*	2015	29
8	"Brand-Self Identity Narratives in the James Bond Movies"	Cooper Holly Schembri Sharon, Miller Dale	*Psychology & Marketing*	2010	26
9	"Classifying the narrated selfie: Genre Typing Human-Branding Activity"	Eagar Toni, Dann Stephen	*European Journal of Marketing*	2016	22
10	"Effect of a Brand story Structure on Narrative Transportation and Perceived Brand Image of Luxury Hotels"	Ryu Kyungin, Lehto Xinran Y, Gordon Susan E, Fu Xiaoxiao	*Tourism Management*	2019	21

关键词可以反映一篇文献的研究重点内容[①]。本研究将处理后的文献题录数据输入 Citespace 软件。将时区分割（Time Slicing）分析时间设为 2010—2022 年，选择时间分区长度（Years Per Slice）为 1；文本处理（Text Processing）选择作者关键词（Author Keywords）；选取关键词（Keywords）作为网络节点类型（Node Types）；网络关联节点强度（Links）中强度计算方法（Strength）选择 Coise 算法，计算范围（Scope）选择时间切片内（Within Slices）；提取节点阈值的选择（Selection Criteria）Top N 设定 N=30。对关键词共现网络进行聚类后，得到关键词共现聚类网络图谱。从图 4 中可以发现，品牌故事的频次最高，品牌叙事的中心度最高。品牌故事的影响、品牌叙事的研究、消费者态度、品牌故事与产品的关系、品牌故事的文化、前置因素等都是该领域关注的话题，模型构建则是品牌故事领域研究的主要工具。

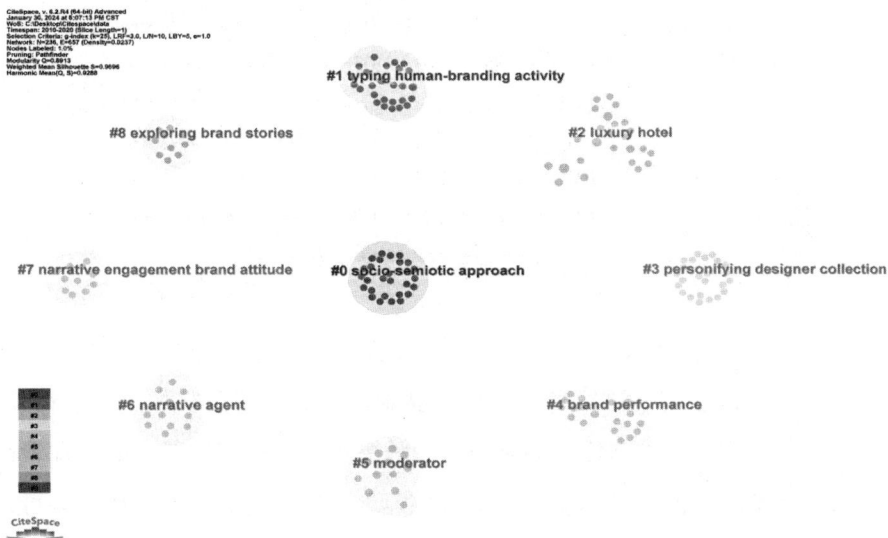

图 4 国外品牌故事研究成果关键词聚类图

---

① 胡志毅，管陈雷，杨天昊，等.中国旅游生态足迹研究可视化分析［J］.生态学报,2020,40（2）：10.

Top 20 Keywords with Strongest Citation Bursts

Keywords	Year	Strength	Begin	End	2010—2020
brand story	2010	2.3691	2017	2018	
culture	2010	1.368	2010	2014	
impact	2010	1.343	2018	2020	
brand management	2010	1.2268	2011	2013	
underdog	2010	1.1779	2019	2020	
brand	2010	1.1679	2018	2020	
experience	2010	1.1338	2019	2020	
branding	2010	1.0758	2015	2015	
involvement	2010	1.0408	2018	2018	
storytelling theory	2010	1.0408	2018	2018	
storytelling	2010	1.0057	2019	2020	
brand attitude	2010	0.9478	2016	2017	
antecedents	2010	0.8714	2019	2020	
consequences	2010	0.8714	2019	2020	
persuasion	2010	0.8579	2018	2020	
facebook	2010	0.7949	2017	2018	
attitudes	2010	0.7816	2019	2020	
feelings	2010	0.7816	2019	2020	
affect	2010	0.775	2018	2020	

图5　前20位关键词聚类突现词

通过关键词突现检测可以判断一个领域的研究热点变化趋势[①]。从品牌故事领域的关键词突现检测图可以看出，品牌故事近十年研究的热点变化是：文化、品牌管理、品牌态度、品牌故事、故事理论、故事体验、故事前置因素、消费者态度、消费者体验、故事效果等。通过研究热点的变化趋势可以发现学术界关于品牌故事的研究呈增长趋势。品牌故事的研究主要从两个视角开展：一个视角是对品牌故事本身的理论、建构、文化等进行研究，并且研究逐渐从宏观转向微观；另一个是从消费者视角来研究品牌故事对消费者

---

① 陈悦，陈超美，刘则渊，等 . CiteSpace 知识图谱的方法论功能［J］. 科学学研究,2015,33（02）：242–253.

态度的影响,包括消费者体验、消费者沉浸、消费者意愿等。采用关键词突现并不能准确地概括品牌故事的研究结构和分析品牌故事与消费者之间的关系。因此,本书接下来通过文献共被引分析来进一步探索品牌故事领域的知识结构,挖掘品牌故事与消费者之间的联系。

本书对引文进行共被引聚类分析,形成了11个聚类。在图谱中,聚类模块值(Modularity,Q值)为0.81,表明聚类结构显著;聚类平均轮廓值(Silhouette,S值)为0.85,表明聚类令人信服。品牌故事研究领域的知识结构主要包括:品牌故事、调节聚焦、时尚品牌、品牌传记、偏好、时尚、社交媒体、故事营销、品牌力量、品牌叙事、沉浸等。

从引文时间线分析图可以看出,聚类4(品牌传记)、聚类5(偏好)、聚类7(社交媒体)、聚类8(故事营销)、聚类11(沉浸),这五个聚类包含比其他聚类多的中心度节点和黄色年轮,表明这些节点涉及品牌故事研究领域的核心知识。接下来,本研究对这五大聚类的核心文献进行深入分析。

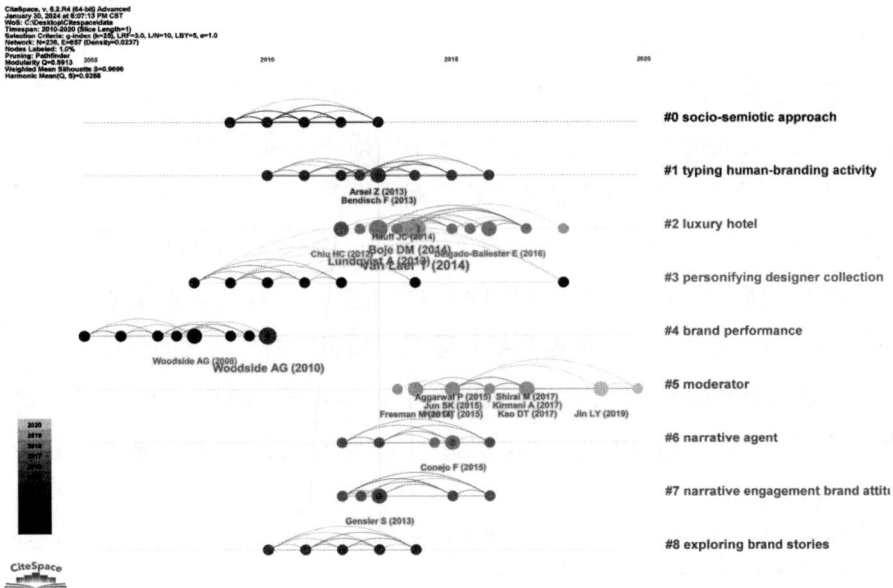

图6　引文时间线聚类分布情况

关于品牌传记（聚类4）的研究热潮集中在2010—2015年，共包含16个引用，通过被引用文献聚类分析，Herskovitz S 认为以人物为中心来讲故事对品牌塑造至关重要[①]。创造一个强大的和引人注目的品牌故事，首先要考虑的是清晰展现品牌个性的人物角色，所有其他的元素都是依照人物角色来展开。品牌力量将来自品牌个性和品牌故事中所赋予的承诺。故事受众会因为对故事角色的认同而对品牌产生兴趣并采取行动。故事受众会对品牌故事及其行动感兴趣是因为他们了解人物角色。品牌角色与故事受众所建立的情感联系是基于其处理深层次感受的能力，尽管通常是含蓄的、内隐的需求和态度。Chiu H 等人采用实验法来验证了品牌故事元素在不同产品类型中对消费者态度的影响[②]。一般来看，尽管品牌故事元素对搜索产品和体验产品的消费者态度影响不同，真实性、简洁性、反转性和幽默感四种元素有助于吸引读者。对于体验型产品来说，真实性元素则更重要，反转元素在体验型产品中也更能提升品牌体验态度；简洁性仅对搜索型产品的品牌态度有显著影响；幽默元素在搜索型产品中对消费者态度影响相对更大。Green M C 和 Brock T C 提出叙事传输理论，将叙事传输定义为故事沉浸，即一个"整合了注意、情感和意象的独特心理过程"。当人们沉浸在故事中时，现实世界将暂时被忘记，他们的注意力完全集中于故事内容，故事中描述的场景会真实而生动地浮现在脑海中，同时，随着故事情节的跌宕起伏可产生强烈的情绪反应，就好似"逃离"了现实世界而"迷失"在故事世界中一样。当人们从故事世界返回现实世界中，将会产生与故事相一致的态度、信念、自我意识和行为。Green M C 和 Brock T C（2000）清晰地测量和证明了故事对被传输者态度的影响，并开发了叙事传输量表[③]。根据他们的研究，Escalas J E（2007）对比分析了消费者在处理加工广告信息时所采用的叙事性思维与分析性思维，通过实验研究

① Herskovitz S, Crystal M. The Essential Brand Persona：Storytelling and Branding［J］. Journal of Business Strategy，2010，31（3）：21–28.

② Chiu H，Hsieh Y，Kuo Y. How to Align your Brand Stories with Your Products［J］. Journal of Retailing，2012，88（2）：262–275.

③ Green M C，Brock T C. The Role of Transportation in the Persuasiveness of Public Narratives［J］. Journal of Personality and Social Psychology，2000，79（5）：701–721.

发现，叙事传输是品牌故事说服效应的主要机制，它能够引发叙事性自我参照[①]。然而，不良的品牌故事结构会明显降低叙事传输的程度，其通常表现为逻辑不通顺和时间顺序混乱。不同于叙事性自我参照，分析性自我参照易受广告论证强弱力度的影响，消费者在有意识地思考、分析和归纳广告产品信息后，会依据论证强度进行品牌评估，论证越强，品牌态度越佳。综合前人的研究，Van Laer T等拓展了叙事传输理论模型，将叙事者、故事接收者、叙事传输、叙事说服等因素纳入考虑范围，认为故事是故事叙事者所创造的产品，是对一个事件或者多个事件的解释，而叙事是故事接收者对故事的消费[②]。

聚类5（偏好）的研究主要集中在从消费者偏好的视角来探讨叙事处理在消费者与品牌关系中发挥的作用。只要品牌成为消费者自我呈现的媒介，消费者就会对品牌产生接受、喜欢乃至认同的行为倾向。消费者对品牌功能的预期是形成品牌偏好情感的先决条件[③]。我们对该聚类中被引用最多的两篇文献进行梳理发现，以叙事形式传达的信息比以列表形式传达的信息对消费者判断、决定的影响更大，强调了在消费者信息处理过程中考虑信息方式的重要性[④]。研究结果表明，图片不仅增加了书面信息的冲击力，而且当这些信息以叙事的方式传达时，有可能降低无序列表信息的冲击力。通过研究发现叙事加工可以创造或增强自我品牌联系，因为人们倾向于将他们的经历代入故事中，进而来解释他们经历的意义。消费者在做购买决定时，会主动以故事的形式将品牌信息和个人经历结合起来，赋予品牌特殊意义[⑤]。通过这种意义

---

① Escalas, Jennifer, Edson. Self-Referencing and Persuasion: Narrative Transportation versus Analytical Elaboration [J]. Journal of Consumer Research, 2007, 33 (3): 421-429.

② Van Laer T, de Ruyter K, Visconti L M, et al. The Extended Transportation-Imagery Model: A Meta-Analysis of the Antecedents and Consequences of Consumers' Narrative Transportation [J]. Journal of Consumer Research, 2014, 40 (5): 797-817.

③ 马鸿飞. 消费者品牌偏好的形成及行为经济学视野的分析 [J]. 中国流通经济, 2008 (07): 60-62.

④ Adaval R, Wyer R S. The Role of Narratives in Consumer Information Processing [J]. Journal of Consumer Psychology, 1998, 7 (3): 207-245.

⑤ Escalas J E. Imagine Yourself in The Product: Mental Simulation, Narrative Transportation, and Persuasion [J]. Journal of Advertising, 2004, 33 (2): 37-48.

创造的叙事加工模式，使得某些品牌对于一部分消费者而言，比其他品牌更有价值，与他们的自我概念更加契合。相似地，当消费者试图将接收的叙事信息映射到记忆中的故事中时，叙事加工也能在品牌和自我之间创建一种联系。

聚类7（社交媒体）Lundqvist A 等（2012）对比研究了故事形式和非故事形式的品牌信息对消费者品牌评价的差异性影响，发现消费者对以故事形式呈现的品牌信息给出更积极、正面的品牌评价[①]。Escalas 认为，叙述性的自我参照态度变化是通过迁移机制产生的情感迁移结果，而非叙事性的自我参照态度变化则是对相关信息进行更多审视的结果[④]。

聚类8（故事营销）主要探讨讲故事在营销中的应用。Arch G. Woodside 指出，讲故事在生活中无处不在，大量的信息以故事的形式存储、索引和检索。人们通过故事相互联系，产品和品牌通常在他们的故事中扮演中心和外围的角色。为了帮助消费者心理学中讲故事的研究，Arch G. Woodside 发展了一个叙事理论，描述了消费者如何使用品牌作为道具或通过拟人化来报道自己和他人的故事，这样的表演使这些讲故事的人能够体验到反映心理原型的强大神话[②]。Arch G. Woodside 回顾了故事叙述理论的核心原则，并阐述了在营销中如何讲好故事[③]。

聚类11（沉浸感）聚焦叙事广告给消费者带来的沉浸体验。Nai-Hwa Lien 探讨了叙事广告的说服效应和中介传输过程，以及故事的呈现形式（口头和视觉）是如何影响消费者的信息处理[④]。文章指出，当人们被一个故事吸引，从而被传输到一个叙事世界，在那里他们暂时失去了与现实世界事实的接触。在叙事广告条件下，人们倾向于沉浸在故事中，专注于故事的加工；他们不会花

[①] Anna, Lundqvist, Veronica, et al. The Impact of Storytelling on the Consumer Brand Experience: The Case of a Firm-originated Story [J]. Journal of Brand Management, 2013, 20（4）: 283-297.

[②] Woodside A G, Sood S, Miller K E. When Consumers and Brands Talk: Storytelling Theory and Research in Psychology and Marketing [J]. Psychology and Marketing, 2008, 25（2）: 97-145.

[③] Woodside A G. Brand-consumer Storytelling Theory and Research: Introduction to a Psychology & Marketing Special Issue [J]. Psychology & Marketing, 2010, 27（6）: 531-540.

[④] Janssen C, Vanhamme J. The Role of Brand Prominence on Consumer Perceptions of Responsible Luxury [J]. Arcwebsite.org, 2014, 119（1）: 45-57.

费精力去关注和思考广告中与产品相关的论点，那么，他们对产品的态度是基于对故事的想法，而不是对论点的想法。这就是故事导致的沉浸感体验。

2.1.3 国内品牌故事领域相关研究

通过前一节的文献计量分析发现，国外学者从多个角度对品牌故事领域展开了系统深入的研究。许多学者都认同"叙事就是讲故事"的观点[①]。本书在梳理品牌故事研究文献时，也对"叙事"与"讲故事"不做细致区分，等同使用。本书利用 CNKI 数据库进行检索，以"品牌故事""品牌叙事"为主题检索词，截止到 2021 年 8 月 15 日，筛选出在 CSSCI 或中文核心期刊的研究成果共计 71 篇，且主要分布在近十年（图 7）。本研究通过 CNKI 数据库的引文分析工具对筛选的文献进行了分析。

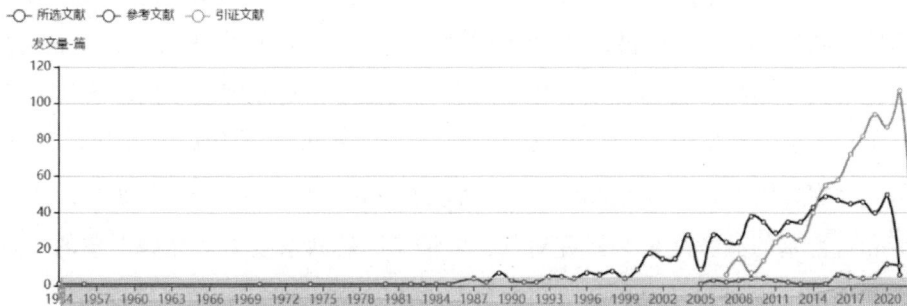

图7　国内品牌故事领域研究成果发布情况

首先，在对品牌故事的内涵理解上，国内学者认为品牌故事是广告营销的一种形式。企业通过品牌故事的形式来传递品牌的核心价值理念、介绍企业的产品利益诉求，从而建立和实现与消费者的情感联系。汪涛等人强调品牌故事与一般的广告是有很大差异，一般的广告仅仅是为了让消费者记住品牌或者产品信息，而品牌故事则是与消费者进行情感沟通，从而使消费者记

---

① Stern B. Authenticity and the Textual Persona：Postmodern Paradoxes in Advertising Narrative［J］. International Journal of Research in Marketing，1994，11（4）：387–400.

住并接受品牌[①]。

其次，在对品牌故事的类型划分上，台湾学者黄光玉将品牌故事划分为10种不同类型，具体包括品牌诞生故事、企业组织故事、品牌愿景故事、品牌创新故事、品牌价值故事、品牌代言人故事、品牌—消费者故事、品牌成功故事、品牌形象故事以及品牌与社会关系的故事[②]。李光斗则根据故事主题将品牌故事界定为关于爱情、生命、美德、尊重以及品牌个性的故事[③]。

此外，通过文献关键词共现聚类分析发现，品牌故事、品牌态度、品牌体验的出现频次较多。在品牌故事的研究视角上，国内学者对品牌故事的研究主要集中在两个方面：一是品牌故事的塑造与建构。汪涛等人的《讲故事塑品牌：建构和传播故事的品牌叙事理论——基于达芙妮品牌的案例研究》被引用频次最高，达到110次。汪涛等以达芙妮品牌作为案例，认为一个好的品牌故事应该采用合理的叙事结构，确定一个恰当的主题，并且体现真实、情感、共识和承诺四种要素[④]。许晖等人以蓝月亮品牌作为案例，指出品牌故事包含故事结构、目标受众和传播媒介三大维度，对品牌故事的动态演化路径进行了探索性分析[⑤]。另一个研究视角是品牌故事的功能作用。国内学者普遍认为品牌故事对消费者态度、对品牌的发展都有积极作用[⑥]。周振华以麦当劳和肯德基的品牌故事为研究对象，验证了品牌故事要素对品牌形象的提升影响[⑦]；徐安琪研究了品牌故事与消费者情感依恋的关系[⑧]，贾艳瑞以访谈的形

---

① 汪涛，周玲，彭传新，等.讲故事 塑品牌：建构和传播故事的品牌叙事理论——基于达芙妮品牌的案例研究［J］.管理世界，2011（03）：112-123.

② 黄光玉.说故事打造品牌：一个分析的架构［J］.广告学研究，2006（26）：1-25.

③ 李光斗.故事营销［M］.北京：机械工业出版社，2009.

④ 汪涛，周玲，彭传新，等.讲故事 塑品牌：建构和传播故事的品牌叙事理论——基于达芙妮品牌的案例研究［J］.管理世界，2011（03）：112-123.

⑤ 许晖，牛大为."攻心为上"：品牌故事视角下本土品牌成长演化机制——基于蓝月亮的纵向案例［J］.经济管理，2016，38（09）：108-119.

⑥ 赵蓓，贾艳瑞.品牌故事研究述评：内涵、构成及功能［J］.当代财经，2016（12）：65-76.

⑦ 周振华.品牌故事与品牌形象关系研究——以肯德基和麦当劳的品牌故事为例［D］.华东理工大学，2010.

⑧ 徐安琪.品牌故事对品牌依恋影响的优越性及机制探究［D］.宁波大学，2012.

式梳理出品牌故事应由故事人物、事件、情节、情感和精神五大要素构成，并系统研究了品牌故事的构成要素分别对消费者的认知、情感和购买意愿的影响[1]。唐珊引入心理距离作为中介变量，探讨了品牌故事价值感知对消费者购买意愿的影响[2]。陈香等从故事主题的视角，研究了励志品牌故事的人设健全性对消费者态度的积极影响[3]；徐岚等从故事设计模式的视角，研究了消费者品牌故事对消费者品牌态度的作用，结果显示故事情节真实性对消费者态度有着积极作用[4]；郭锐等从故事类型的角度，研究了网络直播环境下的不同民族品牌故事类型对品牌自信的影响[5]。综上分析，我们发现国内的研究成果也一致认为真实性是品牌故事的一个主要构成要素，但同样缺乏对品牌故事真实性构成机制的相关研究。

2.1.4 叙事修辞在品牌故事领域的相关研究

叙事学是专门研究故事结构的学科。叙事学通过假设一个普遍但内隐的模型来解释以故事的形式识别和处理复杂性的能力[6]。这就解释了人类是如何从绘画、对话、电影、戏剧、小说等载体中提取多样而复杂的信息。因为不管形式或媒介是什么，人类似乎具有"阅读"和"翻译"叙事的独特能力。

亚里士多德将修辞定义为"在每个特定情况下，发现说服可用手段的能力"，并区分了三种使一个论点具有说服力的艺术证明：逻辑证明、伦理证明和感染力[7]。更具体地说，修辞学是一种由特定词汇、语法结构、文学/诗歌特征或特定社会语境中的其他手段的话语，通常用作说服的功能载体，例

---

[1] 贾艳瑞 . 品牌故事对消费者态度的影响研究［D］. 厦门大学，2017.

[2] 唐珊 . 品牌故事影响消费者购买意愿研究——心理距离中介作用［D］. 北京交通大学，2019.

[3] 陈香，郭锐，Cheng Lu Wang，等 . 残缺的力量——励志品牌故事人设健全性对消费者品牌偏好的影响［J］. 南开管理评论，2019，22（06）：4-15.

[4] 徐岚，赵爽爽，崔楠，等 . 故事设计模式对消费者品牌态度的影响［J］. 管理世界，2020，36（10）：76-95.

[5] 郭锐，叶咏清，罗杨，等 . 何类故事更有助于提升网络直播中的民族品牌自信？——兼论文化置换的中介作用和时间焦虑的调节作用［J］. 华东师范大学学报（哲学社会科学版），2020，52（06）：164-177.

[6] Phelan J，Rabinowitz P J. A Companion to Narrative Theory［M］. Malden：Wiley-Blackwell，2005.

[7] Borchers T. Rhetorical theory：An Introduction［M］. Waveland Press，2011.

如广告修辞[1]。修辞被广泛用于广告中，以吸引和诱使消费者购买[2]。修辞学家 Kenneth Burke 将其定义为人类行为人使用言语来形成态度或诱导其他人类行为人采取行动[3]。更普遍地说，修辞与语言选择的深思熟虑的过程有关，以说服或推动人们朝着特定的预期目标[4]。这与商业、政治和历史中使用故事的功能一致[5]。因此，故事和修辞不可避免地联系在一起。最近的研究也将修辞作为一种说服的手段，有说服力的修辞已经演变成一个用于管理研究的变量[6]。在品牌叙事的背景下，修辞有助于通过逻辑、情感和可信度三个诉求来说服个人，由此构成了一个引人入胜故事的关键元素[7]。故事和修辞具有说服力的另一个原因是，它们在受众中引起认同感，并以受众为中心[8]。正如 Burke 所说，修辞不仅与说服有关，而且与认同有关。认同被描述为一种情感依恋，例如消费者对故事角色的依恋[9]。当一个绿色品牌的故事写着"我们关注气候变化"，有环保意识的消费者可能会认同这个角色，而这种认同是品牌成功的基础，人们通常会购买他们认同的品牌[10]。另一位修辞学家认为，市场营销的成

---

[1] Cowell, A. Advertising, Rhetoric, and Literature: A Medieval Response to Contemporary Theory [J]. Poetics Today, 2001, 22 (4): 795–827.

[2] Mothersbaugh D L, Huhmann B A, Franke G R. Combinatory and Separative Effects of Rhetorical Figures on Consumers' Effort and Focus in Ad Processing [J]. Journal of Consumer Research, 2002 (4): 589–602.

[3] Burke K. A Grammar of Motives [M]. University of California, 1969.

[4] Iversen S. Narratives in Rhetorical Discourse [C]. In The Living Handbook of Narratology, ed. P. Hühn and J. Pier. Hamburg: Hamburg University Press, 2014.

[5] Leslie A. How Stories Argue: The Deep Roots of Storytelling in Political Rhetoric [J]. Storytelling, Self, Society, 2015, 11: 66.

[6] Soetaert R, Rutten K. Rhetoric, Narrative and Management: Learning from Mad Men [J]. Journal of Organizational Change Management, 2017, 30 (3): 323–333.

[7] Watson T J. Shaping the Story: Rhetoric, Persuasion and Creative Writing in Organizational Ethnography [J]. Studies in Cultures, Organizations and Societies, 1995, 1 (2): 301–311.

[8] Leslie A. How Stories Argue: The Deep Roots of Storytelling in Political Rhetoric [J]. Storytelling, Self, Society, 2015, 11: 66.

[9] Cowell, A. Advertising, Rhetoric, and Literature: A Medieval Response to Contemporary Theory [J]. Poetics Today, 2001, 22 (4): 795–827.

[10] Soetaert R, Rutten K. Rhetoric, Narrative and Management: Learning from Mad Men [J]. Journal of Organizational Change Management, 2017, 30 (3): 323–333.

功在于吸引目标群体的注意力，而修辞则影响注意力的创造和分配。在当今的信息经济中，说服无处不在，品牌差异性在吸引注意力中起着核心作用[①]，而品牌故事则作为一种有效的品牌差异化战略脱颖而出[②]。

在故事中，修辞学涉及词汇的使用，使人们相信和认同某些事情。本研究将修辞学描述为一种说服性的写作形式。本研究提出的拟人、反转和象征三种修辞策略是指为达到预期目的而刻意选择的语言形式，这些都是用来增强或创造引人注目故事的常见文学技巧。

虽然叙述通常与书面或文学形式联系在一起，如短篇故事或小说，但实际上它是日常生活的一部分[③]。事实上，当一个人以任何方式（书面笔记、电子邮件、对话、演示等）告诉另一个人任何事情时，叙事就会发生。从这个意义上说，每个人都是叙述者，告诉自己和他人自身经历的平凡故事，个人想要经历什么，或任何吸引自身注意力的事情。在这种观点下，叙述和言语行为是紧密联系在一起的。叙述者以多种口吻讲述故事——第一人称（以"我"陈述的形式），第三人称（以"他、她、他们"等陈述的形式），以及较少使用的第二人称（以"你"陈述的形式）。此外，叙述者可以是故事的主角，也可以是次角，甚至可以完全置身于故事之外，以第三方视角分析其他角色的想法。叙事有多种形式。叙事文本可以是单词和句子、符号（如绘制的形状）、电影镜头、声音、手势、面部表情等[④]。但文本是叙事的最终形式，也是叙事接受者与故事相遇的形式。如果说叙述形式是具体叙述内容的最终外化，那么叙述形式的内容本身就是故事。故事包含对道具、角色、场景、条件和事件的描述，这些都是叙述形式所特有的。在叙事学中，逻辑结构和时序事

① Pope N. The Economics of Attention: Style and Substance in the Age of Information [J]. Technology & Culture, 2007, 48 (3): 673–675.

② Janssen S, Dalfsen C, Hoof J, et al. Balancing Uniqueness and Similarity: A Content Analysis of Textual Characteristics in Dutch Corporate Stories [J]. Public Relations Review, 2012, 38 (1): 32–39.

③ Fludernik M. An Introduction to Narratology [J]. Poetics Today, 2010, 12 (3): 7–13.

④ Bal M G, Cabillas M R. Self–written Speech: Narratives of the Self Meet Culture [D]. University of Amsterdam, 2006.

件被称为故事核心，是识别同一故事不同版本来源的一种方法①。无论叙述形式如何，作为故事核心的主要事件都不会改变。例如，讲述史蒂夫·乔布斯成为技术领袖的故事电影，其中的核心元素与他母亲讲述的民间故事相同。因此，故事核心指的是关键事件的基本元素和结构，或者是故事意义的基础或本质的核心主题。

林怡秀认为故事可以产生一种持续牵引的动力，能给受众传递创造实际行动的情感，使得受众变得更加放松，降低防御心理②。近年来，消费者不仅仅重视产品本身的功能价值，更在意消费过程中的主观体验，通过讲故事的方式，能够给消费者带来感悟生活的体验。故事是品牌的灵魂。每一个成功的品牌背后，都是由无数个感人肺腑的故事构成，没有故事的品牌是没有生命力的。故事能够发挥渲染力，触动与引起故事受众的情感，达到移情作用，与故事的剧情性有极高的相关性③。故事需要确认表达的重点，排列故事开始、中场与结局的因果顺序，如同 Zak 实验中使用的故事剧情符合剧情脉络。故事开端、情节升起、冲突顶点、情节降缓到故事结局，传递浓厚的情感，在消费者心中产生比喜爱更高的认同感④。

故事在广告领域的应用被称为叙事广告，其研究侧重于探讨消费者如何加工叙事广告的信息以及针对叙事广告所做出的反应，进而验证叙事广告的效果⑤。广告真实性由保留品牌本质、尊重品牌传承、展示真实的情节、展示可信的信息等四个相关维度组成。四个维度的存在意味着"真实性"一词不

---

① Pope N. The Economics of Attention：Style and Substance in the Age of Information［J］. Technology & Culture，2007，48（3）：673–675.

② 林怡秀. 说故事之管理意涵——探索性研究［D］. 台湾中正大学，2005.

③ Zak P J. Why Inspiring Stories Make Us React：The Neuroscience of Narrative［J］. Cerebrum：The Dana Forum on Brain Science，2015，2015：2.

④ Gerrig R J. Experiencing Narrative Worlds［G］. Yale University Press.，1993.

⑤ 李爱梅，陈春霞，孙海龙，等. 提升消费者体验的故事营销研究述评［J］. 外国经济与管理，2017，39（12）：13.

应该被用作一个笼统的短语①。广告的真实类似于虚构背景真实性的概念②，广告几乎都是虚构的——精心编写的剧本、为实现效果而特别挑选的演员、精心控制的背景和地点，然而广告本身要么被判断为真实的，要么被用来判断一家公司的真实性③。尽管广告很大程度上是人为设计的，但它们可以用来描绘公司的真实性——说明真实性中的"真实／虚构"悖论。品牌管理者需要精确地指定他们在内部和外部沟通中所表示的真实性维度。广告被认为是真实的，品牌广告所描述反映日常情况的现实情节，主要通过普通的、非理想化的角色来呈现。这个维度是标志性的，因为它指的是一些可能不是"真实的"但与现实生活相似的东西④。由此可见，故事营销中的真实性的体现也依托于故事中各个构成要素来实现。

国外和台湾地区的众多学者从不同的角度对品牌故事的构成要素进行了研究。Vincent 等人指出故事的四个要素是情节、人物、主题和美学⑤。Fog 等人认为故事是由信息、冲突、人物和情节构成⑥。黄光玉将品牌故事划分为人物、事件、信息、冲突、常出现物件、叙事结构和叙事特色等七大元素⑦，这一划分依据被国内很多学者作为理论依据来开展进一步探索。贾艳瑞以人物访谈和故事样本内容分析的形式提炼出品牌故事的五个要素，分别是故事人物、事件、情节、情感和精神，并指出从这五大要素出发塑造一个有吸引力

---

① Becker M，Wiegand N，Reinartz W J. Does It Pay to Be Real? Understanding Authenticity in TV Advertising ［J］. Journal of Marketing，2019，83（1）：24-50.

② Grayson K，Martinec R，Brodin K，et al. Consumer Perceptions of Iconicity and Indexicality and Their Influence on Assessments of Authentic Market Offerings［J］. Journal of Consumer Research，2004，31（2）.

③ Anderberg J，Morris J. Authenticity and Transparency in the Advertising Industry：An Interview with John Morris［J］. Journal of Management Development，2006，25：1021-1023.

④ Deighton J，Romer D，Mcqueen J. Using Drama to Persuade［J］. Journal of Consumer Research，1989，16（3）：335-343.

⑤ Vincent，Lynn. Managing Your Practice：Success a la Carte.（Cover Story）［J］. Advisor Today，2002，97（12）：38.

⑥ Fog K，Budtz C，Yakaboylu B. The Company Core Story［J］. Springer Berlin Heidelberg，2005，10.1007/b138635（Chapter 4）：58-95.

⑦ 黄光玉. 说故事打造品牌：一个分析的架构［J］. 广告学研究，2006（26）：1-25.

的品牌故事，能够显著影响消费者的态度①。大陆学者汪涛从叙事理论视角提出一个好的品牌故事应该包含真实、情感、共识和承诺四大要素②。可以发现，不少学者都从不同的角度对品牌故事构成要素进行了探讨，为本研究探索绿色品牌故事真实性提供了理论依据。因此，本研究将借鉴文献综述中的前人研究观点，开展扎根理论编码分析，提炼出体现绿色品牌故事真实性维度的核心要素。

为了体现传统，广告可能会与品牌的传统、历史、原产地或传统生产方法建立联系③。我们将这个维度定义为广告涉及品牌传统或历史的程度。传统联想可以为品牌提供一种特殊的氛围，增加消费者对这些品牌的情感承诺④，比如广告中的历史联结会让消费者想起自己的过去，或激发他们对早期时代的渴望⑤。故事营销除了促使消费者的情感性移情，也可能产生认知性移情，想象自己是故事中的角色，理解并预测角色的想法、感觉和行动，借由故事叙事内容获得信息与事实的学习⑥。

2.1.5　真实性的概念及内涵

"真实性"来源于希腊语，其中包含"个人主义的""最原始的"的意思。真实性的概念首次被运用于形容博物馆中的艺术作品，博物馆中艺术展品通常给人以一种独特的魅力存在，而这种光环正是与原始艺术作品中所呈现出

---

① 贾艳瑞. 品牌故事对消费者态度的影响研究［D］. 厦门大学，2017.

② 汪涛，周玲，彭传新，等. 讲故事　塑品牌：建构和传播故事的品牌叙事理论——基于达芙妮品牌的案例研究［J］. 管理世界，2011（03）：112-123.

③ Spiggle S，Nguyen H，Caravella M. More than Fit：Brand Extension Authenticity［J］. Social Science Electronic Publishing，2012，49，967-983.

④ Newman G E，Dhar R. Authenticity Is Contagious：Brand Essence and the Original Source of Production［J］. Journal of Marketing Research，2014，51（3）：371-386.

⑤ Leigh T W，Peters C，Shelton J. The Consumer Quest for Authenticity：The Multiplicity of Meanings within the MG Subculture of Consumption［J］. Journal of the Academy of Marketing Science，2006，34（4）：481-493.

⑥ Barzaq M. Integrating Sequential Thinking Thought Teaching Stories in the Curriculum［J］. Action Research，2009（Al. Qattan Center for Educational Research and Development QCERD. Gaza）.

来的强大真实性相关[①]。真实性通常反映出事物中的真实情境程度，有些学者认为真实性应该是具有原创的、真实事件的，而 Stern 则指出真实性应该与真诚（Genuine）、真实（Reality）、真理（Truth）有关[②]。一般的解释上，真诚一词指的是发自内心而非虚假或做作的内容；真实是指现实世界中存在的事物；真理则泛指恒久不变的道理，为绝大多数人所认可。

之后，学者们从客观主义、建构主义和存在主义等视角对真实性的定义有着不同的见解。客观主义者认为真实性是一个实体存在且可以由专业人士进行客观评估和测量的质量[③]。在提到物品时，如何去区分它是"真品"还是"赝品"，从客观角度出发，"真品"通常被认为是"原件"。这里的"原件"包括原产地和原材料的可追溯性，真实性在其中所体现的价值在于它降低了消费风险[④]。建构主义者则认为真实性是一种由社会或个人建构的结果，这样的结果是由于对现实世界有着不同解释造成的[⑤]。有些事物天生就不是真实的却看似真实，这是因为他们从观点和信念角度来投射他们所期望的实体真实性[⑥]。如大多数人相信"凡事都有例外"，其本身就是个伪命题，可以说是无意义且不符合客观事实，但是还是有很多人愿意去相信它，其中折射出他们心中所认为的"真实"，即建构真实性。例如在文化遗产旅游中，管理者面临最大的挑战就是建构真实的情境，因为完全的真实几乎是不存在的。因而，很多学者认为旅游者的体验就是真实性的衡量标准[⑦]。存在主义者将真实性定义

[①] Benjamin W. Work of Art in the Age of Mechanical Reproduction［J］. Media and Cultural Studies，1969. 48–70.

[②] Stern B. Authenticity and the Textual Persona：Postmodern Paradoxes in Advertising Narrative［J］. International Journal of Research in Marketing，1994，11（4）：387–400.

[③] Trilling L. Sincerity and authenticity［M］. Harvard University Press，1975.

[④] Beverland M. The 'real thing'：Branding Authenticity in the Luxury Wine Trade［J］. Journal of Business Research，2006，59（2）：251–258.

[⑤] Morhart F，Mal R L，Guèvremont A，et al. Brand authenticity：An Integrative Framework and Measurement Scale［J］. Journal of Consumer Psychology，2015，25（2）：200–218.

[⑥] Ning W. Rethinking Authenticity in Tourism Experience［J］. Annals of Tourism Research，1999，26（2）：349–370.

[⑦] 陈文玲，苏勤. 近十五年来真实性在国内外旅游中的研究对比［J］. 人文地理，2012，27（03）：118–124.

为真实的自我，强调真实性与自我的客观一致性①。存在主义关于真实性的观点来源于哲学存在主义②，主要考察与人的身份有关的真实性①。

从社会心理学的角度来看，真实的人和行为可能存在一致性，因为他们的身份引导着他们的行为，让他们能够借助资源展示真正的自我或在消费时感觉自己是真实的③。自我决定理论也证实了这一观点，当人们的行为与真实的自我表达一致时，则可以认为他们就是真实的④。客观主义、建构主义和存在主义对于真实性的定义存在交互性，其中每一种观点对于理解和使用真实性都提供了有效性的材料⑤。

学者们对于真实性的概念各有所见且尚未统一，所以其存在局限性和模糊性。如在旅游领域，许多游客的内在动机或情感体验难以用传统的真实性概念来解释，所以真实性的用途常常受到批判主义者的质疑⑥。历史决定论通常认为真实性与时间的起源对等，这意味着随后出现的变化、创新、转变在时间起源方面表现为不真实。但一切问题不是绝对的也没有原点，同时也没有什么是静止的。反过来说，唯一不变的就是不断地变化⑦。尽管一些研究人员认为"真实性"这个词太宽泛了⑧，但总的来说，人们一致认为真实性描述

---

① Golomb J. In Search of Authenticity: Existentialism from Kierkegaard to Camus [J]. Environment & Planning D Society & Space, 1995, 14 (6): 709–736.

② Steiner C J, Reisinger Y. Understanding Existential Authenticity [J]. Annals of Tourism Research, 2006, 33 (2): 299–318.

③ Schallehn M, Burmann C, Riley N. Brand Authenticity: Model Development and Empirical Testing [J]. Journal of Product & Brand Management, 2014, 23 (3): 192–199.

④ Guardia J, Ryan R M, Couchman C E, et al. Within–person Variation in Security of Attachment: A Self–determination Theory Perspective on Attachment, Need Fulfillment, and Well–being [J]. Journal of Personality & Social Psychology, 2000, 79 (3): 367–384.

⑤ Leigh T W, Peters C, Shelton J. The Consumer Quest for Authenticity: The Multiplicity of Meanings within the MG Subculture of Consumption[J]. Journal of the Academy of Marketing Science, 2006, 34 (4): 481–493.

⑥ Wang N. Rethinking Authenticity in Tourism Experience[J]. Annals of Tourism Research, 1999, 26 (2): 349–370.

⑦ Bruner J. The 'remembered' self[M]. Cambridge University Press, 1994: 41–54.

⑧ Steiner C J, Reisinger Y. Understanding Existential Authenticity [J]. Annals of Tourism Research, 2006, 33 (2): 299–318.

了一个对某些事实或事实评估的验证过程。因此，真实性会不断更新和被超越，这是值得思考和解决的难题。

2.1.6 品牌真实性的相关研究

品牌真实性的关键目的是让顾客感受到熟悉、安全和信任。Beverland 探讨了跨越五个国家的26家酒厂的经营策略，发现越来越多的企业将文化资源真实性应用于品牌的沟通策略上，以获得竞争优势和品牌价值，真实性的管理成为品牌经营的重要问题。接着，他提出真实性可以通过真诚的故事、精湛的工艺、独特性、与区域紧密联结、对葡萄酒生产的热情以及合理的生产工艺等方面呈现①。

品牌真实性的结构是多方面的。其中 Chiu 等人的研究提出，真实性是读者从材料中来获取让他们相信这个故事与现实是有关联的信息，并让他们能够将故事与真实世界联系在一起②。此外，真实性还有很多不同的元素，例如：原创性、自我表达、自由、真实性、专属性、非商业化、历史与手工制作来描述的真实性，而独创性和自我概念是两个最重要的传达真实性的要素③。品牌真实性是品牌成功的一个重要组成部分，不仅因为消费者面临大量潜在的误导和无所不在的市场信息，还因为它是建立一个差异化品牌身份的一部分。

目前营销领域对于真实性的研究主要集中在消费、品牌和广告三个方面。如今的"消费文化"存在很多的非真实性，例如有些广告的华丽渲染带来了一种超越现实的画面感，其通过摄影等手段摹写"超真实"现象，导致其中的真实在"超真实"中沉没。社交媒体的一些营销账号掩盖了真实的社会和新闻，大众一不小心就会掉入虚幻的陷阱，随之相信那些被编造出来看似可信的故事，但是消费者仍然致力于追求真实性。

因此，对真实性的追求被认为是当代市场营销的基石之一。尤其对年轻

---

① Beverland M. The 'real thing': Branding Authenticity in the Luxury Wine Trade［J］. Journal of Business Research，2006，59（2）：251–258.

② Chiu H，Hsieh Y，Kuo Y. How to Align your Brand Stories with Your Products［J］. Journal of Retailing，2012，88（2）：262–275.

③ Taylor C. The Ethics of Authenticity［M］. Cambridge，MA：Harvard University Press，1991.

消费群体来说，他们更愿意去关注消费的真实性[①]。鉴于这一消费群体的特征（高消费和不安全）以及强烈的影响力，对于品牌真实性的研究显得尤为重要。Lin等学者，Zhang及Merunka指出，真实性可以作为客户评价和行为的边界条件，成为衡量一个人在特定环境中消费体验的质量、效力和合法性的评价标准[②]。

当前，关于品牌真实性维度、概念、测量和经验影响的问题仍然存在[③]。真实性被认为是一种复合构想，构成真实性的一系列指标共同决定它的概念和经验意义[④]，而不是简单地提供一种衡量真实性存在程度的方法[⑤]。

从语言学角度来看，真实性同样是一个维度结构[⑥]。对消费者来说，真实性的全部意义来自它的各个维度。Joseph C. Nune将真实性定义为由准确性、关联性、完整性、合法性、原创性和熟练度六个部分组成的消费者整体评估[⑦]。也就是说，当描述什么东西是真实的时候，真实性是通过上述六个维度形成的组合来体现。真实性在体验经济中也扮演着重要的角色[⑧]。如在品牌语境中，从体验经济的角度来看，其真实性并不代表品牌的真实来源，而是让消费者感受到他们与外部世界接触后带来真实自我的体验。消费者对真伪

---

① Hamby A，Brinberg D，Daniloski K. It's about Our Values：How Founder's Stories Influence Brand Authenticity［J］. Psychology & Marketing，2019，36（11）：1014-1026.

② Lin J，Lobo A，Leckie C. Green Brand Benefits and Their Influence on Brand Loyalty［J］. Marketing Intelligence & Planning，2017，35（3）：425-440.

③ Napoli J，Dickinson S J，Beverland M B，et al. Measuring Consumer-based Brand Authenticity［J］. Journal of Business Research，2014，67（6）：1090-1098.

④ Jarvis C B，MacKenzie S B，Podsakoff P M. A Critical Review of Construct Indicators and Measurement Model Misspecification in Marketing and Consumer Research［J］. Journal of Consumer Research，2003，30（2）：199-218.

⑤ Bollen K A，Diamantopoulos A. Notes on Measurement Theory for Causal-formative Indicators：A Reply to Hardin［J］. Psychological Methods，2017，22（3）：605-608.

⑥ Dutton，N G. Cognitive Vision，Its Disorders and Differential Diagnosis in Adults and Children：Knowing Where and What Things Are［J］. Eye，2003，17（3）：289-304.

⑦ Nunes J C，Ordanini A，Giambastiani G. The Concept of Authenticity：What It Means to Consumers［J］. Journal of Marketing，2021，85（4）：1-20

⑧ Pine，II，Joseph B，et al. Authenticity：What Consumers Really Want（Hardcover）［M］. Harvard Business School Press Books，2007.

的体验往往不同，常常会使用不同的线索来评估与他们的知识或兴趣相关的物品的真伪。"真实"的消费体验取决于人们如何定义真实性。市场营销领域的研究文献对"真实"存在着不同的定义。然而，到目前为止，人们还没有尝试去评估、解构或综合那些让消费变得可信的众所周知的东西①。Beverland将真实性划分为六大属性：传承性、质量承诺、风格一致性、与产地的关系、生产方法和淡化商业动机②。品牌资产对于参与度低的消费者更有说服力，因为他们对品牌信息的需求不高③。而资产的价值需要高质量的承诺来维持。在2021年全国两会上关于中国制造的品质革命的话题引起热议，而品质是由品牌和质量共同构成，所以品牌的产品质量承诺是提升品牌真实性强有力的途径。风格的一致性在真实性中体现为不跟随潮流，缓慢地发展其品牌风格。"与产地的关系"是通过对土壤、气候等产品必要生产条件的整合以及注入制造者的"灵魂"来体现真实性④。"生产方法"是消费者了解品牌行为的信息来源，所以生产方法的高度透明也能体现其真实性。"淡化商业动机"是品牌道德的象征，品牌道德由正确的价值观构成，Schwarzt 提出了自我超越价值观，即品牌创始人致力于社会事业、关心他人的幸福，则能增强品牌的真实性⑤。

已有关于真实性的研究大多关注生产者对真实性的传达，如何将真实性和广告联系起来将成为研究主流。然而，通过广告来刻画一个真实的形象是很困难的，因为传统的营销手段认为其破坏了真实性的实质。但 Botterill 等人将牛仔裤和运动鞋广告解释为奇特的后现代主义和现代主义精神，其中彰显

① Pine, II, Joseph B, et al. Authenticity: What Consumers Really Want (Hardcover) [M]. Harvard Business School Press Books, 2007.

② Jarvis C B, MacKenzie S B, Podsakoff P M. A Critical Review of Construct Indicators and Measurement Model Misspecification in Marketing and Consumer Research [J]. Journal of Consumer Research, 2003, 30 (2): 199–218.

③ Fritz K, Schoenmueller V, Bruhn M. Authenticity in Branding–exploring Antecedents and Consequences of Brand Authenticity [J]. European Journal of Marketing, 2017, 51 (2): 324–348.

④ Trentmann, F., & Vincent, J. KOLLEEN M. GUY, When Champagne Became French. Wine and the Making of a National Identity, Baltimore, Johns Hopkins University Press, 2007, 245 p., $25 (2e éd., pb). Revue d'Histoire Moderne et Contemporaine, (4), 210–210.

⑤ Schwartz S H. Are There Universal Aspects in the Structure and Contents of Human Values? [J]. Journal of Social Issues, 1994, 50 (4): 19–45.

个性、自由和纪律的潜在价值生动地诠释了不断发展的真实性理念，从而打破了广告难以塑造真实印象的说法①。当然，并不是说如今的广告极力推崇对真实性的追求，而是真实性本该就是广告的固有属性，企业应该在此基础上通过恰当的改进来满足消费者的诉求。

当前，在品牌研究领域，品牌真实性已经成为国外品牌研究的热点话题，在国内尚未引起足够的关注。品牌真实性是消费者心中对品牌的原始性、独特性、质量承诺、品牌体验等要素的一种主观评价。企业的竞争优势需要通过挖掘品牌真实性要素来获得②，因为衡量品牌价值的基准是品牌的"真实性"属性。真实的品牌通常包含权威的、可信赖的、符合原创的等特征。

从品牌战略的角度来看，真实性是品牌个性维度的组成部分，更是成功品牌的核心要素③。从管理的角度来看，品牌真实性能够对消费者的决策和行为造成影响④。从社会心理学的角度来看，消费者可以依赖品牌真实性来进行自我表达，实现自我价值⑤。相反地，从社会文化角度看，给人虚假印象的品牌不仅会损害品牌形象，还会削弱消费者的品牌忠诚度，从而失去对品牌的信任⑥。在市场营销学领域，营销人员会通过一系列的策略来提升消费者的真实性感知⑦。如通过内在行为的统一来建立品牌声誉，从而提升品牌真实性。然而，由于消费者对品牌的认知有限，所以复杂且过度的营销传播会导致消

---

① Botterill, J. Cowboys, Outlaws and Artists The Rhetoric of Authenticity and Contemporary Jeans and Sneaker Advertisements [J]. Journal of Consumer Culture, 2007, 7（1）: 105–125.

② Eggers F, O'Dwyer M, Kraus S, et al. The Impact of Brand Authenticity on Brand Trust and SME Growth: A CEO Perspective [J]. Journal of World Business, 2013, 48（3）: 340–348.

③ Aaker J L. Dimensions of Brand Personality [J]. Journal of Marketing Research, 1997, 34（3）: 347–356.

④ Cinelli M D, LeBoeuf R A. Keeping It Real: How Perceived Brand Authenticity Affects Product Perceptions [J]. Journal of Consumer Psychology, 2019, 30（1）: 40–59.

⑤ Doede R. On Being Authentic. By Charles Guignon [J]. Heythrop Journal–a Quarterly Review of Philosophy and Theology, 2007, 48: 825–826.

⑥ Thompson C J, Arsel Z. The Starbucks Brandscape and Consumers'（Anticorporate）Experiences of Glocalization [J]. Journal of Consumer Research, 2004, 31（3）: 631–642.

⑦ Morhart F, Mal R L, Guèvremont A, et al. Brand authenticity: An Integrative Framework and Measurement Scale [J]. Journal of Consumer Psychology, 2015, 25（2）: 200–218.

费者产生抵触心理[1]。因此，只有恰当的营销手段才能提升消费者对品牌的真实性感知，否则会适得其反。Cinelli 和 LeBoeuf 将品牌真实性概念转化为对品牌形象真实性的判断[2]。Schallehn 等人指出一个真正的品牌清楚它所代表的是什么，这是一个从内到外的定位，而不是迎合最新潮流的品牌[3]。Morhart 等人将感知到的品牌真实性概念化为一个多维结构，包括品牌"对消费者真实"的程度[4]。

学者们从不同的视角对品牌真实性的维度进行了划分。Eggers 等将品牌真实性归纳为三个维度：象征真实性、存在真实性和审美真实性[5]。象征真实性与所指的品牌形象的象征意义类似，且消费者可以通过寻找自我参照信息来构建他们的身份[6]；Eggers 等将审美真实性定义为一种品牌认同，即通过品牌的展现方式获得情感喜悦从而认可该品牌。在此基础上，除了品牌象征真实性，Morhart 等提出了3个不同的品牌真实性维度：连续性、可信度和诚实性。具有连续性特征的品牌是有历史的、永恒的和经得起时间和潮流考验的，其类似于传承的概念[7]。可信度高的品牌通常很愿意去履行品牌承诺。如果在每一个独立的品牌接触点都能履行品牌承诺，那么品牌可信度就会提升[8]。诚实性象征着品牌的责任感和道德纯洁。真实的品牌会对自己的行为和消费者

① Holt D B. Why Do Brands Cause Trouble? A Dialectical Theory of Consumer Culture and Branding [J]. Journal of Consumer Research, 2002, 29 (1): 70–90.

② Cinelli M D, LeBoeuf R A. Keeping It Real: How Perceived Brand Authenticity Affects Product Perceptions [J]. Journal of Consumer Psychology, 2019, 30 (1): 40–59.

③ Schallehn M, Burmann C, Riley N. Brand Authenticity: Model Development and Empirical Testing [J]. Journal of Product & Brand Management, 2014, 23 (3): 192–199.

④ Morhart F, Mal R L, Guèvremont A, et al. Brand authenticity: An Integrative Framework and Measurement Scale [J]. Journal of Consumer Psychology, 2015, 25 (2): 200–218.

⑤ Eggers F, O Dwyer M, Kraus S, et al. The Impact of Brand Authenticity on Brand Trust and SME Growth: A CEO Perspective [J]. Journal of World Business, 2013, 48 (3): 340–348.

⑥ Gundlach H, Neville B. Authenticity: Further theoretical and practical development [J]. Journal of Brand Management, 2012, 19 (6): 484–499.

⑦ Alexander N. Brand Authentication: Creating and Maintaining Brand Auras [J]. European Journal of Marketing, 2009, 43 (3-4): 551–562.

⑧ Burmann C, Zeplin S. Building Brand Commitment: A behavioural Approach to Internal Brand Management [J]. Journal of Brand Management, 2005, 12 (4): 279–300.

负责，有正确的道德观并优先考虑其他利益相关者的利益①。

以往的真实性研究采用了多样化和碎片化的方法，一些人质疑普遍接受的真实性概念。这种质疑使品牌研究面临着新的挑战，因为学界对品牌真实性的操作定义没有形成共识。Napoli 等学者以消费者的角度来判断品牌的真实性，提出了 CBBA（Consumer-Based Brand Authenticity）模式，由消费者所赋予品牌主观评价的真实性，并归纳了七个可能影响品牌真实性的维度，包括品牌传承、品质承诺、精湛工艺、真诚态度、怀旧情怀、文化象征和设计异质性，最后开发了由品质承诺、历史传承和真诚三个维度组成的消费者对品牌真实性的测量量表②。当前，学术界关于品牌真实性研究的重点仍然是放在消费者如何去判断一件物品到底是"真实的"还是"虚假的"。如产品使用传统工艺或手工制作，则可以认为它是真实的并可称之为"纯粹的真实"③。品牌真实性与创新存在相关性，如通过不被欣赏的品牌传记——创始人在缺乏各种资源的情况下取得成功的故事来引起消费者良好的反应④。对于品牌联系，真实性的提升在于选择与品牌文化和市场需求相对应的品牌大使，如 Gucci 和 Adidas 就是使用这种战略决策来凸显它的真实性。Sodergren 提出了另外两个目前关于品牌真实性的主要研究方向：一是从社会学的角度研究品牌真实性的"合法化功能"；二是从现象学的角度研究品牌真实性，通过鉴定品牌情感和道德方面⑤。对于品牌真实性的"合法化功能"的研究主要是用来检验其

① Beverland M B, Farrelly F J. The Quest for Authenticity in Consumption: Consumers' Purposive Choice of Authentic Cues to Shape Experienced Outcomes [J]. Journal of Consumer Research, 2010, 36 (5): 838.

② Napoli J, Dickinson S J, Beverland M B, et al. Measuring Consumer-based Brand Authenticity [J]. Journal of Business Research, 2014, 67 (6): 1090-1098.

③ Boyle D. Authenticity: Brands, Fakes, Spin and the Lust for Real Life [M]. Harper Perennial, 2003.

④ Paharia N, Keinan A, Avery J, et al. The Underdog Effect: The Marketing of Disadvantage and Determination through Brand Biography [J]. Journal of Consumer Research, 2011, 37 (5): 775-790.

⑤ Södergren J. Brand authenticity: 25 Years of research [J]. International Journal of Consumer Studies, 2021, 45.

真实性带来的益处或消费者如何透过品牌真实性来为品牌宣传[①]。

从品牌真实性的打造基础来看，Beverland 提出通过讲故事、显示出手工艺爱好者、坚持根源、热爱做事、融入市场、成为社群一分子和建立员工对品牌崇拜等七个方面来打造品牌真实性，增强消费者的品牌认同[②]。黄光玉提出，讲故事的是品牌真实性呈现方式之一，然而故事必须与被陈述的外在吻合[③]。故事就是叙事，叙事就是了解事件与建构真实的工具，叙事型故事通过叙述方式来陈述所观察的事件，赋予故事真实性。品牌故事帮助人们感悟生活经验，依赖故事去掌握消费的意义，品牌必须叙述符合消费者世界观的故事，并提供承诺帮助消费者实现其世界观。

品牌真实性显著影响着品牌信任和品牌忠诚度。Ewing 等人发现，真实性是影响消费者对绿色产品态度和购买意愿的重要因素[④]。而 Eggers 等人认为真实性导致品牌信任。品牌信任被视为是支撑品牌真实性的支柱[⑤]，而且良好关系的建立通常是通过信任实现的。在信任的基础上消费者会逐渐对品牌忠诚，所以品牌真实性对品牌信任和品牌忠诚度有积极影响[⑥]。

关于消费者情感和道德的鉴定通常与感知及品牌的关键属性有关，换句话说，也就是探索品牌真实性形成的前因。消费者感知与过去的联系可以通过品牌遗产和血统来强化。如今很多奢侈品牌如 Prada 利用现在和过去使用过其产品的名人形象等标志性特征，在其店内展示以显示自己的历史感和传统性。而品牌美德是品牌遵守道德准则、履行社会责任和关心消费者的集合，是让消费

---

① Freathy P，Thomas I. Marketplace Metaphors：Communicating Authenticity through Visual Imagery [J]. Consumption Markets & Culture，2015，18（2）：178–194.

② Beverland M B，Lindgreen A，Vink M W. Projecting Authenticity Through Advertising [J]. The Journal of Advertising，2008，37（1）：5–15.

③ 黄光玉. 说故事打造品牌：一个分析的架构 [J]. 广告学研究，2006（26）：1–25.

④ Ewing D R，Allen C T，Ewing R L. Authenticity as Meaning Validation：An Empirical Investigation of Iconic and Indexical Cues in a Context of "green" Products [J]. Journal of Consumer Behaviour，2012，11（5）：381–390.

⑤ Pine，II，Joseph B，et al. Authenticity：What Consumers Really Want GILMORE J H [M]. Gambridge：Harvard Business Review Press Books，2007.

⑥ Portal S，Abratt R，Bendixen M. The Role of Brand Authenticity in Developing Brand Trust [J]. Journal of Strategic Marketing，2019，27（8）：714–729.

者对真实品牌产生情感依恋的基本条件[①]。一些研究人员提出真实性是体验满意度的预测因子[②]。Ramkissoon认为感知真实性正向影响满意度[③]。Sohn等人指出，积极的知觉评价对满意度有正向影响[④]。

参照Akbar和Wymer对品牌真实性的定义，Hung-Che Wu等人认为绿色真实性（Green Authenticity）是指环保产品或服务在多大程度上都被认为是独一无二的、合法的、真实的、没有虚假的[⑤]。梁勇认为绿色品牌真实性问题主要由客观真实性和建构真实性两方面组成，其中，客观真实性困境主要体现在消费者无法获得绿色品牌企业的实际信息，从而无法形成对绿色品牌企业的正确判断；建构真实性困境主要体现在企业通过不恰当的营销手段向消费者灌输错误的绿色属性信息，人为操纵消费者的真实性感知[⑥]。孙习祥等采用访谈和实证验证的方式从绿色属性、质量承诺、文化传承和诚信四个维度构建了消费者绿色感知的量表，并表明消费者会从品牌的文化传承和诚信来判断企业的绿色真实性[⑦]。张启尧等人指出绿色品牌的真实性问题主要是由于消费者与品牌之间的信息不对称，消费者无法准确判断绿色品牌的产品质量和功能，从而增加了消费者对真实性的风险感知，弱化了消费者绿色消费的积

---

① Morhart F，Mal R L，Guèvremont A，et al. Brand authenticity：An Integrative Framework and Measurement Scale [J]. Journal of Consumer Psychology，2015，25（2）：200–218.

② Bruhn M，Schoenmüller V，Schfer D，et al. Brand Authenticity：Towards a Deeper Understanding of Its Conceptualization and Measurement [J]. Advances in Consumer Research. Association for Consumer Research（U.S.），2012，40（40）：169–170.

③ Ramkissoon，Haywantee. Authenticity，Satisfaction，and Place Attachment：A Conceptual Framework for Cultural Tourism in African Island Economies [J]. Development Southern Africa，2015，32（3）：292–302.

④ Sohn J A，Saha S，Bauhus J. Potential of Forest Thinning to Mitigate Drought Stress：A Meta-analysis [J]. Forest Ecology and Management，2016，380：261–273.

⑤ Wu H，Cheng C. What Drives Green Persistence Intentions? [J]. Asia Pacific Journal of Marketing and Logistics，2019，31（1）：157–183.

⑥ 梁勇. 绿色品牌真实性问题探讨 [J]. 消费经济，2011，27（03）：63–66.

⑦ 孙习祥，陈伟军. 消费者绿色品牌真实性感知指标构建与评价 [J]. 系统工程，2014，32（12）：92–96.

极性①。

2.2 相关理论基础

2.2.1 绿色信任理论

根据 Webster 字典的定义，信任（Trust）是指相信事物所拥有的可靠、诚实和良好等特质。首先，Strickland 认为关怀是获得对方信任的关键②。对消费者而言，可信任的对象应该拥有以下特质：一是拥有卓越的技术，使人相信自身具备处理特定事物的能力；二是将他人利益放在首位，使人相信其尽力负责的态度；三是通过持续互动来发展信任。最后，将信任定义为由能力、关怀和正直组成的概念③。

在社会科学中，信任被认为是一种依赖关系。信任是建立在一方对另一方意图和行为正向评估的基础上，不设立防备的心理状态④，有学者认为信任是社会生活的根基，信任简化了人与人之间的合作关系⑤。信任是一种个人主观心态，对于某件物体的特质或者陈述的事实具有信心，无须经过调查或者必须有证据就可以直接相信，是一种正面积极的期待。Fishbein 提出态度导向事物模式，又称为多重属性模式，认为消费者购买产品的品牌整体评估是受到对品牌的信任以及产品属性所共同影响，当消费者对品牌整体评估态度

① 张启尧，孙习祥，才凌惠. 自我、绿色消费情境与消费者——绿色品牌关系建立［J］. 贵州财经大学学报，2017（01）：70–80.

② Strickland L H. Surveillance and Trust1［J］. Journal of Personality，1958，26（2）：200–215.

③ Heineman R A. The Logic and Limits of Trust. Rutgers University Press，1984：209–210.

④ Rousseau D，Sitkin S，Burt R，et al. Not So Different After All：A Cross–Discipline View of Trust［J］. Academy of Management Review，1998，23.

⑤ Holmström S. Niklas Luhmann：Contingency，Risk，Trust and Reflection［J］. Public Relations Review，2007，33（3）：255–262.

越积极时，购买该品牌产品的意愿就越高[①]。还有学者认为信任是影响未来购买意愿的重要因素[②]。Zucker 建立了信任产生机制，提出可以通过三种主要方式产生信任。第一种是声誉，根据过去的形象来决定是否可以信任，声誉较高者往往会产生较高的信任感，尤其是在缺乏第一手资料的前提下，声誉对消费者的决策显得更为重要。第二种方式是社会相似性，简言之，就是与自己的背景、价值观是否类似来决定是否可以信任，相似度高者会产生较高的信任感。第三种方式就是规章制度，比如通过各种专业机构的认证、政府颁发的规章制度来决定是否可以信任，一般而言，拥有专业证照的更能产生信任[③]。因此，如果商品拥有环保标识或者绿色认证的产品更容易获得消费者的绿色信任。

国内外学者在对品牌信任的界定上趋于一致，都强调品牌信任是消费者对品牌的主观评价[④]。信任有三种作用，首先是可以促进双方或者多方合作，当消费者认为某商品是可靠的、可信的、有益的，消费者便会认为自身利益损害会降至最小，进而产生购买行为；其次，信任可以降低交易成本，在高信任度的交易中，可以省掉烦琐的契约签订和交易程序，由此省下搜寻成本、时间成本等[⑤]；此外，信任对营销效果产生影响，消费者愿意为他们信任的品牌、企业或者商品进行有利的正面宣传，口碑营销的效果就会增强，对于企业而言，口碑营销无疑是最好的营销方式[⑥]。然而，由于大量企业的"漂绿"行为，导致消费者对真实绿色品牌的产品也持有怀疑态度，长久下去，真正

---

① Fishbein, M. An Investigation of the Relationships between Beliefs about an Object and the Attitude toward that Object [J]. Human Relations, 1963, 16（3）：233–239.

② Morgan R M, Hunt S D. The Commitment–Trust Theory of Relationship Marketing [J]. Journal of Marketing, 1994, 58（3）：20–38.

③ Zucker L G. Production of Trust: Institutional Sources of Economic Structure [J]. Research in Organizational Behavior, 1986, 8.

④ 王娜，冉茂刚，周飞. 品牌真实性对绿色购买行为的影响机制研究 [J]. 华侨大学学报（哲学社会科学版），2017（03）：99–111.

⑤ Xiang C J, Chen P. A Review of Trust Studies [J]. Journal of Guangzhou University（social science edition），2003，05，39–42.

⑥ Garbarino E, Johnson M S. The Different Roles of Satisfaction, Trust, and Commitment in Customer Relationships [J]. Journal of Marketing, 1999, 63（2）：70–87.

的绿色品牌为了生存和发展也不得不选择退出绿色市场，从而给消费者、给社会和环境造成重大的损失。

品牌信任实质上是企业对消费者的承诺。信任代表消费者对公司产品品质和服务的可靠性具有信心。信任作为建立亲密关系和长期关系的先决条件，信任是消费者决定是否会购买绿色产品的关键因素之一。

参照 Blau（1964），Schurr 和 Ozanne（1985）和 Ganesan（1994）的研究，Chen 将绿色信任定义为消费者基于产品、服务或品牌的信誉、善行和环境绩效能力所产生的信念或期望的依赖意愿[1]。绿色信任中一个非常重要的关键要素就是品牌的可靠性，当消费者在购买绿色产品时会期望自己购买之后会满意自己所信任的品牌[2]。因此，购买行为发生前，品牌给消费者的可靠度非常重要。尤其是，众多企业在绿色产品的营销不真实的前提下，这些让消费者觉得可靠的品牌更会让消费者认为其宣传的内容是属实的。

当一个品牌以独特的、一致的和持续的方式履行品牌承诺时，品牌真实性会正向影响品牌信任[3]。倡导绿色信任可以获得产品的绿色主张及其环境保护实践的有关信息。在绿色营销领域，学者们也得出了同样的结论，绿色信任对绿色购买意愿也具有显著的影响作用。消费者的信任会影响购买抉择，一旦消费者认为绿色产品或品牌是可靠的、友善的，便会对此产品产生信任，相信使用绿色产品可以改善环境、减少污染。一个绿色品牌形象如果可以在消费者心中建立起良好的绿色信任，让消费者认为该品牌是可靠安全的，自然而然就会提升对绿色产品的购买意愿。绿色产品的环保属性就是一种信任属性[4]，郭锐等指出品牌定价战略对绿色品牌信任的影响不显著，绿色标识、

① Chen Y. The Drivers of Green Brand Equity: Green Brand Image, Green Satisfaction, and Green Trust [J]. Journal of Business Ethics, 2010, 93（2）: 307-319.

② Bertino, Elisa, Ferrari, et al. Trust-X: A Peer-to-Peer Framework for Trust Establishment[J]. IEEE Transactions on Knowledge & Data Engineering, 2004, 16（7）: 827-842.

③ Schallehn M, Burmann C, Riley N. Brand Authenticity: Model Development and Empirical Testing [J]. Journal of Product & Brand Management, 2014, 23（3）: 192-199.

④ Grant J. Green marketing [J]. Strategic Direction, 2008, 24（6）: 25-27.

绿色品牌来源国的形象会对绿色信任产生积极作用[①]。杨智提出绿色产品信息的论据强度和绿色认证都能够显著提升消费者的绿色品牌信任，论据信息强表示提供了很多细节化、有价值的线索，进而帮助消费者决策，获得消费者的信任[②]。盛光华认为消费者的绿色信任程度有高低之分，不同绿色信任程度的消费者对绿色品牌延伸产品的响应存在差异[③]。Wansink指出信息来源是影响信任的关键要素之一[④]，解芳指出消费者获取的参照群体信息会对其品牌信任产生影响，并再次论证了信任对购买意愿的积极作用[⑤]。有关绿色信任理论的主要观点汇总如表2所示。本研究第五章将实证检验绿色品牌故事的真实性对绿色信任的影响，并论证消费者的不同自我建构水平对二者关系的调节效应。

表2　绿色信任理论主要观点汇总

作者	主要观点
Blau（1964）	信任包含三个方面的信念：正直、仁爱和能力
Ganesan（1994）	信任是基于对另一方能力、可靠性和仁慈的期望而愿意相信另一方的程度
Hart, Saunders（1997）	信任被定义为是对另一方表现如预期所想的信心程度
Keh, Xie（2009）	信任显著正向影响顾客对公司的认同
Chen（2010）	将绿色信任定义为消费者基于产品、服务或品牌信誉、善行和环境绩效能力所产生的信念或期望的依赖意愿

① 郭锐，李伟，严良.漂绿后绿色品牌信任重建战略研究：基于CBBE模型和合理性视角［J］.中国地质大学学报：社会科学版，2015，15（3）：11.

② 杨智，许进，姜鑫.绿色认证和论据强度对食品品牌信任的影响——兼论消费者认知需求的调节效应［J］.湖南农业大学学报（社会科学版），2016，17（03）：6-11.

③ 盛光华，解芳.中国消费者绿色购买行为的心理特征研究［J］.社会科学战线，2019（03）：74-82.

④ Ca O J C Y, Just D, Turvey C G, et al. Cognitive Dissonance, Confirmatory Bias and Inadequate Information Processing: Evidence from Experimental Auctions［J］. Social Science Electronic Publishing, 2014, 5, 29-30.

⑤ 解芳.绿色广告中的资源稀缺诉求对绿色消费的影响机制研究［D］.吉林大学，2019.

作者	主要观点
Chen, Chang（2012）	绿色感知价值对绿色信任、绿色购买意愿有显著正向影响，绿色感知风险对绿色信任、绿色购买意愿有显著负向影响，且绿色信任在绿色感知价值、绿色感知风险对绿色信任的关系中有中介作用
郭锐（2015）	绿色品牌定价战略对绿色品牌信任的影响不显著，绿色标识、绿色品牌来源国形象对绿色信任产生积极作用
杨智（2016）	绿色产品信息的论据强度和绿色认证都能显著提升消费者绿色品牌信任，论据信息强表示提供了很多细节化、有价值的线索，帮助消费者决策，获得消费者的信任
Chen, Bernard, Rahman（2019）	"漂绿"负向影响绿色信任，绿色信任正向影响重购意愿、负向影响传播负面口碑意愿
盛光华（2019）	消费者的绿色信任程度有高低之分，不同绿色信任程度的消费者对绿色品牌延伸产品的响应存在差异

2.2.2 刺激—机体—反应（S-O-R）理论

刺激—机体—反应（S-O-R）理论源于环境心理学，认为通过外界环境刺激会影响个体的情绪状态，进而影响其行为意愿。国内学者张启尧基于S-O-R模式，提出了外部线索引起消费者对绿色品牌的认知评价，进而影响绿色购买意愿的理论模型，并论证了外部线索对自我一致性和绿色购买意愿的正向影响[①]。项朝阳以S-O-R理论为基础，构建并论证了农产品品牌真实性对绿色情感和品牌推崇的显著影响[②]。作为一个成熟可靠的理论模型，S-O-R框架已被用于许多网站设计研究，通过眼动追踪实验来了解在线环境线索如何影响消费者的反应。本研究基于S-O-R模型，以不同类型绿色品牌故事文本为刺激源，通过眼动追踪实验来探索不同类型绿色品牌故事下的消费者视觉注意差异，综合眼动指标、访谈和量表来综合评价消费者绿色品牌真实性

---

① 张启尧，孙习祥，才凌惠. 外部线索对消费者绿色品牌购买意愿影响研究：认知风格的调节作用 [J]. 商业经济与管理，2016（11）：46-59.

② Delgado-Ballester, Elena, Munuera-Alemán, et al. Brand Trust in the Context of Consumer Loyalty [J]. European Journal of Marketing, 2001, 35（11/12）：1238-1258.

感知的差异性。

2.2.3　叙事传输理论

Green 和 Brock 提出叙事传输的理论，将叙事传输定义为沉浸在一个故事当中，由故事来影响或改变态度，整合了注意、情感和想象的心理过程，形成一个整合的叙事世界。当个体回到现实情景中时，形成的态度和信念改变依然得到稳固和保留，这时人们通过情绪反应，而不是通过对信息逻辑分析来做出判断。传输到叙事或故事世界中是认知和情感完全沉浸到文本中的一个状态，个体会全神贯注于故事描绘中的场景和对故事人物的想象中，忘记时间的流逝和空间的转化。然而，故事之所以使人沉浸其中，产生传输效应，源于故事包含的时间顺序和逻辑关系的结构，可以形成对应的意义表征。当人们沉浸在故事情节中时，会对故事建构的画面场景产生近乎真实的状态。同时，随着情节的发展起伏感受到强烈的情绪反应，似乎完全脱离真实的现实世界，当从故事世界回到现实世界后，个体的态度、信念，甚至自我概念都发生了改变，变得与故事相同。

目前，叙事传输理论已被广泛应用于广告说服、新闻传媒、健康宣传、娱乐体育等领域。叙事传输的效果也与个体特质差异有很大关系，有些人更加善于从文字想象出场景，他们只要读到一段文字，就容易形成影像。虽然声音视觉刺激等载体可以带给观众影像的传输，但是文字所产生的想象空间却无限宽广。比如，相比于电视画面，有些人看小说会产生更加深层次的传输效果。

叙事传输会引起人们生动的心理表象，让个体超脱出现实世界。不管故事本身是真实的还是虚构的，一旦个体进入传输状态，就会被故事情节或者故事主角的经历所感染，带来情绪上的起伏变化。研究发现，当人们的情绪状态与信息框架一致的时候，更容易被说服。传输可以使个体的情绪与故事蕴含的情绪基调保持高度一致。根据社会认知理论的观点，叙事传输能够增强人们对故事人物的喜爱与认同，进而使个体倾向于模仿和接受故事人物的行为和态度。

本研究在第七章引入叙事修辞来建构绿色品牌故事的真实性时，以叙事传输理论为理论基础，构建了叙事修辞、沉浸感、真实性感知和信任的理论模型，并运用结构方程模型方法进行假设检验。

2.2.4 扎根理论

扎根理论由 Glaser 和 Strauss 二位学者在1967年正式提出。扎根理论（Grounded Theory）最早开始于社会学领域的研究，是质性研究中非常重要的一种研究工具。它通常不预设理论，而是提倡自然呈现[①]。它主张通过资料收集和分析，提炼出相关概念，并将概念之间的关系联系起来，最后从资料本身挖掘理论[②]。也就是说，扎根理论不仅能发现概念，而且能够将各个概念之间的相互作用关系联系起来[③]。扎根理论是一种通用的、归纳的以及解释性的研究方法[④]，它适用于对于所要研究对象缺乏成熟的理论与研究成果，理论形成较复杂且影响因素较多，研究对象包含多个层面的概念和维度的研究[⑤]。其旨在弥补质性研究在规范方法方面的不足和摆脱依靠经验及技巧研究，通过提供系统的策略，以开发新的概念和理论框架[⑥]。

扎根理论研究通过采用系统的、归纳的和比较的研究方法来构建一个理论体系。目前，扎根理论已发展成为经典扎根理论、程序化扎根理论和建构型扎根理论三大学术流派，不同流派下的扎根研究方法各有侧重，但都体现

---

① 胡钰，陆洪磊.扎根理论及其在新闻学中的应用［J］.新闻大学，2020（2）：13.

② 吕君，张士强，王颖，等.基于扎根理论的新能源企业绿色创新意愿驱动因素研究［J］.科技进步与对策，2019，36（18）：7.

③ Helen, Heath, And, et al. Developing a Grounded Theory Approach: A Comparison of Glaser and Strauss［J］. International Journal of Nursing Studies，2004，41（2）：141–150.

④ Mansourian Y. Adoption of Grounded Theory in LIS Research［J］. New Library World，2006，107（9/10）：386–402.

⑤ 姚延波，张丹，何蕾.旅游企业诚信概念及其结构维度——基于扎根理论的探索性研究［J］.南开管理评论，2014（1）：10.

⑥ 周志民，陈瑞霞，简予繁.品牌幸福感的维度、形成及作用机理——一项基于扎根理论的研究［J］.现代财经（天津财经大学学报），2020，40（03）：19–34.

了理论来源于实践并指导实践的科学思想，也就是"扎根精神"①。

扎根理论研究的一个显著优势是它拥有一套完备的建构理论的程序。如对数据同时收集和分析，以及从数据中产生不断的比较逻辑和新理论，为扎根理论研究提供了其他定性方法没有考虑到的严谨性。扎根理论适用于在较少探索的领域开展研究，它仍然是生成新理论的最严格的方法之一。

尽管学术界从不同视角对品牌真实性开展了大量的研究，但较少涉及对通过品牌故事来体现绿色品牌真实性的研究，本研究的首要研究问题是确定绿色品牌故事真实性的构成维度。因此，本研究的第三章将以扎根理论研究作为理论基础，遵循程序化扎根理论研究的完整操作程序，通过一手访谈资料和二手绿色品牌故事文本资料来开展数据分析和比较，归纳提炼出绿色品牌故事真实性的构成维度并开发出一套测量指标体系。

2.3　本章小结

本章详细梳理了绿色品牌、品牌真实性、绿色品牌真实性、叙事修辞等概念的界定，对国内外品牌故事领域的研究视角和研究成果进行了文献评述。梳理了不同理论视角下的品牌真实性的内涵，以及学者们对品牌真实性构成维度的划分，为后文扎根编码分析提取绿色品牌故事真实性的构成维度奠定了理论基础。介绍了本书用于研究的相关理论，如扎根理论、绿色信任理论、叙事传输理论等，为以下章节的分析奠定了理论基础，提供了方法支撑。

---

① 贾旭东，衡量．扎根理论的"丛林"、过往与进路［J］．科研管理，2020，41（05）：151-163．

3 基于扎根理论的绿色品牌故事真实性构成维度研究

通过第二章对"真实性""品牌真实性"与"品牌故事"等研究文献的梳理可知，学者们从社会学、心理学、语言学、哲学等不同的视角对真实性的概念、内涵做了不同的划分，品牌真实性已经成为国外品牌研究领域的热点话题，尽管真实性的概念尚未形成一致性的结论，但学者们普遍认为品牌真实性是一个多维度概念。学者们从不同的视角对品牌真实性的构成维度进行了划分，但尚未形成统一的结论。就绿色品牌研究领域而言，绿色品牌真实性的维度划分也是在原有真实性的概念内涵上进行拓展和延伸，如梁勇的客观真实性困境和建构真实性划分；孙习祥等从绿色属性、质量承诺、文化传承和诚信四个维度对绿色品牌真实性的划分。本章重点研究绿色品牌领域品牌故事的真实性维度划分。一方面，通过收集大量被消费者认可的绿色品牌的故事文本和一手访谈资料作为研究素材，采用 Nvivo 编码分析软件对绿色品牌故事文本进行开放性编码和主轴编码，提取关键要素；另一方面，基于编码相似性指标对提取要素进行聚类可视化分析，在借鉴、吸收、归纳已有文献成果的基础上提炼出绿色品牌故事的真实性构成维度。随后，通过对剩余四分之一的绿色品牌故事文本进行编码，确保没有出现新的范畴和初始概念，以进行理论饱和度检验。本章研究清晰地界定了绿色品牌故事的真实性构成维度，为后面进行量化实证研究提供支持。

3.1 扎根理论编码分析介绍

贾旭东和衡量对经典扎根理论、程序化扎根理论和建构扎根理论三大主流学派的数据编码流程进行了详细梳理和比较[①]。结合研究目标，本研究选择程序化扎根编码的方法。程序化扎根理论的数据编码包含了开放性编码、主轴编码和选择性编码三个环节，其编码程序的核心思想是通过明确概念指向，不断进行编码持续到概念饱和，然后对各个范畴进行命名的过程。程序化扎根研究的具体操作由四个步骤组成：

原始数据资料的收集：此项工作目的是收集原始资料，提取所要研究的对象的概念范畴以及影响因素。原始资料一般可从田野观察、调研访谈记录、开放式调查问卷、备忘录等获取。本研究的原始数据来源于访谈记录和绿色品牌故事文本资料。

根据原始资料进行编码：编码可以分为开放性编码、主轴编码和选择性编码。开放性编码是对收集的原始资料中可用于理论构建的数据资料进行整理，提取初始概念类属并进行标记、命名，然后确定初始概念类属的属性和维度，得到一定数量的概念范畴。注意在这一过程中要去除重复的概念并进行合并，然后不断地进行比较与修正，直到研究成员的意见统一形成初始范畴。主轴编码是在开放性编码形成的初始范畴的基础上深入挖掘和探讨其中的潜在类别，形成主范畴和副范畴。不断比较分析初始范畴之间的逻辑关系，归纳总结出更高一级的范畴，也就是主范畴。选择性编码则是根据主轴编码中的主范畴确定核心范畴。通过对主轴编码中得到的主范畴进行逻辑分析以及根据描述现象的"故事线"来进行推理，筛选出具有统领性的核心范畴。

构建理论模型：通过进行开放性编码、主轴编码和选择性编码，确定了

---

① 贾旭东，衡量.扎根理论的"丛林"、过往与进路［J］.科研管理，2020，41（05）：151-163.

各范畴间的层次结构关系，根据这种结构关系并以"故事线"为基础来构建本研究的理论模型。

理论饱和度检验：进行理论饱和度检验，目的是确保从原始资料提取的概念以及编码过程中确定的主范畴、核心范畴的合理性。若对事先预留的数据资料或新收集的材料进行编码分析，结果表明没有出现有争议的概念范畴且研究对象的属性维度在用于检验的资料中仍然适用，则证明结构模型在理论上已达到饱和。

3.2　资料收集

汪涛等指出基于二手定性资料的研究是一种有效的扎根理论分析方法，它包含系统化的二手定性资料的搜集与分析、归纳并发掘出新理论，最后进行验证这一过程[①]。由于二手资料一般都是文字叙述性的，其获得性高，利用这一特性便于研究者快捷地搜集资料，并可以根据研究进程中的变化随时补充更新资料，同时通过广泛阅读与持续比较分析可以获得详细有效的资料。本研究的对象是绿色品牌故事的真实性维度探究，收集具有代表性的绿色品牌故事文本是不可或缺的二手资料来源。

然而，开展扎根理论研究最重要的数据来源是通过访谈或实地观察获取原始资料，二手数据编码分析要基于一手先导性访谈开展，如果仅仅对二手资料进行编码，便没有遵循扎根理论研究的程序[②]。扎根理论研究的数据应该体现的是研究者与研究对象充分互动的结果，本研究拟解决的问题是从消费者的视角来识别绿色品牌故事真实性的维度构成，通过深度访谈能够更直接和清晰地了解消费者的第一感觉，也为二手资料编码提供指向。目前，关于

---

① 汪涛，周玲，周南，等 . 来源国形象是如何形成的？——基于美、印消费者评价和合理性理论视角的扎根研究 [J]. 管理世界，2012（3）：14.

② 贾旭东，衡量 . 扎根理论的"丛林"、过往与进路 [J]. 科研管理，2020，41（05）：151–163.

绿色品牌故事真实性的研究相关文献及讨论内容较少，尚未形成成熟的概念范畴、测量量表和理论假设。因此，本研究用于扎根编码的资料由深度访谈一手资料和具有代表性的绿色品牌故事文本两部分组成。

第一步是通过深度访谈获取一手原始资料。研究的访谈要点在访谈的早期阶段列出，不需有设定研究假设和范例，以此提高访谈的效率和可靠性。受访者共40人，具体被访者人口特征如表3所示。每次访谈时间在30~45分钟，首先向受访者说明什么是"绿色品牌故事"，并通过一些绿色品牌故事的样本展示，研究者向受访人员阐释访谈的主题。在受访者了解基本概念之后，让他们阅读绿色品牌故事的文本内容，说明他们的想法、思想和观点。本访谈的框架内容主要分为四部分：受访者的个人基本信息，他们主观认为最具真实性的绿色品牌故事，从"真实性"角度描述绿色品牌故事的特点和内容，同时从"真实性"的角度看绿色品牌故事的作用和意义。其中，受访者基本个人情况包括受访者的年龄、性别、职业以及受教育程度四个方面。正式访谈的问题为："在日常生活中哪些绿色品牌让您印象深刻？""哪些绿色品牌拥有代表性的品牌故事？""哪些绿色品牌的品牌故事是真实性的？""您认为绿色品牌故事应该具有什么样的特点？""您认为绿色品牌故事本身具有什么样的积极作用和意义？""从这些绿色品牌故事中您能获得什么有价值的启示？"（附录1）。

表3　被访者人口统计特征

内容	类别	受访者	比例 / %
性别	男	19	47.5
	女	21	52.5
年龄（岁）	18~23	14	35
	24~34	15	37.5
	35~45	10	25
	46以上	1	2.5

续表

内容	类别	受访者	比例 / %
职业	学生	14	35
	事业单位	12	30
	企业职员	12	30
	自由职业	2	5

正式访谈开始。向40位访谈者展示绿色品牌故事的示例,采取开放式访谈形式,累计展示了20个绿色品牌的关于绿色可持续发展的品牌故事文本。其中排名前五位的是"阿迪达斯""Burt's Bees""星巴克""三棵树"和"惠普"。每个品牌都有着不同类型的绿色品牌故事。阿迪达斯讲述的是其通过可再生材料打造明星产品 Stan Smith 鞋款的产品故事。Burt's Bees 讲述的是创始人 Burt Shayvitz 先生养蜂到制作蜂蜡护唇膏的故事,创始人远离时尚的纽约,沉迷养蜂并最终提取出天然成分的蜂蜡护唇膏。星巴克讲述的是其打造"向绿工坊"的绿色零售故事,从店铺装修、产品原料、杯子吸管都采用可持续的绿色材料,咖啡渣都被回收用于制作抽象画,整个店铺化为一座有机展览馆。三棵树则讲述的是其新品上市之前开展"涂料养鱼"试验的故事,以此证明其原生态涂料漆的绿色健康性。惠普讲述的是其不断革新打印机技术,并开展"印刷有树"的植树活动,凸显"你打印的每一页,惠普替你种树还债"的可持续发展理念。被访谈的人员在仔细阅读给定的绿色品牌故事材料后,围绕真实性的主题畅谈自己的想法,以及故事本身最打动自身的内容。最后,被访谈人员根据自身经验列举其他被认可的绿色品牌或品牌故事。在所有访谈结束后,研究团队将访谈录音转为文字材料,进行初步筛选和分类。

第二步是筛选整理具有代表性的绿色品牌故事文本作为二手数据资料。鉴于如今绿色品牌众多,且大量品牌具有"漂绿"嫌疑。随着越来越多的公司试图利用环境问题来打造自己的品牌,持怀疑态度的消费者数量也在增加。大多数消费者以前都听过绿色品牌的承诺,面对越来越高的期望,消费者开始追求产品的真实性。实现绿色生产的技术是存在的,而且越来越多的消费者认为，品牌所需要的是实现技术的意愿。

　　为了简化研究且更好地选出具有代表性的绿色品牌故事文本，本研究首先通过文献研究，对绿色品牌概念进行界定，即具有"健康、环保、可持续"等绿色理念的品牌；其次，邀请三位从事绿色品牌研究的教授将收集到的品牌故事文本进行分类。经过充分协商和讨论，最终按照故事内容将收集的素材分为绿色品牌诞生故事、绿色品牌产品故事、绿色品牌人物故事和绿色品牌成长故事四种类型；最后，以相关文献资料总结出故事应该包含的元素与以结构为切入点搜集和筛选的绿色品牌故事。

　　通过网络搜索发现，福布斯于2016年发布了一份全球50大真实绿色品牌排行榜。其对全球550个品牌展开了"顾客忠诚参与指数"调查，来自美国九个人口普查区的36000名消费者投票选出了他们认为最真实且坚定支持的50大绿色品牌。研究团队通过品牌官方网站，逐一查找这50个绿色品牌的关于绿色可持续发展的品牌故事，并进行分类整理。

　　尽管国内有机构发布关于绿色企业的排行榜，但少有完全依靠消费者大数据调查投选出的绿色品牌排行榜。我们在国内"品牌星球"微信公众平台查阅到绿色品牌的专栏，研究团队将其刊登的绿色品牌故事全部下载分类整理。最后，将40名访谈对象提到的绿色品牌故事进行查阅整理。

　　在对选取绿色品牌故事相关内容做了大量前期工作的基础上，采用理论抽样的方法，研究团队通过持续比较筛选来确定最终用于扎根编码的绿色品牌故事文本。选择标准主要包括：（1）绿色品牌的选择要求分布于各个不同的行业。（2）绿色品牌故事来源可靠。所选绿色品牌的官方网站有"品牌故事"或"关于我们"一栏可供查看浏览，或是在品牌相关微信公众平台、微博等社交媒体上有该品牌故事的详细推文。（3）绿色品牌故事内容完整，结构与逻辑清晰，表达清晰。（4）对于绿色品牌起源故事，主要突出明确的品牌起源时间与品牌命名依据，故事的发生存在偶然性。（5）对于绿色品牌产品故事，品牌产品的个性与制作过程是关注焦点，要求具有详细的描述。（6）对于绿色品牌人物故事，故事的主角可以是创始人、员工或消费者，其中人物的背景及个性行为是建立人物真实的基础，其次人物在创造品牌或成就品牌过程中所做出的一系列行动和决策是故事建立真实的关键。（7）对于绿色品牌的成长故事，故事的情节冲突要合乎情理，其中要求故事记录品牌的起源、随时间演变的品牌发展历程和品牌重要事迹。（8）绿色品牌故事内容要求在500~3000字内。（9）根据预先确定的故事类型将拟入选的绿色品牌故事予以划分，确保不同类别都有典型代表。（10）绿色品牌故事内容要体现绿色、环保、可持续的理念，且为国内消费者所熟知。

根据以上10条筛选依据，本研究秉承问题导向性和动态性的原则，邀请市场营销领域的三名专家教授和两名博士生对搜集的绿色品牌故事样本进行独立投票判定。第一轮将5名都认可的品牌故事入选；第二轮将得票超过3票的进行充分讨论和论证，由集体投票确定是否入选，以此进一步确定绿色品牌故事的样本。经过两轮筛选，确定了40个绿色品牌故事文本进行扎根编码分析。

在进行编码分析之前，借助Nvivo 11.0软件的"查询"工具对用于扎根编码过程的绿色品牌故事文本进行词频分析。统计文本用词的频次，可以反映某个主题相关研究的趋势和侧重点[①]。通过完全匹配，选择显示30个最常见的字词并将词语最小长度设置为2，最终形成了所研究的绿色品牌故事文本的主题词词语云和词频查询结果。如图8所示，字体越大，说明该主题词出现的频数越高。从图8来看，环保、自然、健康、天然和绿色是绿色品牌故事文本中出现的高频词语，也进一步说明本研究所选取的绿色品牌故事文本符合研究情境。

---

① 冉华. 国际视角下学校评估标准的特点与趋势——基于Nvivo 11.0的编码分析［J］. 比较教育研究，2018（1）：8.

图8　绿色品牌故事样本中的高频词语云

3.3　资料编码与提炼

3.3.1　Nvivo 软件编码分析介绍

Nvivo 软件是目前最先进和最佳的质性研究工具之一。它可以为访谈记录、焦点小组讨论、社交媒体评论、开放式网络调查回答和其他文本内容等提供一个完整的问题解决流程。

本书借助 Nvivo 软件强大的定性数据整理和分析功能，对绿色品牌故事文本内容进行扎根编码分析，基本操作流程如下：（1）导入数据。将需要分析的品牌故事文本内容导入软件"材料来源"这一功能选项，并命名。（2）校对文本。打开导入的文本内容并查看内容是否完整。（3）编码。将主题相同或相似的内容收集在一个地方，也就是创建节点和收集参考点的过程，以便于发现规律，其中参考点代表该主题编码的次数。（4）完成编码并生成可视化报告。根据可视化报告中的结构图可以更加清楚地看到编码结果。（5）保存该项目并将其传送给同组研究成员，验证编码结果的合理性。Nvivo11.0包含Starter、Plus 和 Pro 三个版本，而 Nvivo 11.0 Pro 相比较于其他两个版本具有处理更为广泛和复杂的数据分析优势。故本研究利用 Nvivo 11.0 Pro 软件并紧密联系扎根理论的相关研究对绿色品牌故事文本内容进行定性分析。

由于故事内容较多且难以用单一的字词呈现其概念，故本研究决定以句子或者段落的形式进行编码，而故事中无关紧要或者不符合编码要求的句子或段落则予以删除或不对其进行编码。故事叙述以多句内容表达概念，对于该部分按照"资料来源—故事顺序"的规则进行编码，如"2–1"表示来源于二手资料中的第1个故事中的内容；"1–1"表示来源于一手访谈资料中第1个被试的文本内容。

在完成初步编码后，围绕"绿色品牌故事真实性构成维度"这一问题成立研讨小组，研讨小组由3名从事绿色品牌研究的教授、2名绿色营销研究方向的博士和3名硕士组成。小组以集体研讨会的形式，反复讨论修改所有编码后的语句，通过不断挖掘本质内涵来提炼概念和范畴，演绎具有逻辑且抽象的理论概念，最终实现提炼范畴的有效性和解释力度，达到扎根理论研究所要求的理论触觉。

3.3.2 开放性编码

开放性编码是对访谈资料和绿色品牌故事文本内容进行逐一编码、提取和归纳，目的是通过深入理解和分析产生初始的概念及范畴。为了避免研究过程中带有强烈的个人主观色彩和偏见，在开放性编码时要求自上而下地对故事内容进行仔细阅读，概念和范畴的产生突出编码人员思想上的自然涌现，即理论意义上的被动选择。

开放性编码的步骤包括：（1）采用理论抽样的方法从收集的40个绿色品牌故事中随机抽取3/4的故事文本进行开放性编码，剩余1/4的故事文本用于理论饱和度检验；（2）对用于开放性编码的绿色品牌故事内容进行解读，赋予故事中所要编码的语句或段落相应的内涵，形成初始概念；（3）通过对初始概念的分析和筛选，将同类型及意义相近的概念聚集在一起，便于形成同一范畴；（4）结合相关文献资料，对同类型的概念统一范畴化，产生合理的初始范畴。

　　根据以上分析步骤，本研究随机抽取了30个绿色品牌故事用于三级编码分析：Brother、Freitag、Tom's of Maine、Burt's Bees、Macy's、VC果园、农夫山泉、三棵树、Tata Harper、Adidas、Apple、李子柒、特仑苏、HP、Nike、Panera、Yours Truly、Pepsi、Starbucks、JetBule、New Balance、REI、3A环保漆、欧珀莱、Oatly、Toyota、Walmart、Rothy's、Six Sence、Samsung，并依此顺序进行故事内容编码。利用Nvivo 11 Pro软件共提取了42个概念，在反复斟酌与讨论下，剔除与研究主题关联性不大且编码频次少于2次（不包括2次）的概念，最终形成达成一致的35个初始概念。在进行比较分析后，最终将35个概念归纳为16个初始范畴，分别为：纯粹的真实、客观内容、历史联系、个性独特、真实的自我、人物形象塑造、人物具有权威性、高度清晰的情节、情节的完整性、可靠性体现、细节化叙述、叙事修辞策略、共情效应、自然环境真实、产品不加修饰、道德价值。

3.3.3　主轴编码

　　尽管开放性编码已经提取了多个范畴，但初始范畴建立的逻辑关系仍未明确。因此，本研究进一步通过主轴编码来寻找初始范畴之间的关联，并运用"因果关系、影响因素、形成机制"等论证依据来建立逻辑关系，提炼更为抽象的主范畴和副范畴。通过主轴分析，可以发现初始范畴间是存在一定的链接关系的。基于不同初始范畴之间的关系，本书将其重新归类为9个副范畴和3个主范畴。具体的主轴编码结果见表4。

表4 主轴编码形成的主范畴

核心范畴	主范畴	副范畴	范畴的内涵
绿色品牌故事原型真实	绿色品牌原生性	绿色起源纯正性	故事来源于真实的生活,纯粹的真实强调自然地呈现,绿色原材料或原产地具有可追溯性
		绿色属性客观性	在故事中通过使用大量准确的数据来描述产品的组成成分,用于解释产品纯天然这个事实在世界上是实际存在的,从而增强故事本身的说服力
		绿色传承一致性	历史联系通常被消费者接受为事物"应该是怎样的"。绿色品牌故事中描述的有关绿色产品的事件与呈现的历史证据一致,消费者将认定该品牌是绿色、环保和可持续的,进一步影响其对故事真实性的感知程度
	绿色主体象征性	绿色故事主体代表性	绿色品牌故事中呈现的人物角色对受众的感知评价有直接的影响。通过人物形象的塑造,凸显人物典型性性格,间接反映绿色品牌个性以及折射社会现象,从而给受众带来启示
		绿色故事主角权威性	绿色品牌创始人或内部高层作为品牌代理人,在绿色品牌故事中充当发言人角色,表达传递品牌信息。在消费者眼中,创始人或高层领导是绿色品牌的代表,人物具有权威性,所以他们在言语上具有说服力,引用他们的话语,可增加消费者对绿色品牌的信赖感
绿色品牌故事原型真实	绿色价值原创性	绿色品牌个性差异化	消费者能够通过绿色品牌故事中体现出的品牌个性的独特魅力强烈联想到品牌的属性与性能利益,并且相信不会在竞争品牌中找到它们,因此凸显绿色品牌故事的可靠性
		绿色品牌价值独特性	绿色品牌在其故事中传达通过该品牌寻求真实自我的独特价值理念,其中自我价值的实现才能反映出绿色品牌通过故事传递的真实性感知
绿色品牌故事建构真实	绿色叙述逻辑性	结构设计完整性	故事情节是一种既有时间顺序又有因果关系的有组织的叙事,一个逻辑清晰明确的情节便于消费者理解绿色品牌的发展历程,帮助消费者准确把握绿色品牌的发展脉络,从而增强对绿色品牌角色的认同
		情节冲突合理性	充满起伏转折的故事最能打动人心,任何一个绿色品牌的发展都不是一帆风顺的。讲述绿色品牌发展过程中不断解决困难的故事能够潜移默化地影响消费者。但故事描绘的冲突要合情合理,不切实际的冲突情节反而会降低故事的可信度

续表

核心范畴	主范畴	副范畴	范畴的内涵
绿色品牌故事建构真实	绿色叙述可靠性	绿色披露可靠性	在绿色品牌故事中披露的对产品品质的追求、品牌理念以及品牌在环保方面的实际行动和获得的荣誉事迹等要有理有据，绿色认证要权威可信，以说服消费者信任此品牌，有助于提升绿色品牌故事的可靠性
		绿色陈述细节性	细节化叙述是建构绿色品牌故事真实性的重要策略，尤其是对于产品生产过程的细节化描述，不仅能够从最基本的层面让消费者视觉化理解其行动，增强故事的真实性和可信度，也可使整个故事内容饱满且生动
		叙事修辞恰当性	叙事修辞是指在叙事中为达到预期目的而有意选择的语言，绿色品牌故事中采取恰当的叙事修辞对沉浸感有积极的影响，沉浸可以促进叙事说服，引发与故事一致的态度改变，促进消费者对绿色品牌故事真实性的感知
绿色品牌故事情感真实	诚实性	绿色理念真诚性	故事中绿色、和谐的场景营造和渲染以及真诚传达的精神信仰会对受众情感、情绪产生影响，以及由此对绿色品牌的产品或服务产生共情效应，吸引受众参与互动，从而影响消费者的态度以及购买行为
	自然性	绿色生态自然性	故事中描绘的宜人的自然生态可能会唤起人们对过去美好自然经历的记忆，从而引发类似于真正沉浸在愉悦、无威胁的自然环境中的情感反应
绿色品牌故事情感真实	天然性	绿色产品天然性	人们普遍相信大自然是仁慈和温和的，一旦一个产品被描述为不加修饰的本性，消费者就会推断出其他属性，如安全和健康，从而联想到自己对于身体健康和环境保护的需求。由产品的特性反映故事想要传达的情感往往更加自然
	道德性	绿色工艺道德性	生产者用心的制作过程、精致的制作手法向消费者传递真诚，强调生产者在制作过程中的参与，展现了工匠的匠心与内含的道德价值，当消费者选择其产品时，也代表认同生产者的理念，从而形成一种道德感的真实

3.3.4　选择性编码分析

本研究以"故事线"为基础，结合前文提炼出的初始范畴、副范畴和主范畴，构建了本研究的理论模型，并将其称之为"绿色品牌故事真实性维度构成模型"（见图9）。绿色品牌故事真实性是由原型真实、建构真实和情感真实三个维度构成，而其中原型真实包含绿色品牌原生性、绿色主体象征性和绿色价值独特性3个副范畴；建构真实包含绿色叙述逻辑性和绿色叙述可靠性2个副范畴；情感真实则由诚实性、自然性、天然性和道德性4个副范畴构成。围绕绿色品牌故事真实性这一核心范畴，故事线索如下：绿色品牌通过故事原型塑造、故事情节建构、故事情感传递等要素来呈现绿色品牌的真实性。其中原型真实主要通过品牌起源的纯正性、历史传承性和绿色客观属性来体现了它的原生性价值，故事中的人物主体是塑造故事原型的代言人，讲述着绿色品牌的独特个性和差异化价值；建构真实是基于故事要素对绿色品牌的故事情节、故事逻辑和叙述策略进行恰当的设计；情感真实是绿色品牌通过故事将品牌绿色理念、绿色工艺等信息传递给消费者，从情感上拉近与消费者的距离，增强其对品牌的认同。可以说，绿色品牌故事真实性的三大维度之间是相辅相成、互相促进的关系。原型真实是绿色品牌故事的灵魂，是消费者对绿色品牌价值认知的基础；建构真实是绿色品牌故事吸引力的关键，原型和情感维度都需要通过建构来更好地呈现；情感真实是绿色品牌故事的升华，通过引起消费者的情感共鸣，促进消费者绿色信任。绿色品牌故事真实性构成维度模型具体的理论推导分析如下。

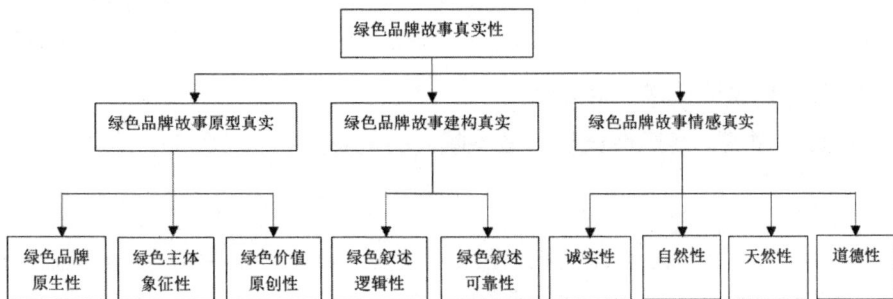

图9 绿色品牌故事真实性维度构成

品牌原型是消费者对品牌的基本期望和知识结构，消费者通过品牌原型对产品进行类别化。原型品牌具有典型性特征，高典型性水平能够消除领先品牌的认知优势，从而对消费者产生更强的吸引力 ①。

　　美国学者马克与皮尔森等首次将原型理论应用于品牌领域，原型是具有共性且能够跨越不同文化的源代码，并提出可以通过神话原型来打造深植人心的品牌 ②。他们提炼出12种与品牌有关的人物原型，即天真者、探险者、智者、英雄、亡命之徒、魔法师、凡夫俗子、情人、弄臣、照顾者、创造者和统治者，这些人物原型出现在品牌故事中，成为不可或缺的故事要素，作为传递品牌形象的载体，能够帮助消费者更好地识别品牌的内在价值和意义，并提高其品牌忠诚度。在绿色品牌故事中，故事主体是故事中的人物主角（角色），这里的人物可以是绿色品牌创始人、企业员工，也可以是绿色品牌的消费者，每一个角色都是某一个呈现绿色品牌价值的原型。绿色品牌故事讲述者与故事主体间的一致性以及故事主体的真实性客观反映故事整体的真实性 ③。根据荣格的原型理论，创作者可以创造出独特的人物原型。当品牌利用人物原型时，将故事主体原本具有的人格、个性、行为等要素赋予品牌个性之中，实现了品牌文化价值提升，也就使得品牌更容易因为原型而产生消费者心理认同。故事中的人物生动活泼的形象会自动将消费者代入到故事所描述的人物情境中，也就是所谓的个人经历与人物故事相结合，通过人物个性塑造来强化故事的真实性。同时，故事中人物权威性的体现能够增强消费者对于绿色品牌的信赖感，故事主角所展现的行为模式，本质上就是原型人物的行为象征化 ④。所以，初始范畴中人物形象的代表性和人物具有的权威性归纳到绿色主体象征性这一副范畴。

　　在哲学领域，客观性被认为是不随人的主观意识而转移的，客观存在的

① Carpenter G S, Nakamoto K. Consumer Preference Formation and Pioneering Advantage [J]. Journal of Marketing Research，1989，26（3）：285–298.

② 马克，Margaret，皮尔森，等．很久很久以前……：以神话原型打造深植人心的品牌 [M]．汕头大学出版社，2003.

③ 徐岚，赵爽爽，崔楠，等．故事设计模式对消费者品牌态度的影响 [J]．管理世界，2020，36（10）：76–95.

④ Pera R，Viglia G，Furlan R. Who Am I? How Compelling Self–storytelling Builds Digital Personal Reputation [J]. Journal of Interactive Marketing，2016，35：44–55.

事物不会因为个人的不喜欢而消失。对于绿色品牌或者绿色产品而言，客观真实是绿色品牌真实性最原始的本真。绿色属性的客观性存在于故事讲述者的意识之外，是不受任何情感影响的客观事实陈述，通常利用数据来呈现，是准确数值的集合。绿色品牌的历史起源与传承，是指消费者能通过绿色品牌故事找到品牌来源的纯正性和历史传承的一致性。故本研究将绿色品牌起源、绿色属性和绿色传承这3个初始范畴归纳到绿色品牌原生性这一副范畴。

Schallehn 等指出履行品牌承诺的独特方式可以通过品牌"个性"实现，而最引人注目的品牌个性是体现产品性能和定位的独特性[①]。品牌原型涉及企业及其产品的内涵和符号价值，体现品牌独特的个性化特征。品牌故事通过描述产品性能方面的独特性，如产品设计和功能价值，以及环保的独特产品定位——绿色环境的可持续性，进一步凸显品牌的可靠性，让消费者感受到品牌是真实的，从而使品牌获得成功。具有"个性"特征的品牌往往强调真实性与自我有关，而绿色品牌故事需要建立品牌与消费者的强联系，即消费者能够在该品牌中找到真实的自我，实现自我价值。绿色品牌故事与其他品牌故事相比，独特性在于它能够引起品牌与消费者自我的联想，从而想要追求真实的自我。基于以上描述将"绿色品牌个性差异化"和"绿色价值独特性"进一步归类于绿色价值原创性这一副范畴。

基于以上分析，绿色品牌故事可作为以原型为主题进行传播的工具，而"原型"可以是产品，也可以品牌故事中描述的人物，甚至是品牌本身。绿色品牌故事中的人物形象都是绿色品牌独特价值理念和品牌象征意义的外化，绿色品牌或以故事的形式向外界讲述绿色品牌的起源和历史传承，或通过呈现产品的绿色属性展示绿色品牌独特的价值。因此，本研究将绿色起源纯正性、绿色主体象征性和绿色价值原创性3个副范畴归类于绿色品牌故事原型真实这一主范畴。

品牌叙事要获得消费者的认同，必须具备结构缜密的故事情节[②]。一个好

---

① Schallehn M，Burmann C，Riley N. Brand Authenticity：Model Development and Empirical Testing［J］. Journal of Product & Brand Management，2014，23（3）：192-199.

② 彭传新．品牌叙事理论研究：品牌故事的建构和传播［D］．武汉大学，2011.

的故事都有一个稳定的结构，从而将零散的事件按照时间序列联结起来，吸引受众。品牌故事强调真诚地叙述某个事件[①]，用来回答消费者诸如"我是谁，从哪来，为什么，怎么做，做什么"的问题[②]。品牌故事可以帮助人们理解周围的世界，同时创造品牌的意义。绿色品牌则通过故事中的叙事处理表达绿色品牌的独特经历，将绿色品牌故事代入消费者记忆中的联想，让消费者能够通过故事中的事件感知到现实生活中的一些现象，那么消费者很可能认为这个故事是一个"真实的故事"。叙事结构最重要的元素是时序性和因果联系，故事发展的情节按照时间线划分为开端、中场和结局，通过因果关系将品牌发展过程中发生的事件联系在一起[③]。品牌所具有的真实性特征可以通过故事情节真实性来体现[④]。绿色品牌故事精心设计的情节，包括对起源的解释、线性时间安排、故事情节的反转与行动抉择和具有可靠性的描述等能够激发消费者的兴趣，使他们沉浸在故事情节中，增强了叙事说服效果。故高度清晰、完整及具有可靠性的情节是绿色品牌故事情节真实的具体表现形式。因此，本研究将绿色品牌故事结构设计的完整性和故事冲突情节的设计归纳到绿色叙述逻辑性这一副范畴。

汪涛等表明故事是对一系列真实或虚构事件的叙述，但与一般事实不同的是，叙事加工为故事增添了品牌独特的情感因素[⑤]。细节化叙述是一种叙事技巧，能够强化叙事效果的"真实"。同样，绿色品牌故事也要进行绿色信息披露，叙事修辞策略也是故事情节设计的常用手法，透过修辞策略的使用让品牌的价值取向和理念在故事中细致地表现出来，从而刻画出品牌故事的真

---

① Lundquist, Eric. Healthcare.gov, Enterprise Startup Boom Among Top 2013 IT Stories [J]. Eweek, 2013.

② Shankar P, Dilworth J L, Hyers M J. Nutritional Adequacy and Factors that Influence Food Choices among Undergraduate Students [J]. Journal of the American Dietetic Association, 2001, 101 (9): 82.

③ Escalas J E. Imagine Yourself in The Product: Mental Simulation, Narrative Transportation, and Persuasion [J]. Journal of Advertising, 2004, 33 (2): 37-48.

④ 徐岚, 赵爽爽, 崔楠, 等. 故事设计模式对消费者品牌态度的影响 [J]. 管理世界, 2020, 36 (10): 76-95.

⑤ 汪涛, 周玲, 彭传新, 等. 讲故事 塑品牌：建构和传播故事的品牌叙事理论——基于达芙妮品牌的案例研究 [J]. 管理世界, 2011 (03): 112-123.

实性。因此，绿色品牌故事呈现的细节、披露的绿色信息、修辞策略的运用均可归纳至绿色品牌故事叙述的可靠性这一副范畴，从而进一步提升绿色品牌故事整体的真实性水平。建构主义者认为真实性是一种由社会或个人建构的结果①，无论是故事叙述情节的设计，还是叙述的可靠性和逻辑性，都属于故事建构策略的体现，因此，本研究将绿色叙述的逻辑性和绿色叙述的可靠性归纳到绿色品牌故事建构真实这一主范畴。

Chen 等将绿色品牌情感定义为，消费者因为品牌的环保表现因而对该品牌产生正向的情绪反应②。也有学者将其定义为当消费者购买某一品牌的产品或服务时，基于该品牌的生态环保行为，在消费者心中引起的正面情绪评价。由此我们推断，当品牌通过恰当的途径向消费者说明产品制造过程是采用绿色工艺或环保流程，并且阐释产品本身的成分是绿色环保友好的原材料，当消费者感受到品牌的环保特性并认同其经营理念，就能进一步产生正面的情绪反应，提高绿色品牌情感，也可以提升绿色品牌的价值。

故事的一个最重要功能在于它可以唤起观众的情绪③，情感是实现故事效果的关键成分。在营销中，品牌真实性感知是"消费者对品牌真实性的主观评价"。Napoli 等人认为品牌真实性感知的三个关键维度为质量承诺、传承和真诚④。换句话说，品牌真实性感知不仅与产品和服务质量的评价有关，而且还与品牌制造者的诚意存在情感联系。如果一个品牌是真诚的，它就会被认为是真实的⑤。品牌真实性体现在原创性、个性、自然性、可靠性、可信度、

① Grayson K, Martinec R, Brodin K, et al. Consumer Perceptions of Iconicity and Indexicality and Their Influence on Assessments of Authentic Market Offerings[J]. Journal of Consumer Research,2004,31(2).

② Chen Y, Huang A, Wang T, et al. Greenwash and Green Purchase Behaviour: The Mediation of Green Brand Image and Green Brand Loyalty [J]. Total Quality Management & Business Excellence, 2020, 31 (1–2): 194–209.

③ Durkin S, Wakefield M. Interrupting a Narrative Transportation Experience: Program Placement Effects on Responses to Antismoking Advertising [J]. Journal of Health Communication, 2008, 13 (7): 667–680.

④ Napoli J, Dickinson S J, Beverland M B, et al. Measuring Consumer–based Brand Authenticity [J]. Journal of Business Research, 2014, 67 (6): 1090–1098.

⑤ Pace S. Can A Commercially Oriented Brand Be Authentic? A Preliminary Study of The Effects Of A Pro–Business Attitude On Consumer–Based Brand Authenticity [J]. Journal of Applied Business Research, 2015, 31: 1167–1178.

完整性和象征意义等方面。如果一个品牌致力于通过新颖的品牌策略来独树一帜，并将自己与竞争对手区分开来，那么消费者可以感受到前三个维度。感知可靠性和可信度是对一个品牌是否能够履行其承诺以及是否值得信任的评估。如果一个品牌的行为方式为消费者增加了价值或意义，就会体验到最后两个维度①。

Green 和 Brock 提出用叙事传输理论来说明故事广告的影响，在传输过程中，读者沉浸在故事之中，并且相信故事所传递的信息，由此减少对广告论点的批判分析、降低负面看法以及引发强烈的情感回应②。好的品牌故事就在于它不仅包含大量信息，还拥有强大的情感力量。绿色品牌故事不仅需要涉及大量品牌的生态环保价值信息，而且需要有足够的情感力量来支撑品牌价值观念，才能创造一个引人入胜的品牌故事③。

绿色品牌故事情感的真实源自消费者能够感知品牌故事的真谛以及接受透过用心创作的故事所传递的绿色品牌价值。因此，注入真实情感的绿色品牌故事是符合消费者世界观的④。人们在相互交往过程中，诚实被视为奠定情感的基础，建立在诚实基础上的社会关系会带来情感的满足。诚实象征着品牌的美德——责任感和道德纯洁。真实的品牌会对自己的行为和消费者负责，有正确的道德观并优先考虑其他利益相关者的利益⑤。

同样地，在绿色品牌故事中，拉近品牌与消费者的心理距离也可以通过诚实性来实现。如绿色品牌故事借助特定的场景或宣传品牌的精神信仰来引

---

① Bollen K A, Diamantopoulos A. Notes on Measurement Theory for Causal-formative Indicators: A Reply to Hardin [J]. Psychological Methods, 2017, 22 (3): 605-608.

② Green M C, Brock T C. The Role of Transportation in the Persuasiveness of Public Narratives [J]. Journal of Personality and Social Psychology, 2000, 79 (5): 701-721.

③ Mckee R. Storytelling That Moves People: A Conversation with Screenwriting Coach Robert McKee [J]. Harvard Business Review, 2003, 81 (6): 51-55, 136.

④ O Sullivan T. All Marketers Are Liars: The Power of Telling Authentic Stories in a Low-Trust World [J]. Journal of Targeting Measurement & Analysis for Marketing, 2006, 15 (1): 65-66.

⑤ Beverland M B, Farrelly F J. The Quest for Authenticity in Consumption: Consumers' Purposive Choice of Authentic Cues to Shape Experienced Outcomes [J]. Journal of Consumer Research, 2010, 36 (5): 838.

发共情效应，促进消费者与品牌情绪互动，进而加深消费者对绿色品牌良好价值观的认同，同时能够在故事内容中轻易感受到品牌对消费者真诚的关怀。情感的自然流露与抒发往往都是真实的，未掺杂任何烦琐的情绪。绿色品牌往往强调产品是在绿色生态、无污染的真实环境下生产制造。所以，在创作绿色品牌故事中，创作者也是带着愉快的心情在描绘当时的自然风景。同时，绿色品牌也侧重于将产品描述为不加修饰的本性，从而更能体现品牌的绿色环保理念。所以，在绿色品牌故事中对产品不加修饰的描绘也是故事创作者情感的天然涌现，真实反馈绿色品牌产品的优势。在绿色品牌故事中更重要的是要将情感注入对生产过程的艰辛的描绘，淋漓尽致地体现其中蕴含的匠心精神，让故事中的情感转化为道德价值，引起消费者共鸣以及对绿色产品的热爱。综上，本研究提炼的诚实性、自然性、天然性和道德性4个副范畴既体现了绿色品牌的绿色属性，又展现了绿色品牌的社会责任①，具有合理性和理论依据，将这四个元素融入品牌故事中，能够激发消费者的正面情绪反应。因此，本研究将这四个元素归类于情感真实维度。

根据第二章关于品牌真实性的文献梳理和上述扎根编码理论分析，本研究认为绿色品牌故事真实性由原型真实、建构真实和情感真实三个维度构成。这三大维度是影响消费者感知绿色品牌真实性的主要因素：消费者透过故事中原型真实对绿色品牌产生整体性的认知和定位，了解绿色品牌的历史联系，体验绿色品牌创造的独特价值；通过建构真实进一步使消费者了解绿色品牌故事描绘的细节，更加强化消费者对故事描绘的品牌或产品的真实性的认同；最后，由故事中传递的真实情感激发消费者的同理心，引起情感上的共鸣，拉近与绿色品牌的距离。因此，本研究认为原型真实是消费者感知绿色品牌故事真实性的基础，建构真实是消费者感知绿色品牌故事真实性的关键，而情感真实是消费者感知绿色品牌故事真实性的升华。

为了从主轴编码归纳的主范畴中挖掘核心范畴，构建核心范畴、主范畴与其他范畴之间的联结关系，并以"故事线"的方式描绘现象脉络，梳理核

---

① 孙习祥，陈伟军.消费者绿色品牌真实性感知指标构建与评价［J］.系统工程，2014，32（12）：92-96.

心范畴、主范畴和其他范畴的逻辑联系，形成完整的理论框架。本书通过深入分析和反复比较，最终确定了"绿色品牌故事真实性维度"这一核心范畴以及主范畴与核心范畴的典型关系结构（见表5）。

表5　主范畴的典型关系结构

序号	典型关系结构	关系结构的内涵
1	原型真实与绿色品牌故事真实	原型是普遍的、原始的和基本的心理形式。它们是通过投射的方式成为人类意识可及的心灵戏剧的象征性表达方式，它们的形象意在吸引、说服和压倒。绿色品牌成长故事的原型真实体现在故事内容包含大量的历史联系以及向消费者传递绿色品牌价值观念，强大的历史联系是使故事内容具有可信度的关键因素，而价值观念的宣传试图营造出一种抽象的真实氛围，引起消费者情绪上的反应与认同，反映出消费者的品位及自我价值的追寻；绿色品牌产品故事中产品原材料或原产地的可追溯性是原型真实的具体表现，而产品的性能与独特的环保定位彰显绿色品牌个性的独特魅力，进而在消费者心中留下了"独特、环保和真实"的印象；绿色品牌故事中的人物角色来自对原型人物角色的建构，间接映射绿色品牌想要带给消费者的价值。因此，原型真实能够反映绿色品牌故事的真实性，是消费者感知其品牌真实性的基础。
2	建构真实与绿色品牌故事真实	叙述是讲述者带着既有观点讲故事的过程，是关于故事的书写、口语和视觉上的表述。具有高度清晰及完整的情节、由第一人称叙述及使用叙事修辞策略的绿色品牌故事能使消费者产生积极的绿色品牌形象知觉。真实而生动地讲述绿色品牌故事不仅能让消费者沉浸故事中，还能让消费者留下深刻而难忘的品牌定位印象。建构绿色品牌故事内容有助于将绿色品牌从冰冷的物质世界带到一个温暖的情感世界，它通过娓娓道来、形象生动的故事讲述，消除目标受众对品牌的陌生感和隔阂感，增进与密切目标受众的情感交流和心灵共鸣。绿色品牌通过形象化、生动化和通俗化的语言，将绿色核心价值理念传递给目标受众。当消费者被故事情节吸引，会倾向于专注于故事本身，而不去过分比较产品优劣。因此，建构真实能够增强绿色品牌与消费者的联系，是消费者感知其故事内容真实性的关键。
3	情感真实与绿色品牌故事真实	情感被认为是个体随着心智的成熟和社会认知的发展而形成的具有社会意义的情感体验。在品牌语境中，情感是连接品牌与消费者的纽带。关注健康环保的消费者与自然有着深厚的联系，绿色品牌故事的情感可以通过场景创作，如故事主角通过努力让品牌践行更加绿色环保的行动达到共情效应，或通过对自然环境的描写体现绿色品牌想传达的真实情感——健康环保等。真实的情感抒发与追求健康环保的消费者在情感与心理上的需求一致，激发消费者的情感共鸣。因此，情感真实能拉近绿色品牌与消费者心理上的距离，促进消费者感知其故事内容的真实性。

3.3.5 基于编码相似性指标的聚类分析

借助 Nvivo 11.0 软件"探索"工具中的"层次表"功能来对节点间的关系进行探究。此结果为了解释某些节点是否比其他节点有更多的编码参考点，以便能够快速识别项目中的突出主题。一级节点中的绿色品牌故事建构真实被编码了 77 次，绿色品牌故事原型真实被编码了 55 次，绿色品牌故事情感真实的编码次数有 32 次。从编码次数来看，目前现实中绿色品牌的品牌故事主要体现的是绿色品牌情节性和逻辑性的建构，然后是绿色品牌的起源以及绿色属性等方面的体现，再次才是绿色品牌情感的呈现。

表 6　节点编码次数统计

一级节点	编码次数	二级节点	编码次数	三级节点	编码次数
绿色品牌故事原型真实	59	绿色品牌原生性	31	绿色起源纯正性	12
				绿色属性客观性	6
				绿色传承一致性	13
		绿色主体象征性	14	绿色故事主体代表性	8
				绿色故事主角权威性	6
		绿色价值原创性	14	绿色品牌个性差异化	8
				绿色品牌价值独特性	6
绿色品牌故事建构真实	80	绿色叙述逻辑性	14	结构设计完整性	5
				情节冲突合理性	9
		绿色叙述可靠性	66	绿色披露可靠性	55
				绿色陈述细节性	4
				叙事修辞恰当性	8
绿色品牌故事情感真实	35	诚实性	12	绿色理念真诚性	12
		自然性	5	绿色生态自然性	5
		天然性	9	绿色产品天然性	9
		道德性	9	绿色工艺道德性	9

　　然后，本书通过 Nvivo11.0软件的"聚类分析"功能，进一步探索构成绿色品牌故事真实性维度各编码节点之间的关系。聚类分析被视为一种探索性分析，是将相似数据分类到同一个组的过程[①]。Nvivo 11.0中的聚类分析提供了单词相似性、编码相似性和属性相似性三种聚类依据来对编码节点进行分组聚类以实现可视化过程。相似性度量是一种统计方法，其中单词相似性是根据文本或代码中单词的出现和频率将相似度高的文件或代码聚类到一起；编码相似性通常用来比较文件或代码的编码，将具有相似特征的编码节点聚类到一起；属性相似性是比较文件或代码的属性值，属性较为相似的代码或文件将被聚类到一起。本研究选取聚类依据中的编码相似性指标，将多个相同材料来源进行编码的选定节点聚类到一起，并利用杰卡德（Jaccard）系数来计算编码节点之间的相关性。Jaccard 系数用来比较有限样本集中同类对象的相似性和异类对象的差异性，即给定两个集合 A 和 B，Jaccard 系数定义为集合 A 与集合 B 的交集与集合 A 和集合 B 并集的比值。

　　其中 $J(A, B) \in [0, 1]$，且当集合 A 和集合 B 为空时，$J(A, B) =1$。通常 $J(A, B)$ 系数值越大，则样本间的相似度就越高。Jaccard 系数主要用于计算个体间的相似度，它只能给出"是否相似"这一结果。Jaccard 的应用范围很广，最常用于比较文本间的相似度，可用来进行文本的查重和去重，还可用来计算对象间的距离、数据聚类。

　　利用 Jaccard 系数可以更好地解释编码节点之间的关系。绿色品牌故事原型真实与绿色品牌故事建构真实之间有着明显的相互关系，而与绿色品牌故事情感真实之间相比较而言关系稍弱，且可以明显看出二级节点绿色叙述可靠性与绿色品牌故事建构真实之间关系紧密，它是构成绿色品牌故事中建构真实的主要因素。由于研究文本选取数量有限，聚类图显示的节点间连线错综复杂，其结果很难去解读，所以我们利用 Jaccard 系数来更好地解释编码节点之间的关系。如表7所示，Jaccard 系数均大于0，说明扎根编码的节点间都具有一定相似性。其中 Jaccard 系数大于且等于0.5的有绿色品牌故事原型真

[①]　Kaufman L，Rousseeuw P J. Divisive Analysis（Program Diana）[M]．John Wiley & Sons，Ltd，2008.

实和绿色品牌原生性（0.76）、绿色品牌原生性和绿色起源纯正性（0.5）、绿色品牌原生性和绿色传承一致性（0.55）、绿色主体象征性和绿色故事主角权威性（0.6）、绿色价值原创性和绿色品牌个性差异化（0.86）、绿色品牌故事建构真实和绿色叙述可靠性（1）、绿色叙述逻辑性和情节冲突合理性（0.67）、绿色叙述可靠性和绿色披露可靠性（0.92）、绿色品牌故事情感真实和诚实性（0.53）、诚实性和绿色理念真诚性（1）、自然性和绿色生态自然性（1）、天然性和绿色产品天然性（1）、道德性和绿色工艺道德性（1）、绿色品牌故事原型真实和绿色品牌故事建构真实（0.7）、绿色品牌故事原型真实和绿色品牌故事情感真实（0.59）及绿色品牌故事建构真实和绿色品牌故事情感真实（0.5），这表明它们之间相似度较高。

根据 Jaccard 系数值，扎根编码过程的节点均具有相关关系，所以将原型真实、建构真实和情感真实归纳为绿色品牌故事真实性构成维度是合理的，组成原型真实、建构真实和情感真实的二级节点和三级节点之间也都具有一定的相关关系。由此可以表明，Nvivo11.0 实现的聚类可视化结果与扎根编码结果一致。

表7　聚类节点间的 Jaccard 系数

节点 A	节点 B	Jaccard 系数
绿色品牌故事原型真实	绿色品牌原生性	0.76
绿色品牌故事原型真实	绿色主体象征性	0.38
绿色品牌故事原型真实	绿色价值原创性	0.26
绿色品牌原生性	绿色起源纯正性	0.5
绿色品牌原生性	绿色属性客观性	0.3
绿色品牌原生性	绿色传承一致性	0.55
绿色主体象征性	绿色故事主体代表性	0.4
绿色主体象征性	绿色故事主角权威性	0.6
绿色价值原创性	绿色品牌个性差异化	0.86

节点 A	节点 B	Jaccard 系数
绿色价值原创性	绿色品牌价值独特性	0.29
绿色品牌故事建构真实	绿色叙述逻辑性	0.24
绿色品牌故事建构真实	绿色叙述可靠性	1
绿色叙述逻辑性	结构设计完整性	0.33
绿色叙述逻辑性	情节冲突合理性	0.67
绿色叙述可靠性	绿色披露可靠性	0.92
绿色叙述可靠性	绿色陈述细节化	0.12
绿色叙述可靠性	叙事修辞恰当性	0.24
绿色品牌故事情感真实	诚实性	0.53
绿色品牌故事情感真实	自然性	0.24
绿色品牌故事情感真实	天然性	0.47
绿色品牌故事情感真实	道德性	0.35
诚实性	绿色理念真诚性	1
自然性	绿色生态自然性	1
天然性	绿色产品天然性	1
道德性	绿色工艺道德性	1
绿色品牌故事原型真实	绿色品牌故事建构真实	0.7
绿色品牌故事原型真实	绿色品牌故事情感真实	0.59
绿色品牌故事建构真实	绿色品牌故事情感真实	0.5

3.4　理论模型建立与饱和度检验

根据扎根理论编码分析的具体流程，为了检验理论饱和度即检验前文提炼的初始概念、初始范畴、主范畴及核心范畴的合理性和可信性，本研究对预留的1/4绿色品牌故事文本进行编码和分析。剩余的10个绿色品牌分别为：8Greens、Allbirds、Aveda、Napattiga、由而初礼 Yours Truly、Salus、全友家居、娇韵诗、Stella McCartney，并依次顺序进行故事内容编码。该部分按照"剩余资料—故事编码顺序"的规则进行编码。

在对预留的1/4绿色品牌故事文本进行开放性编码后，没有发现新的初始概念和初始范畴形成，再结合前文对3/4绿色品牌故事文本内容进行编码和分析后的结果，表明之前确定的绿色品牌故事真实性维度在预留的故事文本中仍然适用。因此，可以认为该理论模型已经达到饱和。

3.5 本章小结

本章通过扎根理论编码分析，利用 Nvivo 11.0 软件对40个绿色品牌故事文本进行了开放性编码和概念提炼，进一步通过理论推导构建理论模型，通过了理论饱和度检验。本章初步得到绿色品牌故事的真实性包含原型真实、建构真实和情感真实三个构成维度的结论，三大维度囊括了绿色品牌原生性、绿色主体象征性、绿色价值原创性、绿色叙述逻辑性、绿色叙述可靠性、诚实性、自然性、天然性和道德性等九大范畴。

4 绿色品牌故事真实性构成维度量表开发及验证

上一章通过开展扎根理论研究，借助 Nvivo11.0 软件对访谈资料和40个绿色品牌故事文本进行了开放性编码和概念提炼，初步构建了绿色品牌故事真实性构成维度的指标体系。绿色品牌故事真实性由原型真实、建构真实和情感真实三个维度构成，共囊括了绿色品牌原生性、绿色主体象征性、绿色价值原创性、绿色叙述逻辑性、绿色叙述可靠性、诚实性、自然性、天然性和道德性等九大范畴。

为了进一步检验通过扎根理论编码分析形成的绿色品牌故事真实性维度构成体系的合理性，本章将采用一系列的定量分析来验证绿色品牌故事真实性维度构成的合理性和可靠性。首先，在扎根理论研究结果基础上，结合前人已有研究成果，开发出绿色品牌故事真实性维度测量的量表；然后，通过情景模拟和问卷调查的方法，收集关于绿色品牌故事真实性维度测量的问卷数据，并运用 SPSS22.0 和 AMOS22.0 统计软件进行探索性因子分析、验证性因子分析以及模型拟合度检验。

4.1 量表开发

中外学者从不同的角度开发了多种测量品牌真实性的问卷，如 Bruhn 开发了由持续、原创、可靠和天然等四维度共计15个题项构成的品牌真实性量

表^①；孙习祥开发了一个由绿色属性、质量承诺、传承和诚信等四因子构成的
13个问项组成的量表，用于测量消费者的绿色品牌真实性感知^②；Napoli 等从
消费者角度开发了质量承诺、传承和诚信等三维度14个题项的测量问卷^③；徐
伟等开发了由原型真实、建构真实、自我真实三维度16个题项的老字号真实
性测量问卷^④。

本研究探讨的绿色品牌真实性是通过品牌故事来呈现的，因此本书的绿
色品牌故事真实性量表将结合已有品牌真实性测量成熟量表和本书的扎根编
码分析来综合设计开发。初始量表每一个维度的问项由已有成熟量表和扎根
编码综合而来，邀请两位英语专业的博士对国外原始量表语句进行翻译，在
此基础上由课题组成员反复推敲测量问项的表达，在充分考虑文化背景和绿
色品牌特殊属性的前提下，对量表的专业术语进行修改。本研究在第三章对
绿色品牌故事的真实性进行了扎根编码分析，提炼出原型真实、建构真实和
情感真实三个维度，并且每个维度都由相对应的副范畴组成。

绿色品牌故事原型真实是指涵盖的绿色品牌原生性、绿色主体象征性和
绿色价值原创性三个范畴。研究团队参考孙习祥（2014）、徐伟（2015）设
计量表中的关于绿色属性和原型真实的测量问项，如"原料正宗""场地正
宗""商号一直没有改变""该品牌是健康节能环保的"等问项设计，结合本
研究的扎根编码分析得到的七个副范畴结果，用7个语义项来测量绿色品牌故
事原型真实变量。

① Bruhn M，Schoenmüller V，Schfer D，et al. Brand Authenticity：Towards a Deeper Understanding of Its Conceptualization and Measurement［J］．Advances in Consumer Research．Association for Consumer Research（U.S.），2012，40（40）．

② 孙习祥，陈伟军．消费者绿色品牌真实性感知指标构建与评价［J］．系统工程，2014，32（12）：92-96.v

③ Napoli J，Dickinson S J，Beverland M B，et al. Measuring Consumer-based Brand Authenticity［J］．Journal of Business Research，2014，67（6）：1090-1098.

④ 徐伟，王新新，刘伟．老字号真实性的概念、维度及特征感知——基于扎根理论的质性研究［J］．财经论丛，2015（11）：80-87.

　　绿色品牌故事建构真实是指通过故事结构的逻辑性、故事情节的合理性、叙述修辞的恰当性等方面给消费者感知真实性的程度。参考徐伟（2015）测量老字号时设计的建构真实的测量问项，如其中"通过了相关认证，具有权威性"这一语义项，与本研究扎根得到的"绿色披露的可靠性"范畴相一致。参照徐岚等（2020）对情节真实性的判断方式，结合扎根编码分析得到的五个副范畴结果，本研究用5个语义项来测量绿色品牌故事建构真实变量。

　　绿色品牌故事情感真实是指绿色品牌通过传递绿色可持续的经营理念、展现绿色生态以及绿色产品的生产工艺等来拉近与受众的情感距离，引起消费者的情感共鸣，从而增强受众真实性感知的程度。参考 Bruhn（2012）和孙习祥（2014）设计的有关测量问项，结合扎根编码分析得到的四个副范畴结果，本研究用4个语义项来测量绿色品牌故事情感真实变量。

　　综上分析，本研究关于绿色品牌故事真实性的初始测量量表由原型真实、建构真实、情感真实三个维度共计16个语义项组成，具体量表内容如下（见表8）。其中原型真实的测量问项为 YXZS1~YXZS7，建构真实的测量问项为 JGZS1~JGZS5，情感真实的测量问项为 QGZS1~QGZS4。

表8　绿色品牌故事真实性初始测量量表

编号	测量语义项
YXZS1	该绿色品牌故事描述的品牌起源是正宗的
YXZS2	该绿色品牌故事描述的绿色属性是客观的
YXZS3	该绿色品牌故事描述的品牌历史联系是一致的
YXZS4	该绿色品牌故事中的人物形象是鲜活生动的
YXZS5	该绿色品牌故事通过典型人物传递品牌意义
YXZS6	该绿色品牌故事展现了绿色品牌的差异化个性
YXZS7	该绿色品牌故事展现的品牌绿色价值是独特的
JGZS1	该绿色品牌故事的逻辑结构设计是完整的
JGZS2	该绿色品牌故事的冲突情节设计是合理的

编号	测量语义项
JGZS3	该绿色品牌故事中的绿色信息披露是可靠的
JGZS4	该绿色品牌故事中的细节描述是详细的
JGZS5	该绿色品牌故事中运用的叙事修辞是恰当的
QGZS1	该绿色品牌故事传递了品牌实现绿色发展的真诚理念
QGZS2	该绿色品牌故事描绘的自然生态环境引起了我的共鸣
QGZS3	该绿色品牌故事描述的产品天然属性引发了我对健康环保的联想
QGZS4	该绿色品牌故事表达的绿色生产理念与我价值观是高度契合的

4.2　量表数据收集与整理

为了验证通过扎根编码分析和理论推导开发的绿色品牌故事真实性量表的合理性，本研究采取情景模拟实验法和问卷调查法收集测量量表的数据，通过 AMOS 22.0软件进行信度、效度分析，并开展探索性因子分析和验证性因子分析。在实证分析的基础上，对原始量表问项进行修改完善，形成最终的绿色品牌故事真实性测量量表。首先，我们选取 Spring 矿泉水的品牌故事作为实验刺激材料，将品牌名称进行虚拟化，以免造成测试者先入为主的印象。邀请三名专家对故事内容提出修改建议，将该品牌故事的文本内容进行适当修改，增加了成分含量等数据信息。

然后，本研究采取线上和线下两种方式收集问卷，线上通过问卷星发放问卷，征集志愿者回答问卷，每份有效问卷将获赠2~5元红包；线下选取武汉地区某高校学生为测试对象，测试者首先阅读 Spring 的品牌故事材料，然后回答问卷内容，并填写相关个人信息，每名参与者将获赠一份价值10元的代金券，线下发放100份问卷，回收96份，有效问卷89份。本次线上问卷发放通过营销研究室公众号发布，每份问卷回答后可随机获得1~5元红包作为奖励，线上共发放问卷200份，其中有效问卷163份，故最终有效问卷为252份，符合本研究数据分析对样本量的要求。有效样本数据的描述性统计结构特征如表9所示。

表9　样本描述性统计

变量	类别	频次	百分比 / %
性别	男	137	54.4
	女	115	45.6
年龄 / 岁	18~25	128	50.8
	26~35	93	36.9
	36~45	22	8.7
	45以上	9	3.6
职业	学生	119	47.2
	事业单位	63	25
	企业职员	56	22.2
	自由职业	14	5.6

4.3　量表数据分析

4.3.1　绿色品牌故事真实性量表信度分析

信度分析是测量问卷调查数据结果是否具有内部一致性、可靠性和稳定性。其评价指标是信度（R）系数，可以用误差值方差 σ_e^2 与测量值方差 σ^2 表达为：R=1 $- \sigma^2/\sigma_e^2$，$0 \leqslant R \leqslant 1$。本研究采用"已删除的 Cronbach's Alpha 值"作为信度的评价标准，利用SPSS22.0软件对绿色品牌故事真实性16个题目进行信度分析，得到分析结果如表10所示。每个测量问项信度都大于0.7，说明该问卷信度较高。

表10 信度分析

编号	校正项总计相关性（CITC）	已删除的 α 系数
YXZS1	0.752	0.958
YXZS2	0.68	0.96
YXZS3	0.691	0.96
YXZS4	0.773	0.958
YXZS5	0.761	0.958
YXZS6	0.743	0.958
YXZS7	0.785	0.958
JGZS1	0.772	0.96
JGZS2	0.753	0.96
JGZS3	0.813	0.957
JGZS4	0.783	0.958
JGZS5	0.805	0.957
QGZS1	0.847	0.956
QGZS2	0.745	0.958
QGZS3	0.727	0.959
QGZS4	0.755	0.958

4.3.2 探索性因子分析

探索性因子分析是一种"共同因素模型"，它假设一组被测变量中的每个指标是一个或多个共同因素和一个单一因素的线性函数[①]。马庆国指出，如果

---

① Kent M L. The Power of Storytelling in Public Relations：Introducing the 20 Master Plots-ScienceDirect[J]. Public Relations Review, 2015, 41（4）: 480–489.

KMO 值在 0.9 以上为非常适合做因子分析；0.8~0.9 为很适合；0.7~0.8 为比较适合；0.6~0.7 为不太适合；0.5~0.6 为很勉强 [1]。

首先，对样本数据进行 KMO 和 Bartlett 检验，得到 KMO 值为 0.957，Bartlett 球形度检验卡方数值为 3272.77，显著性为 0，以上结果表明该样本数据适合进一步开展因子分析。

表11　总的方差解释

因子编号	特征根			旋转前方差解释率			旋转后方差解释率		
	特征根	解释率	累计 / %	特征根	解释率	累计 / %	特征根	解释率	累计 / %
1	10.101	63.132	63.132	10.101	63.132	63.132	4.11	25.687	25.687
2	0.782	4.887	68.02	0.782	4.887	68.02	4.029	25.183	50.87
3	0.757	4.733	72.753	0.757	4.733	72.753	3.501	21.883	72.753
4	0.638	3.988	76.74						
5	0.478	2.987	79.727						
6	0.452	2.827	82.554						
7	0.395	2.47	85.025						
8	0.394	2.461	87.485						
9	0.342	2.14	89.625						
10	0.325	2.034	91.659						
11	0.293	1.833	93.492						
12	0.252	1.575	95.067						
13	0.223	1.395	96.462						
14	0.207	1.292	97.754						
15	0.193	1.209	98.963						
16	0.166	1.037	100						

---

[1]　马庆国 . 管理统计：数据获取、统计原理、SPSS 工具与应用研究［M］. 科学出版社，2002.

然后，我们通过 SPSS22.0 软件，使用主成分分析法，将抽取因子个数设定为3，运用四次方最大旋转法，最终提取出3个主成分，累计方差解释率为72.753%。说明大约72.75%的总方差可以通过上述三个潜在因子进行解释。具体数据如表11所示。

通过对样本数据进行四次方最大旋转后，得到旋转后的因子载荷系数矩阵，如表12所示。我们发现，16个测量指标的因子载荷系数均大于0.5。数据结果表明：因子1纳入的指标有绿色品牌原生性3个指标、绿色主体象征性2个指标和绿色价值原创性2个指标；因子2纳入的指标有绿色品牌故事真实性测量问卷中设计的绿色叙述逻辑性2个指标和绿色叙述可靠性3个指标；因子3纳入的指标有绿色品牌故事的诚实性、自然性、天然性和道德性4个测量指标。结合前文扎根理论的推理结果，因子1反映的是消费者对绿色品牌故事原型真实三个主范畴的真实性评价，故将其归纳命名为原型真实；因子2反映的是消费者对绿色品牌故事在故事情节逻辑性和叙事可靠性方面的真实性评价，将其归纳命名为建构真实；因子3反映的是通过品牌故事呈现产品天然性、环境自然性、品牌诚信和道德责任等方面的信息，主要体现的是消费者对绿色品牌的情感体验评价，故将其归纳命名为情感真实。通过探索性因子分析的结果显示，在16个影响消费者对绿色品牌故事真实性的评价因素中，归纳出3个潜在因子：绿色品牌故事原型真实、建构真实和情感真实，这与前文扎根理论推演的结果一致，进一步验证了扎根编码分析的结果。因此，绿色品牌故事真实性的测量涵盖原型真实、建构真实和情感真实三个维度。

表12　旋转因子载荷系数

名称	因子载荷系数		
	因子1	因子2	因子3
YXZS1	0.66	0.389	0.294
YXZS2	0.745	0.351	0.115
YXZS3	0.693	0.217	0.34

续表

名称	因子载荷系数		
	因子1	因子2	因子3
YXZS4	0.638	0.281	0.471
YXZS5	0.675	0.299	0.389
YXZS6	0.553	0.443	0.339
YXZS7	0.612	0.431	0.358
JGZS1	0.394	0.747	0.236
JGZS2	0.293	0.781	0.28
JGZS3	0.414	0.698	0.335
JGZS4	0.339	0.675	0.395
JGZS5	0.305	0.728	0.41
QGZS1	0.455	0.444	0.622
QGZS2	0.333	0.328	0.715
QGZS3	0.285	0.262	0.807
QGZS4	0.277	0.376	0.741

4.3.3　效度分析

本研究开发的绿色品牌故事真实性测量项目是在前人研究成果的基础上，结合前文扎根编码分析的结果。此量表的测量项目能够充分反映绿色品牌故事真实性的实际情况。在量表的形成过程中，邀请了市场营销领域的专家以及课题组团队的师生对测量问项的内涵进行了多次修改，从而保证了测量问卷的内容效度。

为了检验绿色品牌故事真实性构成维度量表的收敛效度，本研究使用测量项目的因子载荷和平均方差提取（AVE）值来予以检验。一般而言，AVE值应该大于0.5。AVE度量公式为：

$$AVE=\frac{\sum \lambda^2}{(\sum \lambda^2)+(\sum \theta_j)} \tag{1}$$

本式中的 λ 为标准化因子载荷，θ_j 是第 j 项的测量误差。如表 13 显示，绿色品牌故事原型真实、建构真实和情感真实三个维度的 AVE 值都超过了 0.5，组合信度 CR 值都大于 0.7，表明绿色品牌故事真实性的各个测量维度具有较好的收敛效度。本研究模型中的 3 个构成变量的 Pearson 相关系数如表 13 所示，最大值为 0.789，小于 0.85，因此，可以判定，本研究开发的绿色品牌故事真实性测量问卷量表有良好的区分效度。

表 13　变量 Person 相关系数、AVE 值及组合信度值

因子	原型真实	建构真实	情感真实	AVE 值	组合信度 CR 值
原型真实	1			0.628	0.89
建构真实	0.789	1		0.697	0.9
情感真实	0.754	0.745	1	0.685	0.87

4.3.4　验证性因子分析

验证性因子分析是为了检验已经确定的因子结构与实际数据的吻合程度，本研究利用 AMOS22.0 软件对绿色品牌故事真实性的三个维度进行验证性因子分析。AMOS22.0 软件提供了一系列模型拟合指标来衡量模型的适配程度。这些指标包括检验比较拟合指数（CFI）、塔克–刘易斯指数（TLI）、近似均方根误差（RMSEA）和卡方统计量[1]。RMSEA 基于自由度评估模型的缺乏拟合，完美拟合为 0，良好拟合小于 0.05，可接受的拟合为 0.05 至 0.08[2]。CFI 比较模型与空模型的拟合程度，而 TLI 则用空模型缺乏拟合来检查模型的缺乏拟合程度。CFI 和 TLI 的取值范围为 0~1，其中 1 代表最佳拟合。一个好的 CFI/TLI

---

[1]　Brown T A. Confirmatory Factor Analysis for Applied Research [M]. New York，US：The Guilford Press，2006.

[2]　Fabrigar，Leandre，Wegener R，et al. Evaluating the Use of Exploratory Factor Analysis in Psychological Research [J]. Psychological Methods，1999（4）：272–299.

拟合截止值为 0.95[①]；然而，极好的匹配被认为是 0.98 或更高，CFI / TLI 低于 0.90 被认为是不适合[②]。因此，如果卡方（x^2）统计值较小，则模型之间的差异较小。如果该值在统计上不显著，则接受原假设，即实际样本与估计模型之间没有显著差异。具体的模型拟合指数评价标准如下所示。

表 14　AMOS 模型拟合评价标准

指数名称		评价标准
绝对拟合指数	x^2（卡方）	小于 3，且越小越好
	GFI	大于 0.9
	RMR	小于 0.05，越小越好
	SRMR	小于 0.05，越小越好
	RMSEA	小于 0.08，越小越好
相对拟合指数	NFI	大于 0.9，越接近 1 越好
	TLI	大于 0.9，越接近 1 越好
	CFI	大于 0.9，越接近 1 越好
信息指数	AIC	越小越好
	CAIC	越小越好

本研究对绿色品牌故事真实性维度进行一阶验证性因子分析，得到模型拟合指标结果为：CMIN=226.348，df=101，卡方统计量 =2.241<3，符合评价标准；绝对拟合指数 GFI=0.906，相对拟合指数 NFI=0.933，RFI=0.92，IFI=0.961，TLI=0.954，CFI=0.961，均超过了 0.9，符合评价标准，说明模型拟合整体效果良好；但模型拟合指数中，RMESA=0.07，略微小于 0.08，RMR=0.058，略微大于 0.05。

[①] Currier J M，Kim S H，Sandy C，et al. The Factor Structure of the Daily Spiritual Experiences Scale：Exploring the Role of Theistic and Nontheistic Approaches at the End of Life［J］. Psychology of Religion and Spirituality，2012，4（2）：108–122.

[②] Wang J，Wang X. Structural Equation Modeling：Applications Using Mplus［M］. Wiley Publishing，2012.

在 AMOS22.0软件操作中，当模型拟合效果很差时，可以根据初始模型的参数显著性结果和 AMOS22.0提供的模型修正指标进行模型扩展（Model Building）或模型限制（Model Trimming）。模型扩展是指通过释放部分限制路径或添加新路径，使模型结构更加合理，通常在提高模型拟合程度时使用；模型限制是指通过删除或限制部分路径，使模型结构更加简洁，通常在提高模型可识别性时使用。

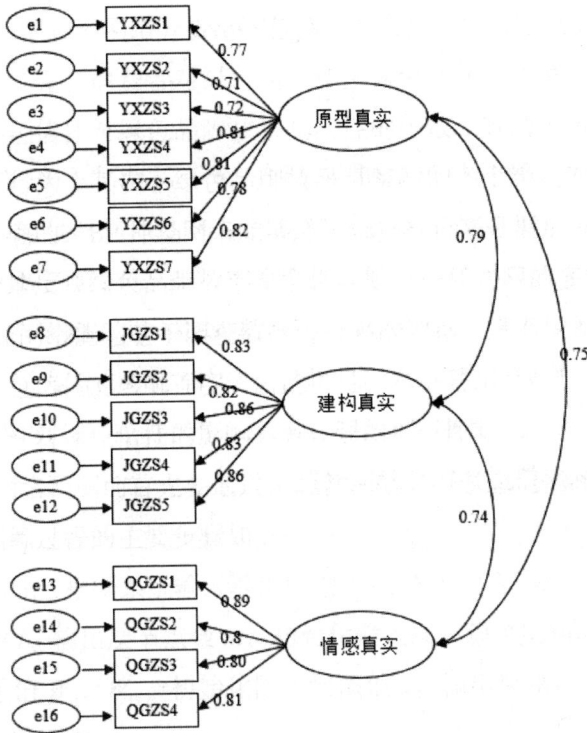

图10　初始验证性因子分析结构模型拟合图

根据模型修正建议，我们采用模型限制策略对模型进行修正，将故事客观性第二个题项"该故事内容描述是客观的"予以删除。修正后再次进行验证性因子分析，得到的模型拟合指数结果为：CMIN=103.192，df=61，卡方统计量 =1.692<3，符合评价标准；绝对拟合指数 RMR=0.046，RMSEA=0.05，

GFI=0.945，相对拟合指数 NFI=0.96，RFI=0.9249，IFI=0.983，TLI=0.979，CFI=0.983，均大大超过了 0.9，符合评价标准，说明模型拟合整体效果会更加理想。总之，本研究通过一阶验证性因子分析进一步验证了扎根编码分析推导开发的绿色品牌故事真实性维度量表的构思，在下一章节将再次通过大样本数据来检验和优化结构方程模型。

4.4　本章小结

本章利用第三章扎根理论研究得到的绿色品牌故事真实性构成维度，结合国内外在品牌真实性和绿色品牌真实性方面的成熟量表，编制了绿色品牌故事真实性的测量量表。通过问卷调查法来获取量表测量数据，借助 SPSS22.0 软件和 AMOS22.0 软件进行量表信度效度分析、探索性因子分析、验证性因子分析，根据模型拟合结果和修正建议确定本书正式用于绿色品牌故事真实性的测量量表。其中，原型真实包含 6 个测量项目；建构真实包含 5 个测量项目；情感真实包含 4 个测量项目。

5 绿色品牌故事真实性对绿色信任的影响研究

本研究在第二章文献梳理中明确了绿色品牌故事真实性作为绿色信任的驱动因素，并通过第三章和第四章的扎根理论编码分析和实证检验，得出了绿色品牌故事真实性由原型真实、建构真实和情感真实三大维度构成的结论。绿色品牌故事的核心价值在于有效地向外界证明其积极履行绿色可持续发展承诺的能力，传递品牌的绿色价值理念，增强消费者对品牌的真实性感知。绿色品牌故事建构的首要原则就是真实性，Eggers 等的研究考察了品牌真实性、品牌信任与中小企业成长之间的关系，证明了整体品牌真实性能够促进品牌信任。此外，Eggers 等人还调查发现，高真实性感知的受访者对品牌真实性的感知明显高于低真实性感知的受访者[1]。

信任被认为是品牌与消费者建立长期关系的先决条件，但少有研究对绿色品牌真实性与绿色信任的关系进行实证检验[2]。目前，也尚未有关于绿色品牌故事的真实性对绿色信任的影响的研究。

结构方程模型通过采用验证（即假设检验）的统计方法来分析研究中提出的理论框架[3]。Baakile 认为结构方程模型适用于测试包含潜在变量和观测变量的复杂模型[4]。在实际操作中，许多变量和指标的数据都是难以直接度量的定性指标，而一些潜变量则不容易观察，这些问题给建模带来了困难。结构

---

① Eggers F，O Dwyer M，Kraus S，et al. The Impact of Brand Authenticity on Brand Trust and SME Growth：A CEO Perspective［J］. Journal of World Business，2013，48（3）：340–348.

② Xu Y，Du J，Shahzad F，et al. Untying the Influence of Green Brand Authenticity on Electronic Word–of–Mouth Intention：A Moderation–Mediation Model［J］. Frontiers in Psychology，2021，12.

③ Byrne B M. Structural Equation Modeling with Mplus［M］. Taylor & Francis/Routledge，2011.

④ Baakile M. Comparative Analysis of Teachers' perception of Equity，Pay Satisfaction，Affective Commitment and Intention to Turnover in Botswana［J］. Journal of Management Research，2010，3（1）.

方程建模成为解决路径模型研究问题的首选，因为需要测量无法直接测量的潜在变量[①]。

　　本章将进一步通过结构方程模型来探讨绿色品牌故事真实性对消费者绿色信任的影响。首先，针对研究内容确定五个潜变量：绿色品牌故事原型真实、建构真实、情感真实、自我建构水平和绿色信任，并在前人研究基础上推导建立潜变量之间的因果关系假设；然后，针对变量设计问卷并进行数据收集和分析；最后，借助 SPSS22.0 和 AMOS22.0 软件对提出的假设依次进行检验，并对检验结果进行分析总结。

5.1　结构方程模型方法概述

　　结构方程模型被描述为一种需要验证（即假设检验）的统计方法来分析研究中提出的理论框架[②]。结构方程模型适用于测试包含潜在变量和观测变量的复杂模型。结构方程建模也是首选，因为需要测量无法直接测量的潜在变量[③]。

　　结构方程模型有两个重要的方面：（1）因果过程是由一系列结构方程以回归方程的形式表示的；（2）结构关系被图形化建模，以便更清晰地概念化所研究的假设。一方面，结构方程模型可以同时测试整个变量系统在多大程度上被概念化为结构方程，如果从该领域收集的数据充分解释了结构方程模型下的概念化模型，那么该模型充分解释了结构之间的结构关系，结构充分性（即适合性）可以通过一系列指标来衡量。另一方面，结构方程模型论证了变量之间假定关系的合理性。如果该模型提出的结构方程不能充分解释该领域

　① Mayfield J, Mayfield M. The Creative Environment's Influence on Intent to Turnover: A Structural Equation Model and Analysis [J]. Management Research News, 2008, 31（1）: 41–56.

　② Byrne B M. Structural Equation Modeling with Mplus [M]. Taylor & Francis/Routledge, 2011.

　③ Mayfield J, Mayfield M. The Creative Environment's Influence on Intent to Turnover: A Structural Equation Model and Analysis [J]. Management Research News, 2008, 31（1）: 41–56.

的数据，那么这种关系的成立性将被拒绝[①]。社会科学中感兴趣的结构往往是复杂的现象，不能直接测量，但可以通过一些可观察的指标进行评估。这些潜在变量及其关系可以通过结构方程来建模（结构方程模型）。结构方程模型使用对观察变量的响应的共享方差作为潜在结构的指标[②]。结构方程模型允许对变量的残差进行建模，使研究人员能够从潜在的结构中去除测量误差。

如图11，对于绿色品牌故事情感真实的测量是无法直接衡量观测的，将其转化为可以量化的四个指标变量：诚实性、自然性、天然性和道德性。情感真实是因变量，随着诚实性、自然性等自变量的变化而变化。

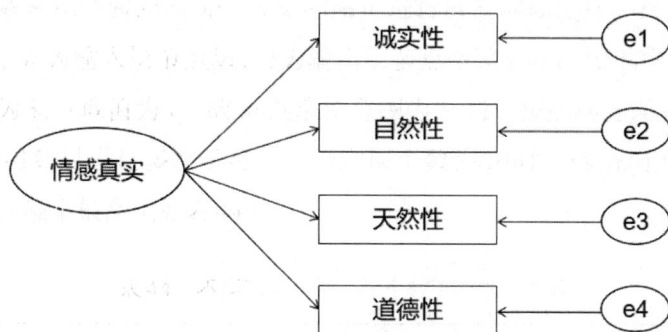

图11 测量模型

结构方程模型使用验证性因素分析（CFA）来确认模型中指定的观察变量在多大程度上代表了潜在变量。指定的结构和指定的观测变量之间关系的强度是最重要的，它是由它们之间的回归路径（因子负荷）的强度确定的。结构方程模型的特点体现在它的两个基本组成部分：测量模型和结构模型。测量模型允许研究人员评估每个量表项目对观测变量的贡献。由于观察到的变量构成了一个给定的结构，量表项目成为估计结构的"成分"，它们决定了

---

① Kim J, Wei Z, Chang L, et al. Unified Structural Equation Modeling Approach for the Analysis of Multisubject, Multivariate Functional MRI data［J］. Human Brain Mapping, 2010, 28（2）: 85-93.

② Kim J, Wei Z, Chang L, et al. Unified Structural Equation Modeling Approach for the Analysis of Multisubject, Multivariate Functional MRI data［J］. Human Brain Mapping, 2010, 28（2）: 85-93.

依赖和独立结构之间的关系。量表项目展示了结构和结构方程模型中指定的观察变量之间关系的强度。另一方面，结构模型代表了模型中未被观察到的"路径"，它解释了外生因素间的关系。

结构方程模型与其他多变量程序相比有许多优点。Byrne（2010）认为，首先，结构方程模型采用验证性而非探索性的方法进行数据分析，因此非常适合于推断性数据分析。其次，结构方程模型提供了与测量观测变量相关的误差（测量误差）的明确估计。再次，结构方程模型程序可以在结构成分中包含理论结构（未观察到的变量），在测量成分中包含经验变量（观察到的变量）。最后，结构方程模型方法使研究人员能够应用替代方法来建模多元关系，特别是当感兴趣的变量是未观察到的（或潜在的）变量时。潜在变量被解释为结构、特征或"真实"变量，是量表项目的潜在度量。此外，Hair 等人指出结构方程模型提供了一种统计上有效的方法来处理观察变量和结构之间以及结构之间的多种关系[1]。

本研究通过梳理潜变量之间的因果关系，将无法直接观测的潜变量转化为可测量变量，并在处理潜变量及其显变量时建立潜变量模型，然后通过极大似然估计法对结构方程模型进行分析。

5.2　潜变量间关系假设

5.2.1　绿色品牌故事真实性对绿色信任的影响

通过第三章的扎根理论编码分析，并基于品牌真实性理论和品牌故事要素理论，我们已经提炼出绿色品牌故事的真实性包括原型真实、建构真实和情感真实三个维度。其中，原型真实包含绿色品牌起源原生性、绿色属性客

---

[1] Hair Jr., J.F., Black, W.C., Babin, B.J. and Anderson, R.E. Multivariate Data Analysis: A Global Perspective, 7th Edition [M]. Pearson Education, Upper Saddle River, 2010.

观性和绿色价值原创性。根据原型理论，每一个品牌故事中的人物角色都象征着一种独特的原型象征意义，具有原型特点的品牌能够反映人类的思维模式[①]，消费者以此来理解品牌独特的价值意义。原型使消费者从潜意识中获得深度联系和意义创造。由于人类动机通常开始于人类心理的意识层面，人们会与故事中的原型人物联系起来，并经常在故事中寻找刺激、幻想和乐趣[②]。因此，通过研究讲故事的过程，公司和品牌可以收集到一些关于如何在呈现给消费者的故事中利用原型力量的见解[③]。与第三人称叙述者的品牌故事相比，第一人称叙述的品牌故事能引起观众对原型人物的同情或共鸣，更能够导致消费者的沉浸感。鲜明的品牌个性有利于与竞争对手实现差异化，引起消费者共鸣[④]。

如果有一些历史联系让读者觉得真实，那么这个故事就很可能被认为是"真实的故事"。如果故事中的事件与历史证据不符，故事就会失去可信性[⑤]。历史联系需要符合顾客对事物的心理感知"应该是"[⑥]。在叙事加工理论中，与历史联系相一致的维度被解释为真实性。之前有许多定性和实证研究表明真实性和故事沉浸感之间存在积极的关系[⑦]。本研究利用历史联系的概念来代表品牌历史上发生的事件的证据。历史联系为读者建立了叙事的可信性[⑧]。一个

---

① Tsai M. Storytelling Advertising Investment Profits in Marketing: From the Perspective of Consumers' Purchase Intention [J]. Mathematics, 2020, 8 (10): 1704.

② Cawelti J G. Adventure, Mystery, and Romance: Formula Stories as Art and Popular Culture [J]. The Journal of American History, 1977, 47 (1): 83–85.

③ Woodside A G, Megehee C M. Travel Storytelling Theory and Practice [J]. Anatolia, 2009, 20 (1): 86–99.

④ Aaker, David, A., et al. The Brand Relationship Spectrum: The Key to the Brand Architecture Challenge[J]. California Management Review, 2000, 42 (4): 8–23.

⑤ Holt R, Macpherson A. Sensemaking, Rhetoric and the Socially Competent Entrepreneur [J]. International Small Business Journal, 2010, 28 (1): 20–42.

⑥ Grayson K, Martinec R, Brodin K, et al. Consumer Perceptions of Iconicity and Indexicality and Their Influence on Assessments of Authentic Market Offerings[J]. Journal of Consumer Research, 2004, 31(2).

⑦ Algharabat R, Dennis C. 3D Product Authenticity Model for Online Retail: An Invariance Analysis [J]. International Journal of Business Science & Applied Management, 2010, 5 (3).

⑧ Freeman, Mark. Mythical Time, Historical Time, and The Narrative Fabric of the Self [J]. Narrative Inquiry, 1998, 8 (1): 27–50.

引人入胜的故事包括基于历史可信角色的忠实叙述与品牌活动的联系。

情节是讲故事三大重点之一，故事情节包含开端、中场和结束。如果没有情节，则不能成为故事。故事中的情节发展容易让人印象深刻[①]。在亚里士多德的《诗学》中，情节的属性是事件的线性时间进程，没有无关的材料的简约性（一致性），以及事件的因果关系或动机。情节展示了一个主题的因果关系，以呈现一个引人注目的故事。情节是一种既有时间顺序又有因果关系的有组织的叙述。讲故事致力于在多元化品牌"故事"中植入"情节"[②]。几乎每个故事都有主要情节[③]，主情节作为品牌讲述事件的工具，能够增强对品牌人物的认同感。在品牌故事中，可以把品牌创始人或员工设计为英雄角色，引发人们对所学到的特定故事情节的联想。

情感需求奠定了现代影响的基础，品牌故事不仅激发消费者的情感诉求，满足消费者情感需求的同时促进其产生自我认同感。故事是经过情感包装的事实[④]。故事可以有效地吸引观众的心，与其不断地提出事实或者统计数据，透过故事与观众建立情感联系更能够让人相信事情的真实性[⑤]。Kasabov 和 Edward 指出创造一个有意思的情境，能够触动消费者的情绪，加深受众对故事内容和说故事人的印象，通过故事建立消费者与品牌之间的无形关系，消费者可能就会由于故事而做出购买决定[⑥]。学者 Andreu 等人也认为消费者做出

---

① Kent M L. The Power of Storytelling in Public Relations: Introducing the 20 Master Plots–ScienceDirect[J]. Public Relations Review, 2015, 41（4）: 480–489.

② Kent M L. The Power of Storytelling in Public Relations: Introducing the 20 Master Plots–Science Direct[J]. Public Relations Review, 2015, 41（4）: 480–489.

③ Tobias R B. 20 Master Plots: A How to Build Them– Research and Markets[M]. Writer's Digest Books, OH, 2003.

④ Richard M, Robert D. The Elements of Persuasion : Use Storytelling to Pitch Better, Sell Faster & Win more Business [M]. Harper Business, 2007.

⑤ Allen K. The Hidden Agenda: A Proven Way to Win Business and Create a Following [M]. Wiley-VCH, 2012.

⑥ Kasabov E. Unknown, Surprising, and Economically Significant: The Realities of Electronic Word of Mouth in Chinese Social Networking Sites [J]. Journal of Business Research, 2016, 69（2）: 642–652.

购买决策时，感性大于理性，由此判断消费者更容易受情绪影响[①]。Erkan 和 Chris 认为与个人消费相关的感知、想象和情感体验共同导致了愉悦性消费[②]。因此，绿色品牌同样可以通过故事来刺激消费者感官，导致独特的情感反应，从而为消费者带来难忘的个人体验。

绿色信任是消费者基于产品、服务或品牌的信誉、善行和环境绩效能力所产生的信念或期望的依赖意愿。虽然消费者对他们信任的公司采取行动反对环境问题的反应更好[③]，但绿色消费者经常对公司持有偏见和对广告不信任，这使得人们很难对绿色营销的合法性获得信心。Chaudhuri 和 Holbrook 指出品牌信任由情感信任和功能信任两个部分来衡量[④]。Napoli 等人调查发现，品牌真实性与其可信度感知和品牌信任之间存在正相关关系，感知到的品牌真实性与品牌购买意愿相关[⑤]。有环保意识的消费者为了保护环境在购买时更加谨慎[⑥]。Moulard 等人发现感知到的品牌真实性的增加会带来更高的信任和预期质量[⑦]。绿色产品的信息和属性在产品选择中至关重要。王娜等指出品牌的表现越真实，一致性程度越高时，消费者对该品牌的信任越高，并验证了品牌真实性与信任之间的正向关系[⑧]；王新新等验证了并购条件下的品牌真实性对品

① Andreu L, Casado-D í az A B, Mattila A S. Effects of Message Appeal and Service Type in CSR Communication Strategies [J]. Journal of Business Research, 2015, 68 (7): 1488–1495.

② Erkan I, Evans C. The Influence of e–WOM in Social Media on Consumers' Purchase Intentions: An Extended Approach to Information Adoption [J]. Comput. Hum. Behav., 2016, 61: 47–55.

③ Carlson L, Grove S, Kangun N. A Content Analysis of Environmental Advertising Claims: A Matrix Method Approach [J]. Journal of Advertising, 2013, 22: 27–39.

④ Chaudhuri A, Holbrook M B. Product–class Effects on Brand Commitment and Brand Outcomes: The Role of Brand Trust and Brand Affect [J]. Journal of Brand Management, 2002, 10 (1): 33–58.

⑤ Napoli J, Dickinson S J, Beverland M B, et al. Measuring Consumer–based Brand Authenticity [J]. Journal of Business Research, 2014, 67 (6): 1090–1098.

⑥ Grimmer M, Woolley M. Green Marketing Messages and Consumers' purchase Intentions: Promoting Personal versus Environmental Benefits [J]. Journal of marketing communications, 2014, 20 (4): 231–250.

⑦ Moulard J, Babin B J, Griffin M. How aspects of a wine's place affect consumers' authenticity perceptions and purchase intentions [J]. International Journal of Wine Business Research, 2015, 27 (1): 61–78.

⑧ 王娜, 冉茂刚, 周飞. 品牌真实性对绿色购买行为的影响机制研究 [J]. 华侨大学学报（哲学社会科学版）, 2017 (03): 99–111.

牌信任有显著影响①。当消费者相信品牌将以真诚和诚实的方式表现时，他们更倾向于信任品牌②。通过建立正面的绿色品牌情感能够增强消费者的绿色信任，当消费者对绿色品牌的情感增加时，也会促进绿色购买意愿的提升③。

因此，我们认为当品牌真实性通过品牌故事来体现，借助故事来传递企业的绿色理念、价值观、产品价值时，更能引起消费者的情感共鸣，从而会增强消费者的绿色信任。基于以上分析，提出本研究假设1。

H1：绿色品牌故事真实性对绿色信任有显著影响。

H1a：绿色品牌故事原型真实对绿色信任有显著影响。

H1b：绿色品牌故事建构真实对绿色信任有显著影响。

H1c：绿色品牌故事情感真实对绿色信任有显著影响。

5.2.2　自我建构的调节作用

所谓的自我概念（the concept of self），就是一个人对自己行为、能力或价值观的感觉、态度以及评价。文化规范、价值、信念对于个体自我概念的塑造有很大的影响力。学者们依据自我认知和自我概念提出自我建构（self-construal）理论，认为个体可以分为独立自我建构和互依自我建构两个部分④。自我建构是指个体如何看待自己与他人的关系，据此确定了两个维度：独立自我建构和相互依存自我建构。前者与个人的独特性、自力更生和独立性有关，个人倾向于优先考虑自我成长而不是集体目标；后者与群体成员和社会联系有关。相互依赖的个体被认为更愿意承担社会责任，维护群体和谐。需要说明的是，独立自我建构和互依自我建构并不是自我建构的正负两极，而

① 王新新，孔祥西，姚鹏. 招爱还是致厌：并购条件下品牌真实性作用研究［J］. 上海财经大学学报，2020，22（05）：49–63.

② Sung Y, Kim J. Effects of brand personality on brand trust and brand affect［J］. Psychology & Marketing, 2010, 27（7）：639–661.

③ Chen Q, Huang R, Hou B. Perceived authenticity of traditional branded restaurants（China）：impacts on perceived quality, perceived value, and behavioural intentions［J］. Current Issues in Tourism, 2020, 23（23）：2950–2971.

④ Markus, Rose H, Kitayama, et al. Culture and the Self：Implications for Cognition, Emotion, and Motivation［J］. Psychological Review, 1991, 98（2）：224–253.

是两个平行的维度。也就是说，一个人可以是独立自我和互依自我程度都很高的双文化人 ①。

　　不同文化背景的市场在解释独立自我或相依自我占主导地位的程度上可能有所不同。根据 Hofstede 的个人主义 - 集体主义文化维度，在美国这样的个人主义文化中，大多数消费者的特征是独立的自我解释。从这个意义上说，两个自我似乎在给定的文化中变得可预测。然而，在消费环境中却并非如此，人们在不同的时间为实现个人和集体目标而进行购买。换句话说，对于拥有相同文化背景的人来说，个体消费者可以同时拥有两个自我，但相对力量会有所不同。因此，在讨论自我相关主题时，需要同时考虑这两个方面。在自我建构与消费之间的关系上，相互依赖型消费者更关注社会压力等外部因素，更重视与他人关系中的承诺、角色和义务，对于自我依赖度越高的消费者来说，品牌与自我之间的联系似乎越紧密 ②。相反，对于表现出独立自我解释倾向的消费者来说，内在属性起着更重要的作用。独立型消费者对他人的重要信息比对自己的重要信息更敏感 ③。

　　自我建构不仅会改变消费者的信息处理和评估，也会影响消费者的价值偏好，从而改变消费者决策。Lim 和 Ang 认为独立自我建构的消费者倾向于客观、独立地评估产品的性能与特性，注重产品本身功能和品牌的象征价值；独立自我建构型的消费者决策时会考虑自身内在需求，注重产品独特性；相依自我建构型消费者则考虑产品的群体合群性，重视产品或品牌的表征意义，更多考虑社会影响因素 ④。独立型自我建构和相依型自我建构的个体在认知风格方面是有差异的。余伟萍采用实验法来检验绿色信息中不同环境诉求（利

① 潘黎，吕巍.自我建构量表在成人中的应用和修订 [J]. 中国健康心理学杂志，2013，21（05）：710-712.

② Escalas，Jennifer，Edson. Self-Referencing and Persuasion：Narrative Transportation versus Analytical Elaboration [J]. Journal of Consumer Research，2007，33（3）：421-429.

③ Le D，Pratt M，Wang Y，et al. How to Win the Consumer's Heart？Exploring Appraisal Determinants of Consumer Pre-consumption Emotions [J]. International Journal of Hospitality Management，2020，88：102542.

④ Lim E，Ang S H，Lee Y H，et al. Processing Idioms in Advertising Discourse：Effects of Familiarity，Literality，and Compositionality on Consumer AD Response [J]. Journal of Pragmatics，2009，41（9）：1778-1793.

己诉求 VS 利他诉求）下消费者的购买意愿，结果证实当面临个人环境诉求时，独立型自我建构的消费者绿色购买意愿更强；而当面临企业环境诉求时，相依型自我建构的消费者绿色购买意愿更强[①]。毛振福将绿色广告诉求划分为感性诉求和理性诉求，并指出独立自我型建构者在感性诉求中购买意愿更强，而相依型自我建构者在理性诉求中购买意愿更强[②]。

在本研究中，绿色品牌故事原型真实维度呈现的是绿色品牌来源、历史传承等客观信息，以及通过故事人物反映的品牌象征价值和独特绿色价值，原型真实维度更多地体现绿色品牌价值的原创性。品牌故事通过对原型和象征意义的叙述可以唤起消费者的自我概念，根据前人研究推断，独立型自我建构的消费者强调个性追求和差异化，因而更容易受原型真实信息的影响。绿色品牌故事建构真实维度体现的是故事本身在结构完整性和策略可靠性等方面的信息，不同自我建构类型的消费者对故事情节逻辑和故事叙述结构的关注点可能不同，消费者的认知反应同样可能存在差异。绿色品牌故事情感真实维度呈现的是通过绿色生产工艺、自然生态环境等反映绿色品牌追求绿色可持续的环境诉求，促进消费者对绿色品牌的情感共鸣，相依型自我建构消费者面对环境问题时，情感上更容易感同身受，对情感真实维度呈现的信息会更加敏感。鉴于以上分析，我们提出假设如下。

H2a：与相依型自我建构消费者相比，绿色品牌故事原型真实对独立型自我建构消费者的绿色信任影响程度更大。

H2b：与相依型自我建构消费者相比，绿色品牌故事建构真实对独立型自我建构消费者的绿色信任影响程度更大。

H2c：与独立型自我建构消费者相比，绿色品牌故事情感真实对相依型自我建构消费者的绿色信任影响程度更大。

---

① 余伟萍，毛振福，赵占恒. 环境影响诉求对绿色购买意愿的影响机制研究——消费者 CSR 内部动机感知的中介作用和自我建构的调节作用［J］. 财经论丛，2017（7）：9.

② 毛振福，余伟萍，李雨轩. 绿色购买意愿形成机制的实证研究——绿色广告诉求与自我建构的交互作用［J］. 当代财经，2017（05）：79-88.

5.2.3 理论模型的构建

结合前文的扎根编码分析和理论推导，形成了本研究的逻辑脉络：绿色品牌故事真实性由原型真实、建构真实和情感真实三个维度构成，每一个维度的真实性评价都对绿色信任有积极影响。与此同时，消费者的自我建构水平作为调节变量，在绿色品牌故事真实性对绿色信任影响过程中起到一定的调节作用。

综上，本研究的理论模型图12如下：

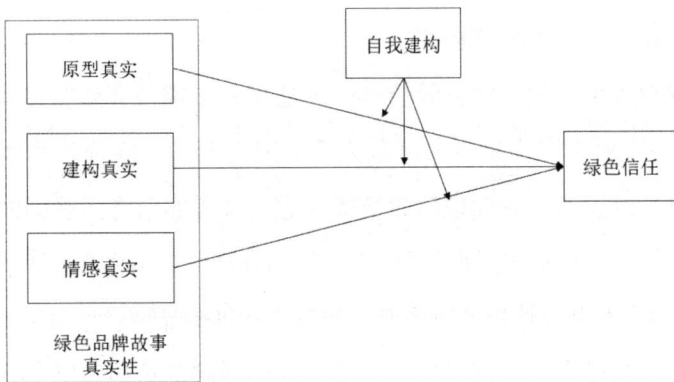

图12　理论模型概念图

5.3　问卷设计与变量测量

本调查问卷是以调查研究消费者对绿色品牌故事真实性构成维度的感知而设计的。所有问题的提出都是根据绿色品牌故事内容，结合消费者对品牌故事真实性感知的实际情况及特点而设计，旨在借助此调查问卷得到的数据能切实帮助绿色品牌企业了解、分析出消费者对绿色品牌故事真实性感知的真实想法、意见及建议，为企业打造真实有效的绿色品牌故事提供指导。问卷分为3个部分。第一部分：确定问卷的标题、目的和填写要求。第二部分：确定问卷的主要调查内容。第二部分首先通过3个问题"您认为这是一个绿色品牌故事吗？""您能准确回忆出这个绿色品牌故事讲述的品牌的名称吗？""通过这个故事，您认为该品牌是真实的绿色品牌吗？"对实验进行前测。其次，对问卷的主题内容进行正式实验。主要内容的问卷分为5个部分，即通过问卷测试本研究确定原型真实、建构真实、情感真实、自我建构、绿色信任的5个潜变量。第三部分：填写受访者的基本个人信息。包括受访者的性别、年龄、职业等基本信息。问卷的主要内容部分由五个变量共计36个问题组成。五个变量的具体测量问项如下：

·变量绿色品牌故事真实性维度之原型真实的具体测量

第四章得出绿色品牌故事原型真实维度涵盖了"绿色品牌原生性""故事主体象征性"和"绿色价值原创性"三个主范畴的内容，预调研剔除了一个测量问项，本次问卷设计共有6个测量问项。具体设计见表15：

表15　绿色品牌故事真实性维度：原型真实维度问项

潜变量	题号	观测指标
原型真实 （ξ1）	YXZS1	该绿色品牌故事描述的品牌起源是正宗的 X_1
	YXZS2	该绿色品牌故事描述的品牌历史联系是一致的 X_2
	YXZS3	该绿色品牌故事中的人物形象是鲜活生动的 X_3
	YXZS4	该绿色品牌故事通过典型人物传递品牌意义 X_4
	YXZS5	该绿色品牌故事展现了绿色品牌的差异化个性 X_5
	YXZS6	该绿色品牌故事展现的品牌绿色价值是独特的 X_6

·变量绿色品牌故事真实性维度之建构真实的具体测量

第四章得出绿色品牌故事建构真实维度涵盖了故事建构中"故事情节逻辑性"和"故事叙述可靠性"两个主范畴的内容，共有5个测量问项，具体设计见表16：

表16　绿色品牌故事真实性维度：建构真实维度问项

潜变量	题号	观测指标
建构真实 （$\xi 2$）	JGZS1	该绿色品牌故事的逻辑结构设计是完整的 X_7
	JGZS2	该绿色品牌故事的冲突情节设计是合理的 X_8
	JGZS3	该绿色品牌故事中的绿色信息披露是可靠的 X_9
	JGZS4	该绿色品牌故事中的细节描述是详细的 X_{10}
	JGZS5	该绿色品牌故事中运用的叙事修辞是恰当的 X_{11}

·变量绿色品牌故事真实性维度之情感真实的具体测量

第四章得出绿色品牌故事情感真实维度由诚实性、自然性、天然性和道德性四个观测指标组成，共有4个测量问项，具体设计见表17：

表17　绿色品牌故事真实性维度：情感真实维度问项

潜变量	题号	观测指标
情感真实 （$\xi 3$）	QGZS1	该绿色品牌故事传递了品牌实现绿色发展的真诚理念 X_{12}
	QGZS2	该绿色品牌故事描绘的自然生态环境引起了我的共鸣 X_{13}
	QGZS3	该绿色品牌故事描述的产品天然性引发了我对健康环保的联想 X_{14}
	QGZS4	该绿色品牌故事表达的绿色生产理念与我价值观是高度契合的 X_{15}

·变量自我建构的具体测量

Singelis T 等人开发了一个由24个题目组成的自我建构测量量表，其中独立自我、互依自我的问项分别是12个题目[①]。潘黎等则在 Singelis 量表的基础上，结合中国文化情境，开发了一个中国本土化的量表，包含6个独立自我问项和10个互依自我问项[②]。目前，国内大多沿用潘黎（2013）这一量表。如余伟萍（2017）验证了自我建构在环境诉求与绿色购买意愿关系中的调节作用；

---

① Singelis, T. M. The Measurement of Independent and Interdependent Self-Construals [J]. Personality & Social Psychology Bulletin, 1994, 20（5）：580-591.

② 潘黎，吕巍. 自我建构量表在成人中的应用和修订 [J]. 中国健康心理学杂志, 2013, 21（05）：710-712.

朱振中研究了自我建构与产品外观新颖性对消费者购买意愿的交互作用[①]。本书的研究调查对象是中国国内消费者群体，故沿用潘黎和吕巍（2013）这一成熟的量表来测量自我建构水平。具体测量问项见表18：

表18 变量自我建构测量问项

潜变量	题号	观测指标
自我建构（ξ4）	ZWJG1	对我而言，尊重群体决定是重要的 X_{16}
	ZWJG2	我经常觉得和他人的人际关系比自身的成就更重要 X_{17}
	ZWJG3	对我而言，维持所在社群群体的融洽是很重要的 X_{18}
	ZWJG4	为了我所在群体的利益，我宁愿选择牺牲自身的利益 X_{19}
	ZWJG5	我的快乐往往依赖于周围其他人的快乐 X_{20}
	ZWJG6	我会很尊重有权威的人士 X_{21}
	ZWJG7	我会尊敬那些谦虚的人 X_{22}
	ZWJG8	我认为年轻人制定个人的职业规划时，应考虑父母建议 X_{23}
	ZWJG9	如我所在群体需要我，即使我不开心，也会留在那里 X_{24}
	ZWJG10	我在各个场合都会选择把上座留给领导或上司 X_{25}
	ZWJG11	对我来说，我的个性特点不受他人约束很重要 X_{26}
	ZWJG12	我乐意在很多方面与众不同 X_{27}
	ZWJG13	即使我被单独表扬或奖励，我也感到很自在 X_{28}
	ZWJG14	对我而言，拥有生动的想象力很重要 X_{29}
	ZWJG15	与其被误解，我会选择直接表达出自己的想法 X_{30}
	ZWJG16	在大型活动上发言对我来说不成问题 X_{31}

· 变量绿色信任的具体测量

基于前文对绿色信任的综述，本书沿用 Chen 对绿色信任的定义及测量[②]。绿色信任是指"消费者基于产品、服务或品牌的信誉、善行和环境绩效能力所

[①] 朱振中，李晓君，刘福，等．外观新颖性对消费者购买意愿的影响：自我建构与产品类型的调节效应［J］．心理学报，2020，52（11）：1352–1364．

[②] Chen Y. The Drivers of Green Brand Equity: Green Brand Image, Green Satisfaction, and Green Trust ［J］. Journal of Business Ethics, 2010, 93（2）: 307–319.

产生的信念或期望的依赖意愿"。该量表的测量问项有5个，具体如表19所示。

表19 绿色信任问项

潜变量	题号	观测指标
绿色信任（$\eta 1$）	GT1	您认为该品牌的环保承诺多大程度是可靠的？ X_{32}
	GT2	您觉得该品牌产品的环保性能多大程度是可靠的？ X_{33}
	GT3	您觉得该品牌的环保主张多大程度上是普遍可信的？ X_{34}
	GT4	该品牌对环境的关注，多大程度上满足了您的期望？ X_{35}
	GT5	该绿色品牌在多大程度上信守并积极履行环保承诺？ X_{36}

5.4 数据收集及样本情况

5.4.1 数据收集方式及样本基本情况

本章数据主要用于检验绿色品牌故事真实性对消费者绿色信任的直接效应，以及消费者自我建构的调节效应。数据收集采取线上和线下两种方式收集问卷，线上通过问卷星平台制作问卷，参与者首先阅读给定的故事刺激材料，然后对量表问项进行评价打分，为确保问卷的效果，通过问卷星平台对回答IP地址进行了限制（一个IP地址只能回答一次），避免同一人的"重复刷单"操作；在问卷题目上设置了必选答案（请阅读完该题目后，选择答案），每份有效问卷将获赠2~5元随机红包；线下选取武汉地区某高校学生和教职工为测试对象，测试者首先阅读Spring的品牌故事材料，然后回答问卷内容，并填写相关个人信息，每名参与者将获赠一份价值5元的饮料作为礼物。

本次问卷回收整理后，对问卷数据进行初步清洗和剔除，剔除的原则为：（1）连续7个题目得分为同一数字；（2）规定的必选题没有按要求选择规定答案；（3）回答问卷时间低于240秒。最终，本次问卷回收结果：线上问卷回收

425份，剔除掉无效问卷102份，最终有效问卷323份；线下发放200份问卷，回收192份，有效问卷181份。故最终用于数据分析的有效问卷为504份，符合本研究数据分析对样本量的要求。

另外，根据问卷星 IP 地址分析，本次线上问卷来源区域主要集中在广东（61份）、湖北（35份）、河南（35份）、河北（28份）、山东（26份）、福建（25份）、山西（24份）、江西（22份）、安徽（24份）、江苏（21份）等十个区域。

表20　正式样本描述性统计

变量	类别	频次	百分比 / %
性别	男	271	53.8
	女	233	46.2
年龄（岁）	18~25	203	40.3
	26~35	170	33.7
	36~45	98	19.4
	45以上	33	6.6
职业	学生	237	47
	事业单位	142	28.2
	企业职员	76	15.1
	自由职业	49	9.7

5.4.2　有效样本描述性分析的正态性检验

本研究通过 SPSS22.0软件描述性分析工具对504份有效样本数据进行正态性分布检验，结果显示样本数据与正态性分布要求相符合。详见表21，所有测量问项偏度的绝对值处于0.001~0.66之间，峰度的绝对值处于0.099~0.941之间，结果完全符合验证样本正态性分布偏度绝对值小于3。峰度绝对值小于8的合理区间规定[①]。因此，504份有效样本符合进一步开展数据

---

① Kline R.B. Principles And Practice Of Structural Equation Modeling [M]. The New York Guilford Press, 2010.

分析的基本要求。

表21 有效样本描述性统计分析的正态性检验

题项代码	N统计量	均值统计量	标准差统计量	方差统计量	偏度		峰度	
					统计量	标准误	统计量	标准误
YXZS1	504	5.19	1.193	1.424	−0.195	0.109	−0.698	0.217
YXZS2	504	4.96	1.268	1.609	−0.109	0.109	−0.783	0.217
YXZS3	504	5	1.245	1.5551	−0.124	0.109	−0.839	0.217
YXZS4	504	5.08	1.22	1.489	−0.218	0.109	−0.67	0.217
YXZS5	504	5.04	1.222	1.493	−0.247	0.109	−0.517	0.217
YXZS6	504	5.06	1.296	1.678	−0.419	0.109	−0.532	0.217
JGZS1	504	5.18	1.176	1.382	−0.167	0.109	−0.87	0.217
JGZS2	504	5.12	1.139	1.298	−0.041	0.109	−0.789	0.217
JGZS3	504	5.04	1.162	1.35	−0.001	0.109	−0.871	0.217
JGZS4	504	5.13	1.116	1.246	−0.096	0.109	−0.868	0.217
JGZS5	504	5.21	1.07	1.145	−0.134	0.109	−0.645	0.217
QGZS1	504	4.98	1.454	2.115	−0.301	0.109	−0.941	0.217
QGZS2	504	5.08	1.375	1.891	−0.477	0.109	−0.517	0.217
QGZS3	504	5.38	1.297	1.683	−0.66	0.109	−0.099	0.217
QGZS4	504	5.16	1.304	1.7	−0.448	0.109	−0.447	0.217
GR1	504	5.31	1.193	1.424	−0.37	0.109	−0.481	0.217
GR2	504	5.26	1.128	1.273	−0.186	0.109	−0.662	0.217
GR3	504	5.28	1.131	1.28	−0.388	0.109	−0.408	0.217
GR4	504	5.29	1.128	1.273	−0.379	0.109	−0.371	0.217
GR5	504	5.29	1.114	1.241	−0.301	0.109	−0.688	0.217

5.5　正式调研数据的信度和效度分析

5.5.1　问卷发放方式的差异性检验

由于本研究通过线上和线下两种方式发放问卷，需要对两种问卷数据进行方差检验和独立样本 T 检验，来判定问卷发放收集方式对结果是否有影响。如表22所示，利用方差分析（全称为单因素方差分析）去检验问卷收集方式对于原型真实、建构真实、情感真实和绿色信任，以及性别、年龄、职业共7项的差异性，从下表可以看出：不同方式样本对于建构真实、原型真实、绿色信任、情感真实、性别、年龄、职业均不会表现出显著性（p>0.05），意味着不同方式样本对于建构真实、原型真实、绿色信任、情感真实、性别、年龄、职业均表现出一致性，并没有差异性。然后，我们对两种收集方式的样本开展独立样本 T 检验，也再次验证两种方式收集的数据是无差异的。因此，问卷收集方式对数据分析结果的差异性影响可以忽略不计，可以进行下一步的数据分析。此外，本研究使用多因素方差分析，检验了性别、年龄、职业等人口统计学变量作为分组类别，不同分组之间是否存在显著差异，结果发现人口统计变量因素不会对数据产生显著性影响。

表22　问卷发放形式的差异性检验

变量	方差检验		独立样本 T 检验		
	F	P	t	p	平均差
原型真实	0.394	0.53	−0.628	0.53	−0.04
建构真实	0.203	0.653	−0.45	0.653	−0.06
情感真实	0.12	0.729	−0.347	0.729	−0.06

变量	方差检验		独立样本 T 检验		
	F	P	t	p	平均差
绿色信任	0.387	0.534	−0.622	0.534	−0.04
性别	1.653	0.199	1.286	0.199	0.06
年龄	0.031	0.859	0.177	0.859	0.02
职业	0.348	0.555	−0.59	0.555	−0.06

5.5.2 正式测量项目的因子分析

通过 SPSS22.0 软件来检验 504 份正式大样本数据是否适合做因子分析。根据上一章节可知，当 KMO 大于 0.7 和 Bartlett 球型检验达到 0.05 以上的显著性水平是本研究开展探索性因子分析的基本要求，另外主因子载荷系数均要高于 0.5。

·绿色品牌故事真实性构成维度的因子分析

绿色品牌故事真实性构成维度一共由三个变量构成，其中原型真实在预调研中删除了一个测量问项，正式调研包含 6 个测量项目；建构真实包含 5 个测量项目；情感真实包含 4 个测量项目。本研究对 15 个测量项目进行主成分因子分析，以及采用方差最大法得到旋转后的因子成分矩阵。

表 23　绿色品牌故事真实性构成维度的因子分析

变量	测量题号	因子载荷系数		
		因子1	因子2	因子3
原型真实	YXZS1	0.536	0.634	0.301
	YXZS2	0.262	0.759	0.324
	YXZS3	0.409	0.701	0.339
	YXZS4	0.373	0.664	0.372
	YXZS5	0.497	0.632	0.255
	YXZS6	0.402	0.673	0.335

变量	测量题号	因子载荷系数		
		因子1	因子2	因子3
建构真实	JGZS1	0.723	0.405	0.318
	JGZS2	0.749	0.338	0.346
	JGZS3	0.688	0.45	0.321
	JGZS4	0.743	0.338	0.347
	JGZS5	0.691	0.4	0.373
情感真实	QGZS1	0.437	0.544	0.545
	QGZS2	0.38	0.293	0.733
	QGZS3	0.261	0.346	0.808
	QGZS4	0.395	0.346	0.703
解释变异量		77.00%		
KMO		0.971		
Bartlett 球形度检验		近似卡方 =7044.307；df =105；p=0		

结果显示：KMO 为 0.971，大于 0.7，满足因子分析的前提要求，以及数据通过 Bartlett 球形度检验（近似卡方值等于 7044.307，df 等于 105，$p < 0.05$），说明研究数据适合进行因子分析。3 个因子旋转后的方差解释率分别是 28.121%，27.598%，21.281%，旋转后累积方差解释率为 76.999%。数据分析结果证明绿色品牌故事真实性的三个维度适合进行因子分析。

·消费者绿色信任的因子分析

本研究对消费者绿色信任 5 个测量问项进行因子分析，同样采用 KMO 和 Bartlett 球形检验来验证各个因子之间的相关性。详见表 24，同理，结果表明 KMO 为 0.892，大于 0.7，满足因子分析的前提要求，以及数据通过 Bartlett 球形度检验（近似卡方值等于 1868.054，df 等于 10，$p < 0.05$），累积方差解释率为 77%。说明研究数据适合进行因子分析。

表24 消费者绿色信任的因子分析

变量	测量题项	因子载荷系数
		因子1
绿色信任	GR1	0.895
	GR2	0.881
	GR3	0.875
	GR4	0.858
	GR5	0.879
解释变异量		77.00%
KMO		0.892
Bartlett 球形度检验		近似卡方 =1868.054
		df=10
		p =0

5.5.3 绿色品牌故事真实性构成维度的信度及效度分析

在上一章节中，已经对绿色品牌故事真实性的构成维度开展了验证性因子分析，用以检验各个潜在变量之间的相关关系。验证性因子分析是对指标变量进行信度和效度检验最重要的基础[①]。结构方程模型不仅可以进行整体模型的评估，也可以对每个构成变量进行拆分，单独建立测量模型进行分析[②]。因此，本研究采用极大似然估计法，通过 AMOS22.0软件对绿色品牌故事真实性构成维度和消费者绿色信任分开进行验证性因子分析，根据获得的检验效应值来对组合信度、聚合效度和区分效度展开分析并优化。

本节首先继续沿用预调研时确定的验证性因子分析测量模型，三个维度由15个测量问项组成。在该模型中，每个测量问项都只能对应一个潜在变量，每个潜在变量都至少有三个对应的测量问项。运用 AMOS22.0软件进行数据分

---

① Spicer J. Making Sense of Multivariate Data Analysis ［J］. Annals of Pharmacotherapy，2005.

② Bagozzi R P，Yi Y.J，Nassen K D. Representation of Measurement Error in Marketing Variables：Review of Approaches and Extension to Three-facet Designs ［J］. Journal of Econometrics，1998，89（1–2）：393–421.

析，结果显示：CMIN=292.242，df=87，卡方统计量 =3.359>3，没有达到拟合指数标准。绝对拟合指数 GFI=0.929，相对拟合指数 NFI=0.959，RFI=0.944，IFI=0.971，TLI=0.965，CFI=0.971，均超过了 0.9，说明其他指标都符合评价标准。

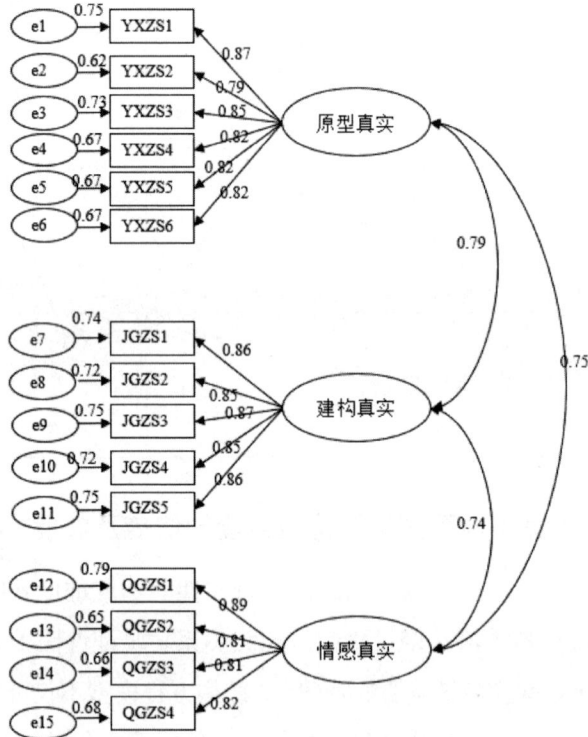

图13　绿色品牌故事真实性构成维度正式样本的验证性因子分析

　　卡方值较大的原因，是由于总体样本量大，而部分量表的测量题项少而造成的，因此，本研究按照 AMOS22.0 修正指数建议，对相关路径进行修正。在 AMOS22.0 修正指数中，双箭头（"↔"）部分是残差变量间的协方差修正指数，表示如果在两个可测变量的残差变量间增加一条相关路径至少会减少的模型的卡方值；单箭头（"←"）部分是变量间的回归权重修正指数，表示如果在两个变量间增加一条因果路径至少会减少的模型的卡方值。本研究发现 e14 ↔ e15 为 25.968，e12 ↔ e15 为 11.42，以及 e12 与原型真实、情感真实之间的协方差修正指数均超过 11；e4 ↔ e8 为 18.625，e4 ↔ e6，e4 ↔ e7， e4 ↔ e9 也均超过了12。结合实际，e14和e15对应的测量问项分别是绿色品牌故事呈现的天然性和道德性，如果消费者认为该故事中增强品牌或产品的天然性，自然会更能体现品牌的道德价值理念，因此本研究考虑在模型中添加了二者的路径，卡方统计量降为3.05；e4对应的测量问项为"我能够在故事传递的价值中感受到真实的自我"，也就是说，当消费者通过故事传递价值感受自我的程度越深，越能说明消费者认为该故事叙述情节设计、情节结构以及情节描述是清晰可靠的，符合理论推导和实际情形。因此本研究依次建立涉及问项之间的路径进行模型拟合。经过5次修正拟合之后，得到绿色品牌故事真实性构成维度验证性因子分析的拟合结果如下：CMIN=187.91，df=82，卡方统计量=2.292<3，符合拟合指数标准。绝对拟合指数 GFI=0.953，相对拟合指数 NFI=0.974，RFI=0.966，IFI=0.985，TLI=0.981，CFI=0.985，均超过了0.95，表明模型拟合非常好。

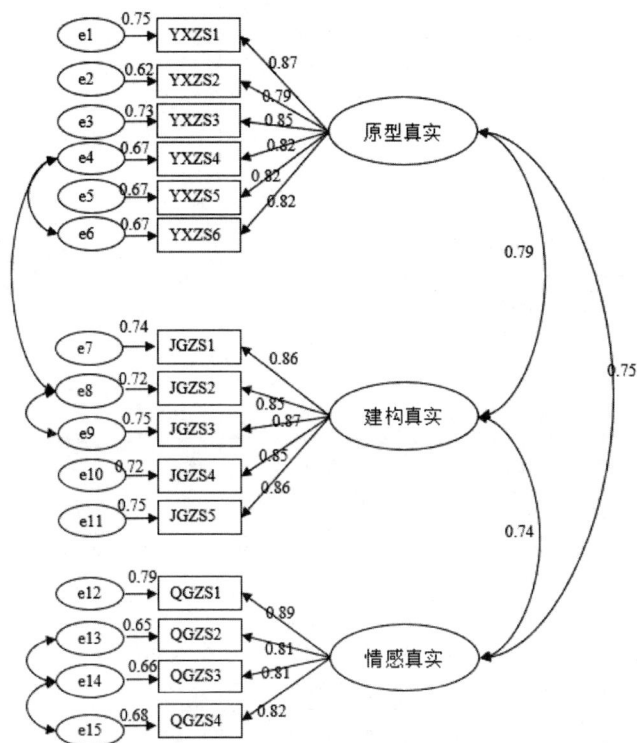

图14 修正后绿色品牌故事真实性构成维度验证性因子分析

从效度分析而言，沿用上一章采用的效度分析指标，基于标准化载荷系数基础，通过公式计算得到平均萃取变异量 AVE 值（分别为：0.683、0.735、0.698），同时原型真实、建构真实和情感真实各维度的平均萃取变异量 AVE 值均高于0.5，因此，可证明绿色品牌故事真实性构成维度问卷部分有较好的聚合效度。从信度分析而言，基于标准化载荷系数基础，通过公式计算得到，绿色品牌故事真实性构成维度各变量的组合信度 CR（分别为0.928、0.933、0.902）远大于0.7，且本研究中绿色品牌故事真实性构成维度的标准化因子载荷都高于0.7，高于 α 系数基本标准要求0.5。如表25所示，问卷信度良好。

表25　真实性构成维度标准载荷系数、AVE 值和 CR 值

变量	测量项	标准载荷系数	AVE 值	组合信度 CR 值
原型真实	YXZS1	0.868	0.683	0.928
	YXZS2	0.785		
	YXZS3	0.854		
	YXZS4	0.817		
	YXZS5	0.816		
	YXZS6	0.82		
建构真实	JGZS1	0.86	0.735	0.933
	JGZS2	0.849		
	JGZS3	0.867		
	JGZS4	0.846		
	JGZS5	0.864		
情感真实	QGZS1	0.889	0.698	0.902
	QGZS2	0.806		
	QGZS3	0.81		
	QGZS4	0.822		

5.5.4 消费者绿色信任的信度和效度分析

消费者绿色信任验证性因子分析显示，绿色信任是单因子，测量由5个问项组成，大于3个问项，符合单因子建构的要求。绿色信任变量各测量问项的标准载荷系数处于0.816~0.885之间，标准误处于0.029~0.033之间。

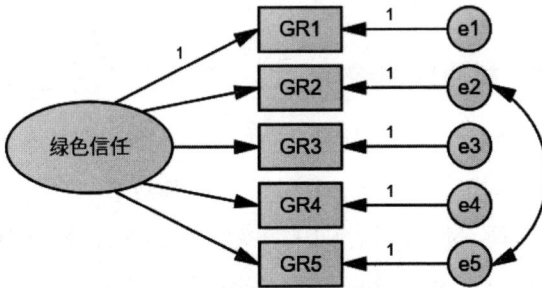

图15　消费者绿色信任测量模型

从表26可知，绿色信任的组合信度CR为0.923，AVE值为0.706，克隆巴赫信度系数为0.925，通过信度检验。AVE值大于0.5，说明该变量聚合效度良好。

表26　绿色信任标准载荷系数、AVE值和CR值

变量	测量项	标准载荷系数	标准误	AVE 值	组合信度 CR 值
绿色信任	GR1	0.885	0.029	0.706	0.923
	GR2	0.819	0.033		
	GR3	0.855	0.029		
	GR4	0.816	0.033		
	GR5	0.817	0.033		

运用AMOS 22.0软件对图16进行验证性因子分析，获得参数估计的指标为：CMIN=7.1，df=4，卡方统计量=1.776<3，符合拟合指数标准。绝对拟合指数GFI=0.995，RMSEA=0.039；相对拟合指数NFI=0.996，IFI=0.998，TLI=0.996，CFI=0.998，均超过了0.95，表明模型拟合非常好。

5.6　预设结构方程模型参数估计和适配度评价

5.6.1　数据分析原理阐释

本章第一节已经对结构方程模型方法做了详细介绍，本研究将采用 Hair 等人提出的结构方程模型七步法，构建绿色品牌故事真实性与绿色信任之间的结构方程模型。这个过程包括：（1）开发一个基于理论的模型；（2）构建因果关系的路径图；（3）将路径图转换为一组结构方程和测量方程；（4）选择输入图类型，并估计所提出的绿色品牌故事真实性与绿色信任之间的结构拟合模型；（5）验证所提出模型的结构方程和测量方程；（6）评价所提出模型的拟合优度；（7）对提出的模型进行修改，以实现绿色品牌故事真实性与绿色信任的结构匹配[①]。

Byrne 描述了估计结构方程模型的主要目标是获得参数值，使样本协方差矩阵与模型隐含的总体协方差矩阵之间的差异最小化[②]。最小值（Fmin）反映了估计过程中样本协方差矩阵与模型所隐含的总体协方差矩阵之间差异最小的那一点。综上所述，Fmin 可以用来衡量样本协方差矩阵与模型所隐含的总体协方差矩阵的差异程度。本研究利用调查问卷中的量表条目（参与者对问题的回答），通过统计软件 AMOS22.0 生成矩阵输入。AMOS 是"矩分析"的首字母缩写结构，或者换句话说，是对均值和协方差结构的分析[③]。AMOS 提供了极大似然（ML）、广义最小二乘（GLS）、非加权最小二乘（ULS）、两阶段最小二乘（TLS）方法和渐近分布自由（ADF）方法等模型规范输出。极大

①　Hair J.F，Black B，Babin B，et al. Multivariate Data Analysis（6th ed.）[M]．Englewood Cliffs，NJ：Prentice Hall，2010.

②　Byrne B M. Structural Equation Modeling with Mplus [M]．Taylor & Francis/Routledge，2011.

③　Byrne B M，Erlbaums L. Structural Equation Modeling with AMOS：Basic Concepts，Applications，and Programming [M]．Mahwah，N.J.：Lawrence Erlbaum Associates，2001.

似然原理是 AMOS 中的默认函数，表示得到模型参数的概率（协方差或相关矩阵）[①]。本研究采用极大似然估计法进行模型分析。

估计的参数是最有可能产生模型估计所基于的协方差或相关矩阵的值。在极大似然估计中，共同性不是在过程开始时估计的，而是估计因子数量的乘积。共同性是由潜在因素 / 结构解释的方差。极大似然估计假设公共因素和误差项是多元的、正态分布的，可以进行统计检验。

路径图直观地描绘了所研究的变量之间假定的关系。在构造路径图时，构造之间的关系用箭头表示；一个直箭头表示从一个构造到另一个或到一个观察变量的直接因果关系；观测变量之间的曲线表示观测变量之间的相关性。在构建路径图时有两个基本假设。首先，所有的因果关系都被指出。其次，这些关系被假定是线性的。在结构方程模型中，路径图代表了研究的结构模型。结构模型指定了特定潜变量直接或间接影响结构方程模型中其他潜变量值变化的方式。潜变量不能直接测量，可以用一个或多个量表项（指标）来表示或测量。结构方程模型的输出以"路径系数"的形式提供了这种因果关系强度的估计。每个特定回归方程的决定系数（即 R^2）描述了观测变量或结构之间的关系。

5.6.2 预设结构方程模型及数学表达式

一般来说，无均值结构的结构方程模型包含测量方程和结构方程，其测量方程数学表达式为：

$$x = \Lambda_x \xi + \delta \tag{2}$$

$$y = \Lambda_y \eta + \varepsilon \tag{3}$$

x 表示的是外源指标组成的向量；y 表示的是内生指标组成的向量；Λ_x 表示的是外源指标与外源潜变量之间的关系，是外源指标在外源潜变量上的因子载荷矩阵；Λ_y 表示内生指标与内生潜变量之间的关系，是内生指标在内生潜在变量上的因子载荷矩阵；δ 表示的是外源指标 x 的测量误差；ε 表示的

[①] Blunch N J. Introduction to Structural Equation Modelling Using SPSS and AMOS [M]. Thousand Oaks, CA：Sage Publications Ltd，2008.

是内生指标 y 的测量误差。

对于模型中潜在变量之间的关系，其结构方程式通常写成如下：

$$\eta = \mathbf{B}\eta + \mathbf{\Gamma}\xi + \zeta \qquad （4）$$

其中 η 表示的是内生潜在变量（绿色信任）；ξ 表示的是外源潜在变量（原型真实、建构真实和情感真实）；$\mathbf{B}$ 表示内生潜在变量间的关系；$\mathbf{\Gamma}$ 表示的是外源潜变量对内生潜变量的影响；ζ 表示结构方程的残差项，反映了 η 在方程中未被解释的部分。

图 17 为预设的绿色品牌故事真实性与绿色信任的结构方程模型。该模型中，16 个外源变量共同构建了三个外源潜在变量，5 个内源变量共同构成了绿色信任潜在变量。包括了每一个 X 变量的测量误差 δ；每一个 y 的测量误差 ε；显变量与潜在变量之间的相关系数 λ；外源潜在变量和内源潜在变量之间的因果关系系数 γ；内源潜在变量之间因果关系系数 β；内源潜在变量间的误差 ζ；外源潜在变量之间的相关系数 φ。

X 变量与外源潜在变量 ξ 间的数学方程为：

$$\left\{
\begin{aligned}
X_1 &= \lambda_{11}\xi_1 + e_1 \\
X_2 &= \lambda_{12}\xi_1 + e_2 \\
X_3 &= \lambda_{13}\xi_1 + e_3 \\
X_4 &= \lambda_{14}\xi_1 + e_4 \\
X_5 &= \lambda_{15}\xi_1 + e_5 \\
X_6 &= \lambda_{16}\xi_1 + e_6 \\
X_7 &= \lambda_{21}\xi_2 + e_7 \\
X_8 &= \lambda_{22}\xi_2 + e_8 \\
X_9 &= \lambda_{23}\xi_2 + e_9 \\
X_{10} &= \lambda_{24}\xi_2 + e_{10} \\
X_{11} &= \lambda_{25}\xi_2 + e_{11} \\
X_{12} &= \lambda_{31}\xi_3 + e_{12} \\
X_{13} &= \lambda_{32}\xi_3 + e_{13} \\
X_{14} &= \lambda_{33}\xi_3 + e_{14} \\
X_{15} &= \lambda_{34}\xi_3 + e_{15}
\end{aligned}
\right. \qquad （5）$$

关于 Y 变量与内外源潜在变量在变量 η 间的数学方程式为：

$$\left\{ \begin{array}{l} Y_1 = \lambda_{11}\eta_1 + e_{17} \\ Y_2 = \lambda_{12}\eta_1 + e_{18} \\ Y_3 = \lambda_{13}\eta_1 + e_{19} \\ Y_4 = \lambda_{14}\eta_1 + e_{20} \\ Y_5 = \lambda_{15}\eta_1 + e_{21} \end{array} \right. \qquad (6)$$

绿色信任内源潜在变量与绿色品牌故事真实性三个外源潜在变量的因果关系数学表达式为：

$$\eta = \gamma_{11}\xi_1 + \gamma_{12}\xi_2 + \gamma_{13}\xi_3 + \zeta \qquad (7)$$

基于上述推导分析，根据本章第二节提出的理论模型，利用 AMOS22.0 软件结构方程分析程序，将结构方程模型图绘制如图16所示。需要说明的是，自我建构变量属于分类变量，本研究将通过 AMOS22.0 软件的潜变量多群组调节效应程序和 SPSS22.0 软件的分组回归程序来对自我建构变量的调节效应进行检验分析。

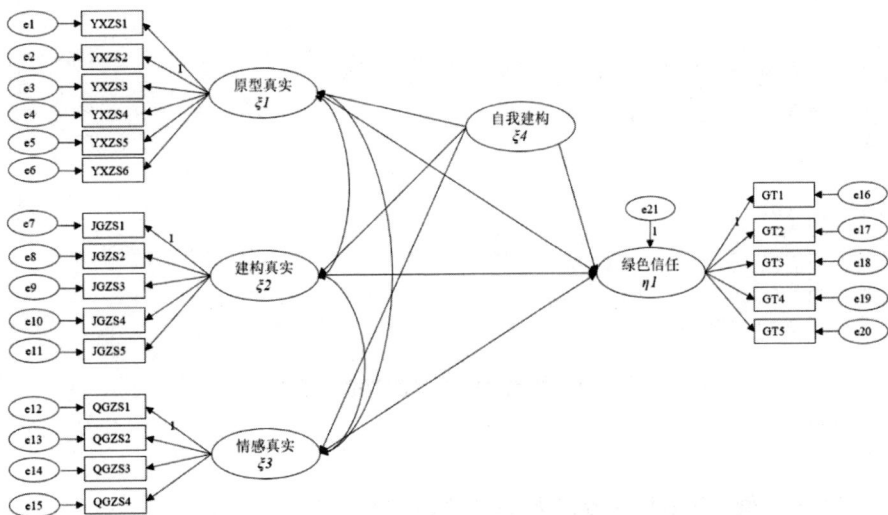

图16 初始结构方程模型图

5.6.3　预设结构方程模型的参数估计

本研究采用极大似然估计值法对绿色品牌故事真实性与消费者绿色信任的结构方程模型中的参数进行估计，可得出预设模型的参数估计值。邱皓政指出在结构方程模型中，修正指标的临界值 χ^2/df 处于［1，3］区间表示有简约适配度，适配度高；大样本中 χ^2/df 为5左右也可以接受。

具体估计值如图17所示。该模型拟合的参数适配度指标结果为CMIN=576.158，df=163，卡方统计量 =3.535；绝对拟合指数 GFI=0.899略小于0.9，RMR=0.037；相对拟合指数 NFI=0.944，RFI=0.934，IFI=0.959，TLI=0.952，CFI=0.959，均超过了0.9。

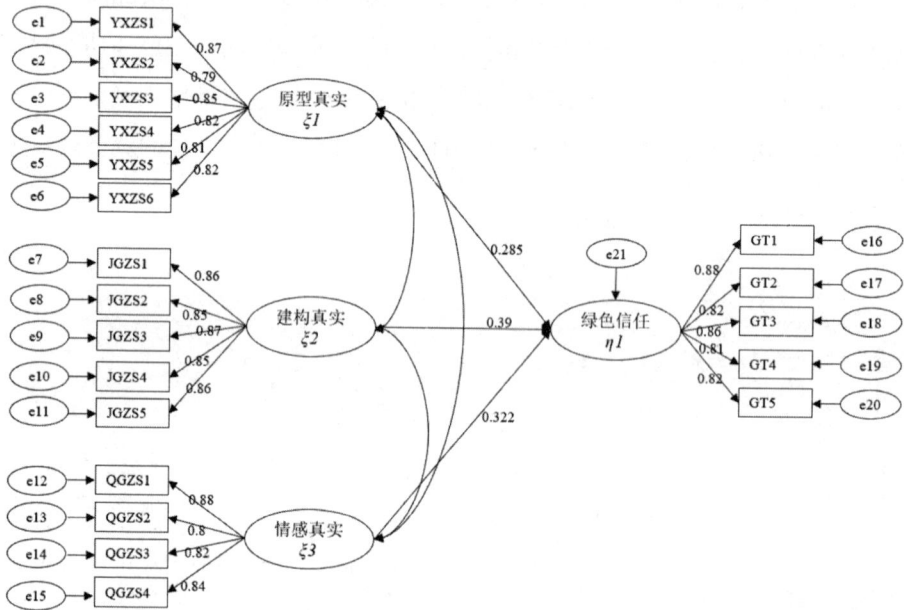

图17　初始结构方程模型拟合结果

5.6.4　修正结构方程模型及参数估计

鉴于模型的拟合适配值不是很理想，本研究按照修正指标建议进行适当的路径添加。修正路径分析不考虑潜变量因子可测指标的更改，理由是我们在设计问卷的题目的信度很好，而且题目本身的设计也不允许这样做，也就是说即使二者之间的 MI 值较大，但只要它们不属于同一个潜变量因子，就不能考虑增加相关性路径。

按照上述原则，本研究依次建立了 e4 与 e6，e2 与 e5，e8 与 e9，e12 与 e15 等四条路径，并依次进行模型重新估计，最终得到如下修正后的绿色品牌故事真实性与消费者绿色信任之间的结构方程模型。该模型拟合的参数适配度指标结果为 CMIN=502.358，df=159，卡方统计量 χ^2=3.15。绝对拟合指数 GFI=0.911，RMR=0.035；相对拟合指数 NFI=0.951，RFI=0.941，IFI=0.966，TLI=0.959，CFI=0.966，均超过了 0.9。模型拟合结果有明显的改善，各项参数都得到明显提升，本研究认为建构的理论模型成立。

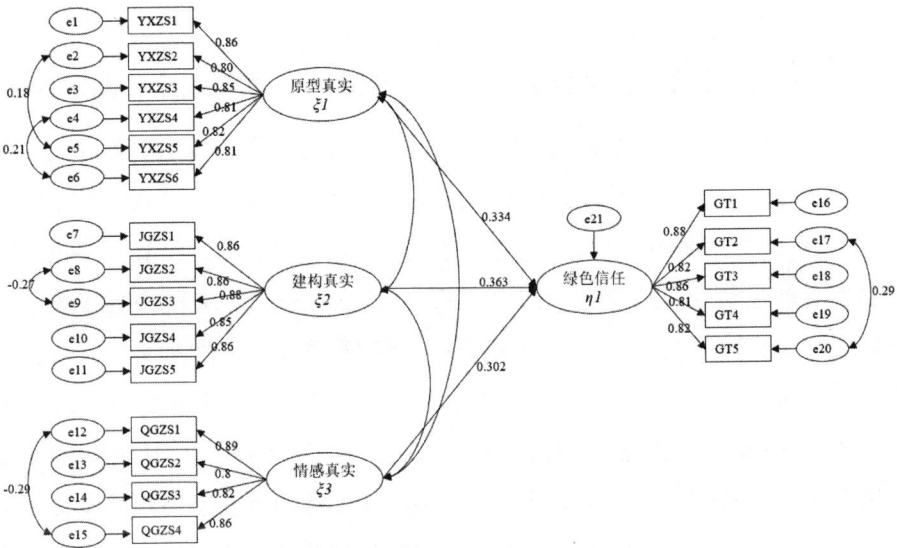

图18　修正后结构方程模型拟合结果

表27汇总了修正后结构方程模型路径系数的参数估计结果，表明绿色品牌故事真实性各个维度与消费者绿色信任之间的路径系数非常显著。结果表明绿色品牌故事真实性的原型真实、建构真实和情感真实都能够显著影响消费者的绿色信任程度，假设 H1a、H1b、H1c 初步得到验证。

表27　修正后结构方程模型路径系数

	Estimate	S.E.	C.R.	P
绿色信任←原型真实	.334	.086	3.935	***
绿色信任←建构真实	.363	.085	4.928	***
绿色信任←情感真实	.302	.061	4.694	***

注：*** 表示 p<0.001。

5.7　结构方程模型分析与假设检验

5.7.1　消费者绿色信任影响要素的总效应、直接效应和间接效应

基于结构方程模型的原型真实、建构真实和情感真实与消费者绿色信任之间的总效应如表28所示，直接效应如表29所示，间接效应如表30所示。由表28可知，绿色品牌故事真实性的情感真实、建构真实和原型真实均正向影响消费者绿色信任，总效应分别为0.302、0.363、0.334。从表29直接效应也可以发现，建构真实对消费者绿色信任的影响程度最大，原型真实次之，情感真实影响最小。因此为了提高消费者对绿色品牌的信任程度，从品牌故事塑造的角度来说，首要就是要注重品牌故事情节的建构真实。从表30间接效应来看，绿色品牌故事的原型真实、情感真实和建构真实能够较大地提升消费者对品牌环保承诺的信任，然后是对绿色品牌的环保主张信任。综上，假设 H1a、H1b、H1c 得到验证。

表28　消费者绿色信任影响要素的总效应

	情感真实	建构真实	原型真实	绿色信任
绿色信任	0.302	0.363	0.334	0.000

表29 消费者绿色信任影响要素的直接效应

	情感真实	建构真实	原型真实	绿色信任
绿色信任	0.286	0.417	0.338	0.000

表30 消费者绿色信任影响要素的间接效应

	情感真实	建构真实	原型真实	绿色信任
绿色信任	0.000	0.000	0.000	0.000
GR5	0.247	0.359	0.291	0.000
GR4	0.247	0.360	0.292	0.000
GR3	0.262	0.382	0.310	0.000
GR2	0.251	0.366	0.297	0.000
GR1	0.286	0.417	0.338	0.000

5.7.2 自我建构的调节效应分析

本研究中对自我建构的测量采用潘黎和吕巍（2013）修订的符合中国本土化的16个项目来测量被试者的长期性自我建构指数，其中10个项目是相依自我建构测量问项，6个项目是独立自我建构测量问项，全部采用李克特七点量表测量。通过SPSS22.0软件进行信度分析，得到相依自我建构量表的信度（α=0.885）和独立自我建构量表的信度（α=0.858），表明自我建构量表的信度良好。接下来，按照Singelis等的处理方法，首先计算出被试者的两种建构量表的均值，将独立型自我建构得分与相依型自我建构得分差值的绝对值小于等于0.2的被试排除，将独立自我建构得分和相依自我建构得分差值大于0.2的被试作为独立型自我建构者，将二者得分差值小于 −0.2的被试作为相依自我建构者[1]。通过上述步骤，最终将被试者划分为两组数据，其中独立型自我建构群组包含160个有效样本，相依型自我建构群组包含172个有效样本。

---

[1] Singelis，T. M. The Measurement of Independent and Interdependent Self-Construals［J］. Personality & Social Psychology Bulletin，1994，20（5）：580–591.

本研究的自我建构变量根据得分差值将被试划分为独立型和相依型两类，因此自我建构变量属于分类变量，由于绿色品牌故事真实性的原型真实、建构真实和情感真实都属于潜变量，本研究采用两种检验方法来验证自我建构变量的调节效应：AMOS22.0软件的多组回归分析法和SPSS22.0软件的分组回归分析法。

首先，通过AMOS22.0软件的多组回归分析法检验调节效应，此方法根据温忠麟提出的在AMOS软件中分组比较的思想，该方法通过考察各个潜变量的调节效应来验证模型稳定性。第一步是建立限制结构模型，将两组结构方程模型的回归系数设置为相等，由此得到一个卡方值 χ^2 和对应的自由度df；第二步是取消回归系数相等的限制条件，重新估计模型得到第二个卡方值 χ^2 和对应的自由度df；第三步，将前面两步得到的卡方值 χ^2 相减得到差值 $\Delta\chi^2$。同理，前两步得到的自由度相减就是两个模型的自由度差 Δdf，如果 $\Delta\chi^2$ 检验结果的统计显著，则调节效应显著；如果从分组标准化回归分析路径图来看，限制模型和无限制模型在一些拟合指标上并无显著变化，且两者卡方值 $\Delta\chi^2$ 与自由度 Δdf 之比小于2，则表明该变量的调节效应并不显著[1]。

按照上述步骤，本研究依次构建绿色品牌故事真实性之原型真实、建构真实、情感真实与绿色信任的多组回归结构方程模型（无限制模型和限制模型），对自我建构的调节效应进行分析。模型设置后，按照前文自我建构变量的分组处理结果，将独立型自我建构群组命名为组A，相依型自我建构群组命名为组B。将两组数据依次输入对应的多组回归模型中，运行AMOS22.0软件处理程序，得到分组回归的无限制模型和限制模型的比较结果如下。

设定自我建构、原型真实与绿色信任三个变量的回归模型。将两种模型分析结果比较可知：$\Delta\chi^2=223.665-194.573=29.092$，$\Delta df=89-80=9$，$\Delta\chi^2/\Delta df=29.092/9=3.232>2$。通过CHIDIST函数计算得显著性水平为0.0006小于0.001，表明自我建构在原型真实与绿色信任之间的调节效应显著。从模型拟合指标看，GFI、CFI、IFI和NFI等都超过0.9，模型拟合效果较好。从路径

---

① 温忠麟，侯杰泰，Marsh Herbert W. 结构方程模型中调节效应的标准化估计［J］. 心理学报，2008，40（6）：8.

系数看，无限制回归模型下组 A 的标准回归系数为 0.73，组 B 的标准回归系数为 0.68；限制模型下组 A 的标准回归系数为 0.85，组 B 的标准回归系数为 0.75。说明相比相依型自我建构消费者，绿色品牌故事原型真实对独立型自我建构消费者的绿色信任影响更大。将 AMOS22.0 程序成对参数值比较得到两组的调节效应差值为 –4.077，绝对值大于 1.96，进一步说明自我建构变量在原型真实和绿色信任关系中的调节效应显著。

设定自我建构、建构真实与绿色信任三个变量的回归模型。从两种模型分析结果比较可知：从模型拟合指标看，GFI、CFI、IFI 和 NFI 等都处于 0.885~0.891 之间，模型拟合效果较好。$\Delta\chi^2$=216.306–201.095=15.211，Δdf=77–68=9，$\Delta\chi^2/\Delta df$=15.211/9=1.69<2。通过 CHIDIST 函数计算得显著性水平为 0.085 大于 0.001，表明自我建构在绿色品牌故事建构真实与绿色信任之间的调节效应不显著。从路径系数看，无限制回归模型下组 A 的标准回归系数为 0.89，组 B 的标准回归系数为 0.85；限制模型下组 A 的标准回归系数为 0.85，组 B 的标准回归系数为 0.88，将 AMOS22.0 程序成对参数值比较得到两组的调节效应差值为 –1.96，绝对值等于 1.96，进一步说明自我建构变量在绿色品牌故事建构真实和绿色信任关系中的调节效应不显著。

设定自我建构、情感真实与绿色信任三个变量的回归模型。将两种模型分析结果比较可知：$\Delta\chi^2$=206.128–189.945=16.183，Δdf=60–52=8，$\Delta\chi^2/\Delta df$=16.183/8=2.023 >2。表明自我建构在绿色品牌故事情感真实与绿色信任之间的调节效应显著。从模型拟合指标看，GFI、CFI、IFI 和 NFI 等都处于 0.88~0.895，模型拟合效果较好。从路径系数看，无限制回归模型下组 A 的标准回归系数为 0.79，组 B 的标准回归系数为 0.86；限制模型下组 A 的标准回归系数为 0.80，组 B 的标准回归系数为 0.88。说明相比独立型自我建构消费者，绿色品牌故事情感真实对相依型自我建构消费者的绿色信任影响更大。将 AMOS22.0 程序成对参数值比较得到两组的调节效应差值为 –2.799，绝对值大于 1.96，进一步说明自我建构变量在情感真实和绿色信任关系中的调节效应显著。

然后，本研究采用 SPSS22.0 软件的分组回归程序来进一步检验自我建构在绿色品牌故事真实性对消费者绿色信任影响中的调节效应。分组回归用于查看 X 对于 Y 的影响（线性回归）时，不同组别情况下，X 对于 Y 的影响差异情况。

如表31所示，通过回归模型检验到调整后 R^2 分别为0.646和0.658，说明不同自我建构水平下绿色品牌故事真实性对消费者绿色信任的影响存在差异性。我们进一步通过邹检验（Chow Test）来确定结构性变化是否存在，利用模型残差平方和SSE值等进行F统计量构造，得到邹检验结果为 $F_{(4, 324)}=2.656$，$p=0.033<0.05$。说明通过自我建构的分组能够给模型带来显著差异。

表31 分组回归差异系数检验表

	整体	相依型自我建构组	独立型自我建构组
常数	0.651** （6.416）	1.005** （3.132）	0.385 （1.62）
建构真实	0.373** （7.612）	0.259** （3.262）	0.440** （5.805）
原型真实	0.286** （5.888）	0.172** （2.473）	0.355** （5.115）
情感真实	0.248** （6.284）	0.415** （6.466）	0.175** （3.400）
样本量	332	172	160
R^2	0.878	0.652	0.665
调整 R^2	0.877	0.646	0.658
F 值	F（3，328）=789.73，P=0.000	F（3，168）=104.81，P=0.000	F（3，156）=103.18，P=0.000

注： ** 表示 p<0.01。

从分组回归差异系数检验表可以发现，建构真实对消费者绿色信任有显著影响，对比独立型自我建构组和相依型自我建构组的回归系数（0.44和0.259）之间的差异幅度（t=-2.359，p=0.019>0.01），说明两个系数之间没有显著差异。也就是说，综合两种检验方法的结果，自我建构在建构真实和消费者绿色信任影响之间的调节效应不显著，H2b 不成立。绿色品牌故事建构真实主要体现在对绿色品牌故事内容叙述的情节和逻辑的合理性建构方面，通过对故事内容情节进行恰当的编排，运用恰当的修辞策略让消费者沉浸其中。本研究采取情景模拟实验的方式，设定一种特定的绿色品牌故事情境，故事的建构真实是适用于所有消费者的，故事内容建构不涉及影响消费者偏好的信息，比如在故事中加入第三方认证信息等可能影响消费者独特需求的因素。这一结论也从侧面反映了本研究的绿色品牌故事素材建构的情境是具备普适性的。

同理，原型真实对消费者绿色信任有正向影响，独立型自我建构群组和相依型自我建构群组的回归系数分别为0.355和0.172，二者之间的差异幅度为（t=-2.913，p=0.004<0.01），说明不同自我建构水平下，绿色品牌故事的原型真实对消费者绿色信任的影响程度存在差异，对于独立型自我建构的消费者来说，原型真实对其绿色信任的影响程度更大，对相依型自我建构的消费者来说，原型真实对其绿色信任的影响程度较小。相依型自我建构者在购买决策过程中会更加在意人际信息，突出人的社会属性，独立型自我建构的信息搜寻和处理过程中会更信任理性化的信息[①]。沈曼琼等指出，独立型自我建构者会更倾向于关注客观理性的信息，这些信息会有助于促进独立型自我建构者产生更加积极的态度[②]。本研究中绿色品牌故事的原型真实呈现的是绿色品牌起源纯正性、传承一致性和绿色价值独特性等范畴的信息，已有研究与本研究的结论一致，假设 H2a 成立。

在情感真实与消费者绿色信任的影响中，也可以发现相依型自我建构组的回归系数为0.415，而独立型自我建构组的回归系数为0.175，二者之间的差异幅度为（t=4.316，p=0.000<0.01），说明对相依型自我建构的消费者来说，情感真实对其绿色信任的影响程度更大，由此得出结论，不同自我建构水平下，绿色品牌故事的情感真实对消费者绿色信任的影响程度存在显著差异。袁永娜等已有研究也验证了对于相依型自我建构者来说，绿色广告诉求更加

① Bei L T，Chen M Y，Tsai M C. The Thinking Style and Information Source Preference for Consumers with an Interdependent-self Iersus an Independent-self［A］. Proceedings of the 2007 Society for Marketing Advances Annual Conference［C］. Antonio, TX, USA, 2007.

② 沈曼琼，王海忠，刘笛，等 . 市场信号对信任品采纳的影响研究：基于自我建构的调节效应［J］. 外国经济与管理，2019，41（11）：15.

体现亲社会行为，因而对其绿色态度会产生更加积极的影响[1]。与本研究结论一致，假设 H2c 成立。

表32　回归系数差异检验

名称	项1	项2	回归系数 b1	回归系数 b2	差值	t 值	p 值
建构真实时	相依自我	独立自我	0.259	0.44	−0.181	−2.359	0.019*
原型真实时	相依自我	独立自我	0.172	0.355	−0.184	−2.913	0.004**
情感真实时	相依自我	独立自我	0.415	0.175	0.239	4.316	0.000**

注：** 表示 $p < 0.01$，* 表示 $p < 0.05$。

5.8　本章小结

本章构建了绿色品牌故事真实性与绿色信任的结构方程模型，通过对504份有效问卷调查数据进行数理统计分析，综合运用 SPSS22.0，AMOS22.0 统计工具，对问卷数据进行了描述性统计分析，信度效度分析，因子分析等；研究了绿色品牌故事真实性的不同维度对绿色信任的影响；检验了不同自我建构水平的调节效应。实证分析结果表明，绿色品牌故事真实性各个维度对绿色信任都有显著影响。但对于独立型自我建构消费者而言，原型真实能进一步促进消费者绿色信任；对于相依型自我建构者来说，情感真实能进一步促进消费者绿色信任。而消费者的自我建构水平在建构真实和绿色信任之间的关系中未产生显著差异。为进一步佐证绿色品牌故事真实性对绿色信任的影响，并挖掘出原型真实、建构真实和情感真实对绿色信任的影响度，本研究采用 BP 神经网络方法进行了仿真分析，进一步支持了本章的研究结果（详见附录2）。

---

[1] 袁永娜，宋婷，吴水龙，等 . 绿色广告诉求对购买意向影响的实证研究——基于绿色购买情感的中介效应和自我建构的调节效应［J］. 预测，2020，39（01）：81–88.

6 不同类型绿色品牌故事对品牌真实性感知的影响研究

本研究在第五章实证检验了绿色品牌故事真实性各个维度与消费者绿色信任之间的关系，并验证了消费者在不同的自我建构水平下，绿色品牌故事真实性与绿色信任之间的影响存在差异。消费者对绿色品牌故事关注最高的是建构真实维度，即通过故事建构来呈现绿色品牌真实性对绿色信任的影响权重占比最大。

用户对绿色品牌故事的真实性感知、绿色信任评价都是来源于绿色品牌故事文本的信息刺激，为进一步探索用户对绿色品牌故事文本的关键关注点，从故事的内容要素和结构要素来寻找促进用户真实性感知的关键点，本章基于 S-O-R 理论模型，以不同类型绿色品牌故事文本为刺激源，通过眼动追踪实验来探索不同类型绿色品牌故事下的消费者视觉注意差异，结合调查问卷来测量消费者绿色品牌真实性感知评价的变化。

由刺激驱动的选择性用户视角注意，是一种人类特有的能力，能够快速探索复杂的视觉场景，并选择一组有用的信息进行进一步的实时交互[1]。近二十年来，眼动追踪研究显著增强了消费者注视行为对视觉营销传播响应的理解[2]。例如，关于视觉特征在注意捕获中的作用以及品牌记忆和对产品选择的影响都有坚实的研究基础。眼动跟踪已经成为营销科学工具箱中的一个重

---

[1] Itti L, Koch C. Computational Modelling of Visual Attention[J]. Nature Reviews Neuroscience, 2001, 2(3): 194-203.

[2] Wedel M, Pieters R, Moutinho L, et al. Looking at Vision: Eye/face/head Tracking of Consumers for Improved Marketing Decisions [M]. Routledge Companions in Business Management & Accounting, 2014.

要工具[①]。人的眼睛是负责视觉注意的感觉器官，有选择地将外部信息传递给大脑进行认知处理，集中力和指向性是视觉注意的两个基本特征，集中于特定的刺激或特定的位置。具体的工作程序为：视觉系统向大脑提供与任务相关的视觉信息，视觉器官快速扫描全局图像，以获得大脑指令所需的感兴趣区域，将注意力集中在该注意点上，然后调动大脑的信息系统，在感兴趣的区域投入更多的视觉注意力资源，以获得目标信息的细节。

6.1　理论推导与研究假设

人类大脑感知系统的运作可以看作是信息的收集和整合，有意识的视觉处理与消费者行为之间有很强的相关性[②]。随着消费者的期望从模糊到清晰，眼动追踪仪清晰地记录了消费者视觉注意的整个变化过程[③]。这些信息包含了感兴趣区域和视觉注意的多个维度信息，如停留时间、注视次数、瞳孔大小等生理指标。这些生理指标可以有效地分析消费者的视觉注意机制，包括无意识加工、选择性注意加工和大脑自主神经系统控制的重复加工机制，从而为消费者行为和视觉注意的研究提供客观、定量的数据[④]。理性文字叙述形式能够比图片形式获得更多的注意力，文字诉求形式的广告是一种有效的产品扩散方式。Unnava 和 Burnkrant 的研究还发现，无论是否伴有图片，高图像信

①　Romaniuk J, Nguyen C. Is Consumer Psychology Research Ready for Today's Attention Economy? [J]. Journal of Marketing Management, 2017, 33（11-12）: 909-916.

②　Hannus A, Cornelissen F W, Lindemann O, et al. Selection-for-action in Visual Search [J]. Acta Psychologica, 2005, 118（1-2）: 171-191.

③　Menon R, Sigurdsson V, Larsen N M, et al. Consumer Attention to Price in Social Commerce: Eye Tracking Patterns in Retail Clothing [J]. Journal of Business Research, 2016, 69（11）: 5008-5013.

④　Mo X, Sun E, Yang X. Consumer Visual Attention and Behaviour of Online Clothing [J]. International Journal of Clothing Science and Technology, 2020, 33（3）: 305-320.

息的文本都能有效引发心理意象、增加观众的记忆[1]。

品牌故事传递着与品牌有关的人、事、物。现有研究从不同的角度对品牌故事类型进行了划分。申帅芝从品牌短视频广告的视角，将品牌叙事分为"自我陈述"和"他者叙事"，指出消费者"他者"讲述品牌故事，能够弥合故事主体与受众客体之间的界限，获得更大的认同感，提升品牌故事的真实性和说服效果[2]。刘天娇等将品牌故事划分为企业故事、消费者故事和产品故事三种类型，认为不同的故事类型对消费者品牌态度影响程度不同，产品故事更能提高消费者的品牌感知价值，并产生更积极的品牌态度[3]。

本研究探讨"绿色品牌讲述品牌故事"，参照刘天娇等（2022）的品牌故事类型划分，将绿色品牌故事类型划分为品牌自身故事、品牌产品故事、消费者故事。其中品牌自身故事主要是讲述绿色品牌起源、绿色历史传承、创始人经历、品牌愿景、使命等；品牌产品故事主要是讲述绿色产品的属性、工艺、原料等特性；消费者故事主要是讲述消费者与品牌之间的联系、消费者体验等方面的故事。

对于品牌自身故事来说，关于品牌的起源、成长历史等能够有效拉近与消费者的距离，减少陌生感，让消费者心灵愉悦，满足消费者的享乐价值[4]。品牌讲述产品故事则会让消费者获取更加详细的产品信息，有效提高价值感知。对于消费者故事来说，徐岚等（2020）强调，消费者故事的真实性情节会增强消费者的品牌态度。消费者能够通过了解他人的消费体验来获得代理经验和决策支持信息的需要。当阅读消费者故事时，消费者会更为关注有利于帮助自己做出评估和决策的信息[5]。已有研究表明，品牌讲述消费者故事会

① Unnava H R，Burnkrant R E. An Imagery-Processing View of the Role of Pictures in Print Advertisements［J］. Journal of Marketing Research，1991，28（2）：226–231.

② 申帅芝 ."他者"理论视角下品牌短视频广告叙事话语研究［J］. 当代电视，2021（05）：87–90.

③ 刘天娇，谢辰欣 . 品牌故事类型对消费者品牌态度的影响研究［J］. 经营与管理，2022（02）：49–54.

④ 刘天娇，谢辰欣 . 品牌故事类型对消费者品牌态度的影响研究［J］. 经营与管理，2022（02）：49–54.

⑤ 徐岚，赵爽爽，崔楠，等 . 故事设计模式对消费者品牌态度的影响［J］. 管理世界，2020，36（10）：76–95.

比品牌讲述自身故事有更好的营销效果，能够更有效地提升受众的品牌态度。李宝珠等同样认为文字更有助于功能型产品的产品信息传播以及产品态度的建立，提高消费者的产品认知程度并正向影响产品态度[①]。王德胜等认为不同概念类型的老字号品牌故事会产生差异化的影响和效果，面对功能型品牌时，消费者通过品牌故事更关注产品的工艺信息，获取与产品性能、概念定位一致的信息，来激发消费者的积极反应；面对享乐型品牌时，消费者会更关注通过故事体现的品牌背后的意义，更在意品牌的价值取向和自身享乐性需求[②]。以绿色有机食品为例，先前的研究指出真实性是影响消费者购买有机食品的一个重要决定因素。Ellison 等强调，与非有机食品相比，消费者认为有机产品更有营养、更安全、更值得信任[③]。由此说明，消费者进行绿色消费时，当获取的产品功能信息越多，越能增强消费者的真实性感知和信任评价。徐岚等也从情节真实性和主体相似性的角度分析了消费者故事对品牌态度的积极影响[②]。杨洋等通过眼动追踪实验探讨了营销文字与旅游广告视觉注意的关系，结果表明诱导类型的文字难以提升游客的视觉注意水平，而认证类型的文字属于第三方认证信息，具有强的信任度，能够显著提升广告兴趣区和游客对兴趣区的视觉注意[④]。由于市场存在普遍的"漂绿"行为，降低了消费者对真实绿色品牌的信任，导致消费者可能更愿意选择从其他消费者或第三方认证机构处获取代理经验。绿色品牌的本质特性在于产品的绿色属性，与非绿色产品不同，消费者进行绿色消费时更在意有关品牌产品的绿色属性和价值的内容。由此可见，尽管已有研究已经证实品牌故事对消费者有较好的说服效果，但阅读不同类型的绿色品牌故事，消费者的视觉注意会存在显著差

---

① 李宝珠，魏少木 . 广告诉求形式对产品反馈的影响作用：基于眼动的证据［J］. 心理学报，2018，50（01）：69–81.

② 王德胜，杨志浩，韩杰 . 老字号品牌故事主题影响消费者品牌态度机理研究［J］. 中央财经大学学报，2021（09）：88–99.

③ Ellison B，Duff B R L，Wang Z，et al. Putting the Organic Label in Context：Examining the Interactions Between the Organic Label，Product Type，and Retail Outlet［J］. Food Quality and Preference，2016，49：140–150.

④ 杨洋，钟方瑜，李吉鑫，等 . 营销文字对旅游广告视觉注意的影响［J］. 旅游学刊，2020，35（04）：76–88.

异。因此，本书提出假设。

H3：不同类型绿色品牌故事对消费者视觉注意的影响有显著差异。

H4：与品牌自身故事和品牌产品故事相比，品牌消费者故事能让消费者有更高的真实性感知。

6.2　眼动追踪方法原理介绍

眼动追踪技术是开展认知心理学和基础神经科学领域研究的重要工具之一[①]，在个体差异研究中同样能够发挥重要作用。眼动技术能够客观真实地记录反映个体的整个认知加工过程，通过眼动追踪设备可以获取个体注视过程的注视、瞳孔扩张、平滑追踪运动、眼跳、微眼跳和眨眼等大量的测量数据，用于分析个体认知过程的差异。近年来，随着眼动技术的发展和眼动追踪设备的不断升级，它已被广泛应用到广告设计、网页设计、包装设计、产品/服务设计以及商品摆放位置等视觉营销场景的研究中。

按照使用场景来分类，现代眼动追踪设备主要分为屏幕式眼动仪和穿戴式眼动仪两种类型。这两种技术的工作原理都是基于瞳孔—角膜反射（Pupil Center Corneal Reflection，PCCR）技术。其基本原理是：通过红外线照射眼睛；摄像机采集从角膜和视网膜上反射的红外光线；由于眼球的生理结构和物理性质，在光源和头部相对位置不变的前提下，角膜反射形成的光斑不会移动而视网膜上反射的光线方向标示了瞳孔的朝向（光源光线从瞳孔射入，视网膜反射光线从瞳孔射出），最后根据角膜与瞳孔反射光线之间的角度计算眼动的方向[②]。

---

① Staub A，Rayner K. Eye Movements and On-line Comprehension Processes［J］. Language & Cognitive Processes，2009，4（3-4）：I21-I49.

② Aguaus S，Thomas L. Suppressing the Magnocellular Pathway in Skilled Readers：An Eye Movement Study［J］. Journal of Vision，2018，18（10）：1215.

本研究通过 Tobii pro 眼动仪设备进行实验，它对传统的 PCCR 眼动技术进行了改进升级，通过多个红外光源和眼动传感器为实验提供更多的参照辅助分析，确保数据的稳定可靠。Tobii pro 针对每一个被试生成一个特定的三维眼球模型，以此精确地计算出眼睛的空间位置和视线的落点，即使被试在一定范围内发生了头动，也能确保该空间数据的精确度和准确度。三维坐标系是以毫米为单位计算的空间位置坐标系，具体的三维眼球模型示意图见图19所示。

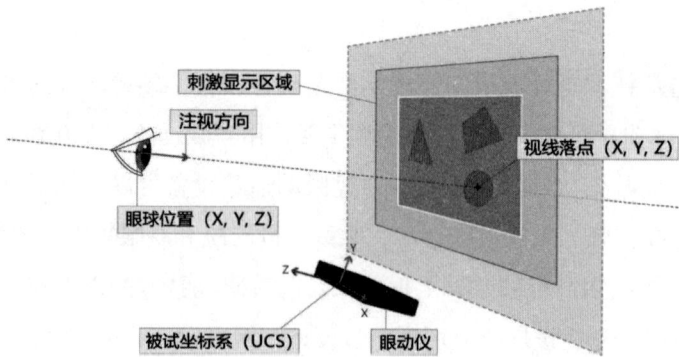

图19　被试坐标系示意图

资料来源：Tobii 眼动仪官方网站。

6.3　实验设计

6.3.1　实验刺激材料选取设计

本研究需要通过两个眼动实验来完成。实验一为了研究不同类型的绿色品牌故事对消费者视觉注意的影响，本研究按照品牌自身故事、品牌产品故事和消费者故事三种类型的不同侧重点，借鉴前文扎根理论编码提炼的品牌故事真实性的维度内涵，参考绿色品牌 Burt's bees 官方网站上的系列品牌故事进行文本改编，以构建不同类型的品牌故事。为避免真实品牌熟悉度对被试的干扰，将品牌名称虚构为"英然蜂"。每个故事都按照清晰的故事情节、非第一人称的叙述方式，并且将故事的字数都统一设计为423个字，以避免字数造成的视觉时间差异。在用于实验前，邀请20名在校大学生对三种故事文本进行类别判断，结果显示三种故事文本都能被准确地区分，表明实验刺激材料有较好的区分效度。

6.3.2　被试选择与描述性分析

本次实验采取方便抽样，在武汉某大学发布招募被试通知，所有参与本实验的被试的裸眼视力或者矫正视力正常，无色盲色弱等眼疾患者。实验共招募到76位高校师生参与，随机分配成三组参与到三类绿色品牌故事的阅读实验，实验结束后排除眼动采样率低于80%的6个样本。最终70个有效样本的描述性统计信息如表33所示：

表33　样本描述性统计

变量	类别	频次	百分比 / %
性别	男	33	47.1
	女	37	52.9
年龄 / 岁	18~25	42	60
	26~35	28	40
职业	本科生	40	57.2
	研究生	22	31.4
	教师	8	11.4

6.3.3　实验仪器指标选择设定

本实验采用瑞典 Tobii 公司研制的 TX300 屏幕眼动仪。该眼动仪取样率为 120HZ，屏幕分辨率为像素 1620×2880。该仪器能够自动记录被试的眼动过程并输出一系列眼动指标，包括注视时间、注视次数、注视点、回视路径时间等。眼动实验在防噪音、防磁干扰的实验室条件中进行。本研究旨在通过屏幕式眼动追踪设备来研究个体在浏览不同类型绿色品牌故事文本下的视觉注意差异。结合本研究的实验目标，本书采用的眼动参数为注视点（即被试对某个区域的关注程度，呈现方式为 AOI 热力图）和注视时间（即被试对关注区域的持续加工程度，呈现方式为时间）。

本研究利用 Tobii 眼动设备的"自动生成兴趣区（AOI）"功能，在实验设计模块中，插入一个"Text"（文本）元素，可以看到文字编辑器的右上角有一个"Preview Boundaries"（边界预览）的选项卡。本实验选择按句子作为预览的边界，将品牌故事文本的每一句话识别为一个可供调用的潜在兴趣区。

6.4　实验过程

本研究的实验均采用单因素组间设计。实验探讨消费者对不同类型绿色品牌故事（品牌自身故事 VS 品牌产品故事 VS 消费者故事）对消费者视觉注意的影响，并在实验刺激结束后，即时通过量表测量消费者品牌真实性感知的影响。研究结合了先进科学的眼动追踪技术和问卷调查研究法。实验程序由以下四部分组成。

第一部分：被试阅读引导语，明确参与实验的步骤和要求，调整被试的坐立位置，校对被试的注视点位置，确保实验捕获数据的准确性。

第二部分：被试按照实验要求，阅读屏幕上呈现的实验刺激材料；确定完成后，单击鼠标进入量表测量页面，即时填写品牌真实性感知的量表。对品牌真实性感知的测量主要参考 Napoli 等人（2014）使用的4个项目，结合本研究前文提炼的绿色品牌故事真实性内涵维度改编而来，主要测量与绿色品牌相关的因素：绿色质量、绿色个性独特、存在真实和绿色价值理念。本部分采用 Likert 七级量表，1代表"非常不符合"，7代表"非常符合"。被试根据个人主观感受，单击数字记录对量表的答案。

第三部分：被试对品牌故事材料类型进行判断，并填写个人信息，包括性别、年龄、学历等人口统计变量。

第四部分：随机抽取被试进行访谈，访谈内容包括记录影响被试做出真实性感知评价判断的关键语句，并简要说明原因；向被试展示其他组别故事内容，再次邀请被试做出真实性感知评价排序。

6.5　数据分析及结果

热点图（Heatmap）是眼动仪设备具有的一个强大可视化呈现工具，它通过将被试的注视点进行叠加并以云状图的形式呈现，以不同颜色的集中度来区分判断被试在实验设定兴趣区域的停留时间长短，在热点图中，红色区域表示注视点很集中且被注视时间较长，绿色则相反[①]。兴趣区的注视次数和注视时长是最常用的视觉注意测量指标，注视次数越多表明被试对兴趣区的关注程度越高，注视时间越长，表明被试大脑获取信息和加工处理时间越久，信息加工程度越高。从热点图20可以发现，被试浏览品牌消费者故事产生的红色区域面积最大，说明被试停留注视时间最长，本研究将结合被试访谈对不同类型的故事文本内容进行分析。

---

① 李晓静. 社交媒体用户的信息加工与信任判断——基于眼动追踪的实验研究［J］. 新闻与传播研究，2017，24（10）：49-67.

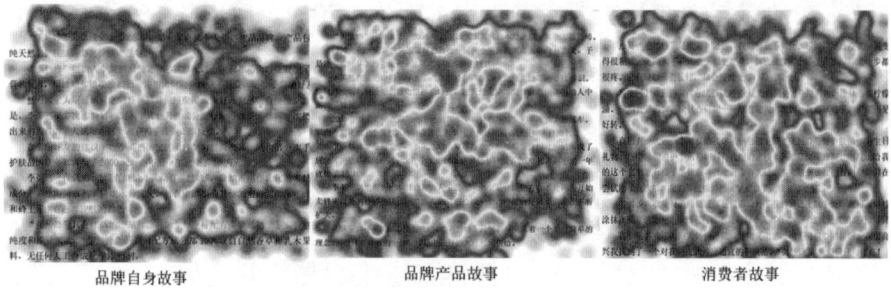

品牌自身故事　　　　　　　品牌产品故事　　　　　　　消费者故事

图20　不同类型绿色品牌故事的被试兴趣区热点图

本研究选取兴趣区注视次数和注视时长作为不同类型绿色品牌故事下消费者视觉注意程度的评价指标。首先，本研究通过被试对整体兴趣区注视次数来检测不同类型绿色产品故事下消费者视觉注意差异性。方差分析结果显示，被试对品牌消费者故事的注视次数显著高于品牌产品故事和品牌自身故事（$M_{消费者}$=135.57，$M_{产品}$=129.55，$M_{自身}$=113.04，F=3.686，p=0.03<0.05），且兴趣区总持续时间也存在显著差异（$M_{消费者}$=46.19，$M_{产品}$=41.31，$M_{自身}$=37.58，F=3.547，p=0.034<0.05），说明与品牌自身故事和产品故事相比，品牌消费者故事更能显著提升消费者的视觉注意（见表34），假设 H3 成立。

表34　视觉注意方差分析结果

项	样本量	兴趣区注视次数		持续时间 / s	
		平均值	标准差	平均值	标准差
消费者故事	23	135.57	28.68	46.19	12.01
品牌产品故事	23	129.55	25.82	41.31	9.9
品牌自身故事	24	113.04	33.16	37.58	11.26
总计	70	125.81	30.63	41.64	11.5
F		3.686		3.547	
p		0.03*		0.034*	

注：* 表示 p<0.05。

然后，本研究采用单因素 F 检验来分析不同类型绿色品牌故事对消费者品牌真实性感知影响程度的大小。F 检验结果表明，绿色品牌消费者故事比品牌自身故事和品牌产品故事使被试有更高的品牌真实性感知（$M_{消费者}$=5.66，$M_{产品}$=4.93，$M_{自身}$=4.45，F=8.686，p<0.01），假设 H4 成立。

表35　消费者绿色品牌真实性感知方差分析结果

分析项	类别	样本量	平均值	标准差	F 值	p
品牌真实性感知	消费者故事	23	5.66	0.82	8.686	0.000**
	品牌产品故事	23	4.93	1.04		
	品牌自身故事	24	4.45	1.13		
	总计	70	5.02	1.11		

注：** 表示 p<0.01。

为进一步了解影响被试做出品牌真实性感知判断的关键语句，本研究随机从每组实验中抽取十名对象进行访谈，具体访谈分析过程为：被试首先介绍影响自己做出品牌真实性判断的关键语句及原因；然后，向被试展示其他两组故事文本，让被试再次按照品牌真实性感知程度进行打分排序。

就产品故事而言，被试认为影响其做出判断的关键语句为："家人用过唇膏之后反映唇膏虽然保湿效果好，但感觉有些油腻。""于是，李英然在多次实验后，加入了其他天然成分进行配方改良。"这两句话没有直接强调产品成分的绿色纯正程度，而是叙述了产品研发过程中的用户体验和多次实验的曲折经历，并且以"家人"作为产品体验客户，不仅给被试赋予了代理体验的场景，更增强了产品的可信度。此外，被试认为故事最后一句话"'英然蜂'唇膏的配方成分都100%取自自然香草和乳木果材料，无任何人工合成化学添加剂。"进一步增强了被试的真实性感知，整个故事通过对产品功效和研发过程的讲解让被试有了初步印象，最后一句话让被试坚定了信心，从内心深处感受和认可该品牌的真诚性和天然性。

就品牌自身故事而言，本研究选取的是创始人故事。通过访谈发现，影响被试做出品牌真实性判断的关键语句为："他将车开到路边摆摊卖蜂蜜，纯天然无添加的蜂蜜很快在当地人中赢得了赞誉。"这句话叙述的场景是一种天然的户外场景，让人很容易产生联想，塑造了创始人一种朴实的人物原型，而且当地人的赞誉起到了加分项的作用。另外一句话是"李英然偶然得到一本旧的养蜂人手册，里面全是蜂蜡配方，于是两人开始卖蜂蜜以外的蜂蜡护肤品。"被试认为该句话体现了创始人的一种传奇经历，也与创始人最初的摄影师身份相呼应。

就消费者故事而言，本研究设计的是消费者体验产品的故事。通过访谈发现，影响被试做出品牌真实性感知判断的关键句是："本来这个也没抱有期望，但在尝试用了几次后，我的脚底板居然恢复正常了，很光滑平整。"被试认为该故事前面在详细介绍消费者遇到的皮肤问题，最后说明通过该产品得到了彻底的解决，整个故事从情节冲突到最后解决的过程证明了产品的功效。

综合被试对其他组的比较评价结果，本研究发现消费者故事的真实性感知评价得分依旧最高，品牌产品故事其次，品牌自身故事得分最低。经过访谈分析，发现被试们认为该消费者故事讲述了其他消费者的一个用户体验故事，阅读该故事给被试一种身临其境的感觉，"从消费者的角度来讲述自己解决皮肤问题的过程，且整个故事突出了使用该品牌产品的偶然性，不是在刻意去强调产品的成分和功效，反而会让人觉得更真实"。也有被试在访谈时表示，"三个故事给自己印象最深的是消费者故事，但做判断时，会将自身的网络购物经历代入其中，因为当前很多商家为了产品的好评，会推出'好评返现'等诱导营销，反而降低了消费者对口碑营销的信任度，所以自己会更加关注产品本身的功效。"这与本研究提到的普遍"漂绿"背景下的消费者信任降低结论相符合。

通过热点图和访谈分析，本研究发现，被试关注次数和停留时间最长的语句，都运用了拟人、反转、象征等修辞手法来进行故事情节描述。比如，产品故事中讲述如何克服护肤品油腻的过程，经过反复试验最终解决冲突的故事；消费者故事通过大量情节展示消费者解决皮肤困扰的过程；品牌自身故事通过创始人的一段传奇经历来塑造一个朴实的人物原型。由此推断：消费者在阅读绿色品牌故事文本时，含有修辞策略的内容会更吸引消费者视觉注意，帮助其做出认知判断。

6.6 本章小结

本章通过眼动追踪实验来探讨了不同类型绿色品牌故事对消费者视觉注意的影响及对消费者品牌真实性感知的差异化影响。结合眼动热点图、注视点时间方差分析、品牌真实性感知 F 检验，本研究得出以下结论：

第一，不同类型绿色品牌故事对消费者的视觉注意有显著影响，与品牌自身故事和品牌产品故事相比，消费者故事更能吸引消费者的视觉注意，且消费者故事会让消费者有更高的真实性感知评价。

第二，消费者在阅读不同类型的绿色品牌故事时，对含有修辞策略的情节部分关注度更高，停留时间更长。结合品牌故事构建要素理论，人物（拟人）、情节冲突（反转）和品牌意义（象征）都是品牌故事必不可少的要素，本实验也再次证实了含有修辞策略的内容是吸引消费者注意并影响其认知评价的关键因素。因此，绿色品牌在构建品牌故事时，应该从消费者兴趣点出发，灵活运用修辞手法，持续刺激消费者的视觉注意，以获得积极的品牌评价。

7 绿色品牌故事真实性的建构策略：
叙事修辞理论视角

本研究第五章和第六章的实证分析表明，绿色品牌故事建构真实对绿色信任有显著影响且影响程度最大。第七章对不同类型绿色品牌故事下消费者的视觉注意差异性和真实性感知进行眼动实验研究，结合眼动实验热力图和被试访谈，本研究发现：就文本内容而言，即使阅读不同类型的绿色品牌故事，消费者也是对故事中采用修辞策略叙述的内容关注度更高、更感兴趣，也再次验证故事建构真实对消费者真实性感知的积极作用。因此，本研究认为绿色品牌故事的建构真实是影响消费者真实性感知的关键维度，前文扎根研究开发出的绿色品牌故事建构真实维度就包含故事情节、故事逻辑和故事修辞策略等方面。因此，本研究认为可以通过恰当的修辞策略来进行故事内容和情节的建构。本章将在前面研究的基础上，以叙事修辞理论作为品牌故事建构的理论基础，探讨绿色品牌故事的建构策略并进行实证检验。

7.1 理论推导与研究假设

对故事的战略性运用可以使品牌获得竞争优势，并对消费者的行为意向产生积极的影响。然而，能够导致这些积极影响的根本前提是这些故事是否被认为是真实的，因为消费者现在非常抵制他们认为的操纵性营销。例如"漂绿"就是通过故意制造欺骗性和误导性的绿色声明，以建立绿色形象[①]。在今

---

① Parguel B, Benot-Moreau F, Larceneux F. How Sustainability Ratings Might Deter 'Greenwashing': A Closer Look at Ethical Corporate Communication [J]. Journal of Business Ethics, 2011, 102（1）: 15–28.

天这个消费者怀疑的时代，引人注目的品牌故事可能是绿色品牌的一个很好的补救措施。

研究表明，故事可以作为一种媒介，让消费者理解、与品牌沟通，并在情感上与品牌建立联系。认知和情感联系主要来自对精心设计的情节的沉浸感。沉浸感通常发生在故事缩小了叙述者与读者之间的心理距离或唤起读者对故事人物的情感共鸣的时候[①]。品牌故事沉浸或叙事传输可以提升真实性。然而，关于故事内容中哪些因素会影响沉浸感，并最终影响感知到的品牌真实性，目前还缺乏相关文献。

构成故事叙述的基本要素有：信息、情节、冲突、角色、背景、事件、主题、美学等[②]。其中一些元素之前已经研究过它们与叙事传输的关系。已有研究证实叙事运输效果与第一人称叙述、良好的故事结构以及文学作品中的文体技巧密切相关[③]。然而，鲜有关注通过叙事修辞如何建构引人入胜的故事，以及它对提升沉浸感的作用，而这一领域的实证研究更是少之又少。基于以上分析，本研究将叙事修辞理论应用于品牌叙事语境中，首次尝试测量带有修辞策略的品牌故事对叙事沉浸感和品牌感知真实性的影响程度。

品牌真实性感知对绿色品牌营销至关重要，因为消费者非常渴望知道绿色产品的真实属性[④]。品牌真实性感知是影响消费者对绿色产品态度和购买意愿的重要因素[⑤]。由于市场上存在大量"漂绿"行为，消费者对几乎所有公司

---

① Car ù A，Cova B. Consumer Immersion in an Experiential Context [M]. New York：Routledge，2007.

② Padgett D，Allen D. Communicating Experiences：A Narrative Approach to Creating Service Brand Image [J]. Journal of Advertising，1997，26（4）：49–62.

③ Lloyd S，Woodside A G. Animals，Archetypes，and Advertising（A3）：The Theory and the Practice of Customer Brand Symbolism [J]. Journal of Marketing Management，2013，29（1–2）：5–25.

④ Batte M T，Hooker N H，Haab T C，et al. Putting their Money Where their Mouths are：Consumer Willingness to Pay for Multi-ingredient，Processed Organic Food Products [J]. Food Policy，2007，32（2）：145–159.

⑤ Ewing D R，Allen C T，Ewing R L. Authenticity as Meaning Validation：An Empirical Investigation of Iconic and Indexical Cues in a Context of "green" Products [J]. Journal of Consumer Behaviour，2012，11（5）：381–390.

传递的绿色信息持怀疑态度，严重破坏了绿色市场的正常秩序[1]。如果消费者持续质疑品牌绿色信息的真实性，绿色品牌将面临失去绿色品牌资产的危险。因此，对于绿色品牌的从业者和研究人员来说，消除怀疑和提高消费者对品牌真实性的感知已经成为一个重要问题，而策略性的故事讲述可能会提供一剂良药。

7.1.1　沉浸感对绿色品牌故事真实性感知的影响

像传统小说一样，品牌故事应该包含角色、情节、信息和冲突等要素[2]。品牌故事必须是可信的，能够让读者认同他们的角色，同时信息应该与品牌积极联系[3]。故事的冲突要素是必要的，因为它推动情节发展转折。冲突的解决过程通常传达了品牌故事的核心信息。品牌使用故事与消费者沟通，引导消费者对其独特性的感知和唤起情绪体验来实现自身品牌的差异化。与直接陈述事实相比，故事被认为更有说服力，因为它们与消费者产生更强的积极情感联系，从而吸引消费者的兴趣，提高品牌信任[4]。

当消费者从认知和情感上参与到故事中时，他们往往会有更多积极的感受和评价。Green 和 Brock 表明沉浸感更强的观众表现出更少的怀疑和反驳，比沉浸感弱的人更容易接受故事的内容。当消费者在一个品牌故事中体验到沉浸感时，即进入故事主体创造的叙事世界的心理旅行过程。沉浸感也被称为叙事投入，它导致读者产生一种精神状态，即注意力、情感和意象都集中在叙事中发生的事件上[5]。消费者沉浸在一个品牌故事可以提高品牌识别能力和产生良好的品牌评价。读者对故事的沉浸程度与说服的效果呈正相关。读

① Hamann R，Kapelus P. Corporate Social Responsibility in Mining in Southern Africa：Fair Accountability or just Greenwash？[J]. Development，2004，47（3）：85–92.

② Fog K，Budtz C，Yakaboylu B. Storytelling：Branding in practice［M］. Springer Books，2010.

③ Mossberg，Lena. Extraordinary Experiences through Storytelling［J］. Scandinavian Journal of Hospitality & Tourism，2008，8（3）：195–210.

④ Woodside A G，Sood S，Miller K E. When Consumers and Brands Talk：Storytelling Theory and Research in Psychology and Marketing［J］. Psychology and Marketing，2008，25（2）：97–145.

⑤ Green M C，Brock T C. The Role of Transportation in the Persuasiveness of Public Narratives［J］. Journal of Personality and Social Psychology，2000，79（5）：701–721.

者越是沉浸在一个故事中，就越有可能被说服。因此，叙事沉浸感可以增强品牌真实性感知[①]。

绿色品牌可以通过讲故事来暂停消费者对品牌的负面信念和批评性争论，因为叙事沉浸可以增强品牌真实性感知，正如 Green 和 Brock（2000）的实验结果所证明的那样，与沉浸感较弱的个体相比，沉浸感较强的观众表现出更少的怀疑和反驳，更容易接受故事内容。已有一些定性和定量的研究表明，沉浸对品牌真实性感知有积极的影响[②]。为了进一步证实绿色故事的沉浸与品牌真实性感知之间的关系，本研究提出假设。

H5：如果消费者沉浸在一个绿色品牌故事中，他们倾向于认为这个品牌是真实的。

7.1.2 叙事修辞对绿色品牌真实性感知的影响

修辞被广泛用于广告中，以吸引消费者购买[③]。叙述性修辞并没有被狭隘地解释为修辞手法，它是一种有说服力和有效的写作艺术，或者更确切地说，是用于影响或改变人类的决定[④]。修辞是为了说服受众为实现预期目标而进行的一种有意识的语言选择[⑤]。在品牌故事的背景下，修辞会影响读者沉浸的质量，通过逻辑、情感和可信度三个角度来构成一个引人入胜故事的关键元素。与简单构建的故事相比，带有修辞的故事更有吸引力、更有力量，因此更容易使人产生沉浸感。因此，本研究提出假设。

H6：有叙事修辞的绿色品牌故事比没有叙事修辞的绿色品牌故事对沉浸

---

① Banerjee S C, Greene K. Role of Transportation in the Persuasion Process: Cognitive and Affective Responses to Antidrug Narratives [J]. Journal of Health Communication, 2012, 17（5）: 564–581.

② Algharabat R, Dennis C. 3D Product Authenticity Model for Online Retail: An Invariance Analysis [J]. International Journal of Business Science & Applied Management, 2010, 5（3）.

③ Mothersbaugh D L, Huhmann B A, Franke G R. Combinatory and Separative Effects of Rhetorical Figures on Consumers' Effort and Focus in Ad Processing [J]. Journal of Consumer Research, 2002（4）: 589–602.

④ Hauser G A. Introduction to Rhetorical Theory [M]. Waveland Press, Inc, 2002.

⑤ Iversen S. Narratives in Rhetorical Discourse [C]. In The Living Handbook of Narratology, ed. P. Hühn and J. Pier. Hamburg: Hamburg University Press, 2014.

感的影响更大。

　　一个引人入胜的品牌故事不可或缺的四个元素是人物、信息、冲突和情节。本研究提出了故事建构中可以运用拟人、反转和象征三个修辞策略。拟人旨在将观众与品牌故事中的叙述者或角色联系起来；反转在情节中设置障碍以引起冲突，利用意想不到的结果来吸引和娱乐观众[①]；而象征则侧重于增加品牌故事试图传达给消费者的信息价值[②]。这三种修辞策略体现了修辞学理论的实用性，同时又与讲故事的核心基础密切相关。

　　拟人是指将人的特征、情感或动机归因于非人类实体[③]。营销人员经常使用拟人手法让消费者把他们的品牌看成是人或有生命的实体[④]。以往的研究已经肯定了品牌拟人化的价值。Kim 等人指出拟人化是品牌与消费者之间的一种情感纽带，促使后者产生对品牌的依恋感[⑤]。

　　在叙事广告或品牌故事中嵌入拟人化可以带来消费者更多的正面反应。Kniazeva 和 Belk 从他们的品牌故事研究中发现，通过使用拟人化，许多食品包装故事成功地在消费者心中形成了一个令人愉快的品牌身份[⑥]。Cho 发现越来越多的企业倾向于通过 Blog 等社交平台发布他们的品牌故事，借助口语化交流或网络流行语赋予品牌个性[⑦]。研究表明，使用人称名词和动词的祈使

① Chiu H，Hsieh Y，Kuo Y. How to Align your Brand Stories with Your Products［J］. Journal of Retailing，2012，88（2）：262–275.

② Fog K，Budtz C，Yakaboylu B. Storytelling：Branding in practice［M］. Springer Books，2010.

③ Aggarwal P，McGill A L. Is That Car Smiling at Me? Schema Congruity as a Basis for Evaluating Anthropomorphized Products［J］. Journal of Consumer Research，2007，34（4）：468–479.

④ Chen K，Lin J，Choi J H，et al. Would You Be My Friend? An Examination of Global Marketers' Brand Personification Strategies in Social Media［J］. Journal of interactive advertising，2015，15（2）：97–110.

⑤ Kim M K，Park J H，Paik J H. Relationship between Service–Related Activities，Service Capability and Market Diffusion：Case of WiBro［J］. Etri Journal，2014，36（3）：490–497.

⑥ Kniazeva M，Belk R W. If This Brand Were a Person，or Anthropomorphism of Brands Through Packaging Stories［J］. Journal of Global Academy of Marketing Science，2010，20（3）：231–238.

⑦ Cho S. Interpersonal communication between brands and consumers：a self–presentation study of corporate blogs［C］//New Media Conference at University of Minnesota，Twin Cities Campus，Minneapolis，MN. 2006.

形式可以增加品牌的人情味[①]。Huang 发现，第一人称叙述者（在叙事中使用"我"或"我们"）的品牌故事比第二人称（使用"你"）或第三人称（使用"他""她""它"或"他们"）的品牌故事更有说服力[②]。第一人称叙事声音使品牌具有人性特征，因此更接近消费者，更容易使品牌故事沉浸其中[③]。在品牌故事中语言的选择比没有人性的故事更接近消费者的心理距离，更容易使人产生沉浸感。Rose 和 Wood 研究表明，品牌的拟人化更容易通过鉴别品牌价值来增加品牌的象征真实性[④]。在品牌语境中，存在真实性是指消费者在品牌体验中感受真实的自我，而真实的自我验证过程正是基于消费者身份建设的。研究发现，一个充满人性特征的品牌会给消费者提供自我参照的暗示来构建自己的身份，消费者更容易通过拟人化来识别品牌的价值，从而增加对品牌真实性的感知。基于这些发现，本研究提出以下假设。

H7a：在绿色品牌故事中使用拟人修辞会对品牌真实性感知产生显著影响。

H7b：沉浸感在拟人修辞与品牌真实性感知之间存在中介作用。

在文学中，冲突是文学元素中发生的目标角色或力量发生碰撞。每个叙事故事的基本情节元素都离不开冲突[⑤]，没有冲突的故事将很难吸引观众，冲突往往意味着情节高潮迭起和结局反转。反转相当于亚里士多德《诗学》中的修辞策略"Peripeteia"，它被描述为"情节障碍"，导致故事的高潮。反转使故事出人意料且有趣，而不是令人期待且乏味。它指的是主人公的欲望和行动突然中断，导致角色和事件之间的冲突和紧张。故事通常以一个最终的

---

① Kwon E S, Sung Y. Follow Me! Global Marketers' Twitter Use [J]. Journal of Interactive Advertising, 2011, 12（1）：4–16.

② Huang W. Brand Story and Perceived Brand Image：Evidence from Taiwan [J]. Journal of Family and Economic Issues, 2010, 31（3）：307–317.

③ Trope Y, Liberman N. Construal–level Theory of Psychological Distance [J]. Psychological Review, 2010, 117（2）：440–463.

④ Wood, Lisa. Dimensions of Brand Purchasing Behaviour：Consumers in the 18–24 age Group [J]. Journal of Consumer Behaviour, 2004, 4：9–24.

⑤ Alwitt, F. Suspense and Advertising Responses [J]. Journal of Consumer Psychology, 2002, 12（1）：35–49.

结局结束，在这个阶段，主角的新一面被揭示，或者他们的处境完全颠倒[①]。例如，一个失败者最终成为英雄；敌人最终成为朋友。一个故事的结局可以是好的，也可以是坏的，但是一个有明确解决方案的积极结果可以缓解读者的紧张情绪，对他们产生积极的影响[②]。

在绿色营销的背景下，品牌故事的反转让消费者更加意识到品牌和产品的好处。传统的绿色品牌故事只是笼统地宣称其产品是环保的，或者只是简单地介绍过去对环境的贡献[③]。虽然企业故事可以获得可信度，如果传播的信息是基于确凿的事实，在故事中突出的附加或额外价值，符合消费者的兴趣，将更有可能吸引消费者做出积极的感知评价[④]。例如，品牌故事可以详细说明一个绿色品牌的困难和压力如何产生鼓舞人心的绿色收益。由于反转可以触发消费者的觉醒，因此极有可能诱发沉浸感。叙事广告中的反转有利于读者对品牌解决问题能力的认知，由反转引起的冲突创造了悬念感，吸引读者去寻找冲突的解决方案[⑤]。强烈的反转提供了设计障碍的最佳解决方案，这意味着读者在面临类似挑战时应该做出类似的选择（即购买的品牌）[⑥]。因此，本研究提出以下假设。

H8a：在绿色品牌故事中使用反转修辞会对品牌真实性感知产生显著影响。

H8b：沉浸感在反转修辞与品牌真实性感知之间存在中介作用。

象征修辞是使用有形的符号来象征一些无形的东西，比如品质或理念，通过赋予它们不同于字面意思的象征意义。基于象征原型构建的故事通常会增强人与人之间的联系，因为原型的普遍性质，即所有人心中固有的基本快乐、痛苦和渴望，提供了理解人际关系的源泉，典型的原型符号包括母亲、

① 李光斗.故事营销［M］.北京：机械工业出版社，2009.

② Edell J A, Burke M C. The Power of Feelings in Understanding Advertising Effects［J］. Journal of Consumer Research, 1987, 14.

③ Banerjee S, Gulas C S, Iyer E. Shades of Green: A Multidimensional Analysis of Environmental Advertising［J］. Journal of Advertising, 1995, 24（2）: 21–31.

④ Pickett–Baker J, Ozaki R. Pro–environmental Products: Marketing influence on Consumer Purchase Decision［J］. Journal of Consumer Marketing, 2008, 25（4–5）: 281–293.

⑤ Fog K, Budtz C, Yakaboylu B. Storytelling: Branding in practice［M］. Springer Books, 2010.

⑥ Zak PJ, JENSEM M C. Moral Markets: The Critical Role of Values in the Economy［M］. Woodstock: Princeton University Press, 2008.

父亲、英雄、神话中的人物和来自不同职业的个体[①]。

已有研究建议营销人员利用品牌故事中的原型人物和情节来满足消费者的原型期望，尽管这些期望大多是潜意识的。因为通过无意识地将原型与一个人以前的社会经验和文化背景联系起来，人们可以完美地沉浸在故事中。此外，组织独特的品牌故事中嵌入的原则和文化是区分品牌的宝贵符号资源[②]。通过这些符号，消费者能够识别相关产品的特定价值[③]。认同消费者的价值观为他们沉浸在品牌故事中提供了便利的途径，因为那些信念与故事一致的人更容易被感染[④]。此外，在品牌故事中使用象征修辞与利用原型的力量来激活消费者心灵深处的意义制造机制有很大关系。在人类潜意识深处存在着以故事为基础的经验，人们通过这些经验来交流和传递信念[⑤]。通过将象征原型与品牌故事相结合，绿色品牌可以构建一个引起目标客户产生情感共鸣的故事[⑥]。正如本书第三章扎根研究得到的结论，原型真实能够反映绿色品牌故事的真实性，是消费者感知其真实性的基础。因此，本研究假设当品牌故事具有象征意义时，消费者品牌真实性感知会得到加强，假设如下。

H9a：在绿色品牌故事中使用象征修辞会对品牌真实性感知产生显著影响。

H9b：沉浸感在象征修辞与品牌真实性感知之间存在中介作用。

7.1.3 绿色品牌故事真实性感知对品牌信任的影响

与真实性类似，信任也受到了哲学、社会学、经济学等广泛学科学者的

---

① Jung C，Hull R. Archetypes and the Collective Unconscious［M］. Woodstock：Princeton University Press，2014：3–41.

② Gioia D A，Schultz M，Corley K G. Organizational Identity，Image，and Adaptive Instability［J］. The Academy of Management Review，2000，25（1）：63.

③ Rossolatos G. Brand Image Re–revisited：A Semiotic Note on Brand Iconicity and Brand Symbols［J］. Social Semiotics，2016，28（3）：412–428.

④ Amp L Z S，Hallsupa Sup A. Narrative Persuasion，Transportation，and the Role of Need for Cognition in Online Viewing of Fantastical Films［J］. Media Psychology，2012，15（3）：327–355.

⑤ Kent M L. The Power of Storytelling in Public Relations：Introducing the 20 Master Plots–ScienceDirect［J］. Public Relations Review，2015，41（4）：480–489.

⑥ Zameer H，Wang Y，Yasmeen H. Reinforcing Green Competitive Advantage Through Green Production，Creativity and Green Brand Image：Implications for Cleaner Production in China［J］. Journal of Cleaner Production，2019，247（2）：119119.

广泛关注①。在管理和营销领域，早期的研究将信任与消费者和企业之间的关系联系在一起，信任被视为与客户建立长期关系的最重要的营销工具②。如今，越来越多的研究人员认为，品牌信任是消费者对商业关系态度的关键决定因素，营销人员必须意识到它在推动营销成功中的作用③。本研究接着讨论了营销和品牌的信任。信任是一个非常复杂的概念。Chaudhuri 和 Holbrook（2001）认为，品牌信任是指消费者愿意完全依赖一个品牌履行其承诺的能力。也有学者认为品牌信任是一个一维结构，只包含品牌可靠性，品牌诚信并不一定会带来品牌信任④。然而，在最近的研究中，品牌信任被确认为由品牌可靠性和品牌意图组成。Johnson 和 Grayson 也指出，品牌信任是二维结构：认知信任（当一个人对品牌的能力和可靠性有信心时）和情感信任（当一个人与品牌有情感联系时）⑤。其他概念模型使用多维方法来分析信任。Park 等人从三个维度对信任进行了概念化：胜任力、仁爱和诚信⑥。须明确的是，品牌信任和品牌真实性既有联系又有区别。信任来自感知风险，由于消费者无法预测购买决定的风险和不确定性，他们倾向于追求值得信赖的品牌。真实性已经被证明可以减少消费者的不安全感和不确定性，并有助于信任的建立。在绿色营销背景下，信任是基于产品或服务的信誉、善行和环境绩效能力所产生的信念或期望而愿意依赖该产品或服务。相比之下，真实性是指品牌是否履

① Hobbs J E, Goddard E. Consumers and Trust [J]. Food Policy, 2015, 52: 71–74.

② Berry L L. Relationship Marketing of Services–Growing Interest, Emerging Perspectives [J]. Journal of the Academy of Marketing Science, 1995, 23（4）: 236–245.

③ XIE L S, PENG J M, HUAN T C. Crafting and Testing a Central Precept in Service–dominant Logic: Hotel Employees' brand–citizenship Behavior and Customers' brand Trust [J]. International Journal of Hospitality Management, 2014, 42: 1–8.

④ Delgado–Ballester, Elena, Munuera–Alemán, et al. Brand Trust in the Context of Consumer Loyalty [J]. European Journal of Marketing, 2001, 35（11/12）: 1238–1258.

⑤ Johnson D, Grayson K. Cognitive and Affective Trust in Service Relationships [J]. Journal of Business Research, 2005, 58（4）: 500–507.

⑥ Park J K, Gunn F, Han S L. Multidimensional Trust Building in E–retailing: Cross–cultural Differences in Trust Formation and Implications for Perceived Risk [J]. Journal of Retailing & Consumer Services, 2012, 19（3）: 304–312.

行了自己的承诺，以及它们是否与社会规范有很深的联系[①]。Guèvremont 和 Grohmann 的一项研究显示，消费者对被认为是真实品牌的信任水平有所提高[②]。如果消费者认为一个品牌是真实的，他们就会信任这个品牌[③]。基于以上分析，我们提出假设。

H10：消费者的品牌真实性感知对品牌信任有显著影响。

基于以上分析，本研究提出绿色品牌故事真实性建构策略理论模型如图 21 所示。

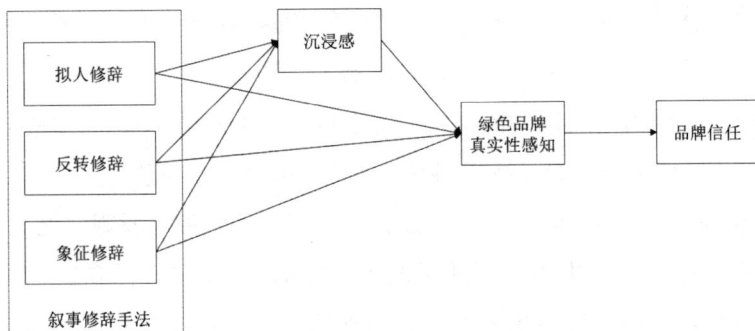

图21　绿色品牌故事真实性建构策略理论模型

7.2　研究方法与实验设计

7.2.1　实验程序设计

为了检验上述假设，本研究采取情景模拟实验法和问卷调查相结合的方

① Mazutis D D, Slawinski N. Reconnecting Business and Society：Perceptions of Authenticity in Corporate Social Responsibility [J]. Journal of Business Ethics, 2015, 131（1）：137-150.

② Gu è vremont A, Grohmann B. Does Brand Authenticity Alleviate the Effect of Brand Scandals?[J]. Journal of Brand Management, 2018, 25（4）：322-336.

③ Wicki S, Kaaij J. Is it True Love Between the Octopus and the Frog? How to Avoid the Authenticity Gap[J]. Corporate Reputation Review, 2007, 10（4）：312-318.

式收集数据。为了确保刺激材料的适宜性，并测试每个变量的有效性，首先，本研究选取武汉地区某高校的45名学生进行预实验。为了进一步确保每个结构的项目在逻辑上的一致性和相关性，以及便于实验对象理解，邀请了三位专家对问卷内容进行审查，根据他们的建议做了一些修改。初步研究的预实验结果验证了调查工具的内部效度。

正式的实证分析数据是问卷星在线调查平台开展，通过两个独立的在线实验进行收集。在第一个实验中，参与者首先需要阅读刺激材料，然后被要求根据第一感觉完成一份测量问卷。第一个实验将实验参与者随机分成两组，每组包含30个参与者。其中一组的刺激材料为同时包含着三种修辞策略的绿色品牌故事；而另一组的刺激材料为完全没有修辞策略的故事。然后，两组人都被要求完成一份问卷，测试回答四个关于沉浸感的问题。

在第二个实验中，参与者只阅读含有修辞手法的故事材料。第二个实验的参与者包括生活在中国不同地区的人，样本由158名男性和179名女性组成。每一名认真完成该情景模拟实验的被试都将得到一份8元的红包。第二个实验共回收问卷368份，其中有31份问卷回答时间过长或者过短（小于70秒或者大于360秒），视为无效问卷。结构方程模型的样本量要求最少200个。本研究有效样本量337份，样本量大约是测量项目数量（n=22）的10倍，符合上述要求，可以开展下一步分析。

表36　正式样本描述性统计

变量	类别	频次	百分比 / %
性别	男	158	46.9
	女	179	46.2
年龄（岁）	18~25	103	40.3
	26~35	125	33.7
	36~45	78	19.4
	45以上	31	6.6

变量	类别	频次	百分比 / %
职业	学生	89	26.4
	事业单位	56	16.6
	企业职员	107	31.8
	自由职业	49	14.5
	其他	36	10.7
学历	大专及以下	66	19.6
	本科	217	64.4
	硕士	45	13.4
	博士	9	2.6

7.2.2 实验刺激材料

为了避免被试对已有品牌的刻板印象，本实验中的刺激材料为虚构的绿色品牌故事。这个充满修辞策略的品牌故事的内容是由精心挑选的表达方式组成的，主要集中在品牌的绿色元素上。拟人化修辞主要体现为：以第一人称叙述，以平和的语调向参与者介绍品牌历史和产品特点；人物性格被清晰地描绘出来，在故事的结尾使用了包括动词在内的祈使句。反转修辞主要体现为故事情节中设计的障碍或者冲突，突出了品牌在实现自身发展目标与实施体现消费者价值观相关的解决方案过程中面临的困难和做出的努力。本实验设计的绿色品牌故事材料主要描述了该品牌雇用的养蜂人如何利用"探索"原型主题收获天然纯净的蜂蜜，绿色品牌通过探索和发展，既要能寻找内在的东西，也展现外在的旅程，象征着品牌毅力和仁慈的品质。在中国传统文化里，毅力和仁慈都被认为是宝贵的品质，代表着品牌的精神力量。相反，在相应的非修辞策略故事中，只呈现了品牌发展历史的基本情节。

7.3 数据收集与分析

7.3.1 量表选取与问项测量

本次测量量表均采用李克特七级量表。沉浸感是基于 Appel 等人提出的传输量表（TS-SF）进行测量的 [1]。参与者沉浸程度的自我报告量表包括注意力集中、意象构建和情感反应等四个项目。对于三种叙事修辞的测量，拟人修辞的测量参考 Wen 和 Song 提出的从人的存在、人称代词和祈使动词三个方面对拟人化进行评分 [2]。关于反转修辞的量表采用 Chiu 等学者（2012）提出的，包括与故事高潮、情节障碍和解决方案相关的三个项目。关于象征意义的测量问项基于 Gutman 的研究发展起来的，该研究表明，主人公和故事主题都体现的是故事代表的原型 [3]。品牌真实性感知的测量则是参考 Napoli 等学者（2014）使用的四个项目来衡量的，结合本研究的绿色品牌特定属性，调整后的四个测量问项反映了消费者对绿色品牌的真实性感知（如"绿色品牌是优质的"）。品牌信任度测量项目从 Portal 等学者（2019）和 Mezger（2021）中改编而来，主要测量与绿色品牌相关的因素：可靠性、责任和意图 [4]。

7.3.2 信度效度检验

本研究继续采用结构方程模型分析方法，通过 AMOS22.0 软件来对问卷

---

[1] Appel M, Gnambs T, Richter T, et al. The Transportation Scale-Short Form（TS-SF）[J]. Media Psychology, 2015, 18（2）: 243-266.

[2] Wen J T, Song B. Corporate Ethical Branding on YouTube: CSR Communication Strategies and Brand Anthropomorphism [J]. Journal of Interactive Advertising, 2017, 17（1）: 28-40.

[3] Gutman M. The Morphological and Archetypal Traces in the American Dream: Exploring the Potential of the Narrative Structure and Symbolism [J]. Solsko Polje, 3-4: 161-213., 2017.

[4] Mezger A, Cabanelas P, Cabiddu F, et al. What Does it Matter for Trust of Green Consumers? An Application to German Electricity Market [J]. Journal of Cleaner Production, 2020, 242: 118484.

中各项目进行验证性因子分析（CFA），测量信度和效度。采用结构方程模型（SEM）方法，利用AMOS22.0软件进行CFA测试。结果显示出一个良好的模型拟合度，卡方比自由度 $X2/df = 1.708<3$；$X2 = 322.804$；df=189，而比较（CFI）和非归一化拟合指数（NNFI）均大于0.95（CFI = 0.970；IFI= 0.970；NNFI = 0.96，RMSEA0.046<0.05，标准化均方根残余 SRMR=0.059<0.08；因此，在因子结构和数据之间获得了良好的拟合适配度[①]。

表37 变量的信度及均值

变量	问项数量	Cronbach's alpha values	均值	标准差
拟人	3	0.73	5.75	1.11
反转	3	0.86	5.11	1.23
象征	3	0.85	5.62	1.16
沉浸感	4	0.88	5.62	1.19
真实性感知	4	0.89	5.94	1.03
品牌信任	5	0.89	5.12	1.06

采用Cronbach alpha测试了拟人、反转、象征、沉浸感、品牌真实性感知和品牌信任的六因素测量模型信度。如表37所示，本研究的6个潜在构念均具有良好的信度，且信度系数的值范围从0.73到0.89，均高于0.7的标准水平。表38显示了六个变量的相关性分析结果，并证实了预测它们是相互正相关的，这进一步满足了衡量区别效度的标准，断言结构之间的相关性应该小于标准0.85。此外，所有假设的因子负荷在CFA中具有统计学意义，均高于0.7。复合信度（CR）的值大于0.7，提取的平均方差（AVE）的值超过了0.5的阈值，因此表明有足够的收敛效度。结果如表39所示。

---

① Hu 和 Bentler，1999.

表38　变量相关性分析

变量	1	2	3	4	5	6
拟人	1					
反转	0.26**	1				
象征	0.317**	0.379**	1			
沉浸感	0.294**	0.556**	0.576**	1		
真实性感知	0.243**	0.356**	0.491**	0.62**	1	
品牌信任	0.066**	0.102**	0.176**	0.268**	0.335**	1

注：** 表示 p<0.01。

表39　变量因子分析及 CR、AVE 值

变量	测量问项	因子载荷	CR	AVE
拟人	故事中有一个或多个人物形象	0.78	0.79	0.56
	故事中品牌描述采用第一人称	0.75		
	这个故事使用的一些动词是祈使句形式	0.71		
反转	故事情节有一个高潮	0.84	0.87	0.69
	故事中主人公遇到了障碍	0.74		
	故事情节中遇到的阻碍得到了完美解决	0.90		
象征	故事的主人公具有不屈不挠、目标明确的仁义英雄的性格	0.82	0.86	0.67
	故事情节包括主角寻找内心的平静以及与自然的和谐	0.92		
	品牌故事塑造了一种绿色和乐观的文化	0.70		
沉浸感	我读这个故事时全神贯注	0.81	0.88	0.65
	阅读时，我想知道这个故事的结局	0.74		
	这个故事从情感上打动了我	0.83		
	读这个故事时，我对故事情节有了一个生动的印象	0.85		

变量	测量问项	因子载荷	CR	AVE
品牌真实性感知	该绿色品牌是高质量的	0.85	0.88	0.66
	该绿色品牌是独特的	0.71		
	我认为该绿色品牌是真实存在的	0.86		
	该绿色品牌坚持了他所倡导的价值观	0.82		
品牌信任	我对这个绿色品牌很有信心 我对这个绿色品牌是满意的 该品牌对环境负责 该品牌是可持续的 该品牌是诚实和真诚的	0.78 0.75 0.73 0.88 0.81	0.89	0.63

7.4 假设检验

通过 SPSS22.0 软件进行独立样本 T 检验来验证假设 H6。结果显示含有三种叙事修辞的绿色品牌故事（M =5.37; SD =1.25; t=4.094; p<0.05）比没有包含三种修辞的绿色品牌故事（M=4.01; SD=1.32; p<0.05）更能增强参与者的沉浸感，假设 H6 成立。

本研究继续沿用前面章节采用的结构方程模型方法来验证所研究的变量之间的因果关系。首先，通过 AMOS22.0 软件对绿色品牌故事中的三种修辞对品牌真实性感知的直接效应进行检验，其检验结果如表40所示。其中，象征对品牌真实性感知的路径系数为0.484，临界比例 |CR|>1.96，p<0.01，说明在绿色品牌故事中使用象征修辞对品牌真实性感知有显著的正向影响，假设 H9a 成立。反转对品牌真实性感知的路径系数为0.163，临界比例 |CR|>1.96，p<0.01，说明在绿色品牌故事中使用反转修辞对品牌真实性感知有显著的正向影响，假设 H8a 成立。拟人对品牌真实性感知的路径系数为0.052，临界比例 |CR|<1.96，p>0.05，说明在绿色品牌故事中使用拟人修辞对品牌真实性感

知没有显著的正向影响，假设 H7a 不成立。

虽然之前的研究已经证实了拟人化在品牌策略中的作用，将拟人化特征赋予品牌可以有效提升消费者的真实性感知，但本研究未能发现拟人化对品牌真实性感知的直接影响。一个拟人化的品牌故事说服消费者将品牌视为人，虚构的绿色故事对消费者来说是新鲜的，他们可能需要一定的时间将品牌拟人化，并与之建立情感联系。也有可能是参与者本身的原因，不管故事是用第一人称还是第三人称叙述，故事的信息都不会得到改变。这一结果的另一个原因可能是用于测量拟人化的项目列表并不详尽。本研究直接采用了 Wen 和 Song（2017）[①] 的测量方法，没有增加或减少项目。这可能是因为他们对拟人的操作测量是应用在社会网络环境下评价企业社会责任传播策略时，其在品牌故事中使用拟人化的衡量能力不足。例如，反映语言语气的形容词或动词也可以构成拟人化维度。然而，很少有研究揭示这种修辞策略的其他方面，有待后续研究进一步深化。

表40 绿色品牌故事叙事修辞与品牌真实性感知的假设检验结果

X → Y	标准化回归系数	SE	CR	p	显著性	拟合指标
象征→品牌真实性感知	0.484	0.055	7.219	0.000	显著	$\chi^2/df=2.067$ GFI=0.948, AGFI=0.92 RMSEA=0.056, CFI=0.972 NFI=0.948, IFI=0.972
拟人→品牌真实性感知	0.052	0.055	0.835	0.404	不显著	
反转→品牌真实性感知	0.163	0.043	2.738	0.006	显著	

然后，本研究依次以拟人、反转和象征三种修辞为自变量，沉浸感为中介变量，品牌真实性感知为因变量，借助 AMOS22.0软件的 Bootstrap 法对沉浸感的中介作用进行检验。分别得到三组标准化参数估计值，具体如图22-24所示。

---

① Wen J T, Song B. Corporate Ethical Branding on YouTube: CSR Communication Strategies and Brand Anthropomorphism [J]. Journal of Interactive Advertising, 2017, 17（1）: 28-40.

从图22可知，拟人对品牌真实性感知影响不显著，对沉浸感有显著正向影响（路径系数为0.342，临界比例 |CR|=4.756>1.96，p<0.01），沉浸感对品牌真实性感知影响显著（路径系数为0.681，临界比例 |CR|=11.016>1.96，p<0.01）。因此，拟人通过沉浸感对品牌真实性感知影响的效应值为0.233。Bootstrap 抽样计算得到的95% 置信区间为0.104~0.238，说明沉浸感在拟人与品牌真实性感知之间起到了完全中介作用，假设 H7b 成立。

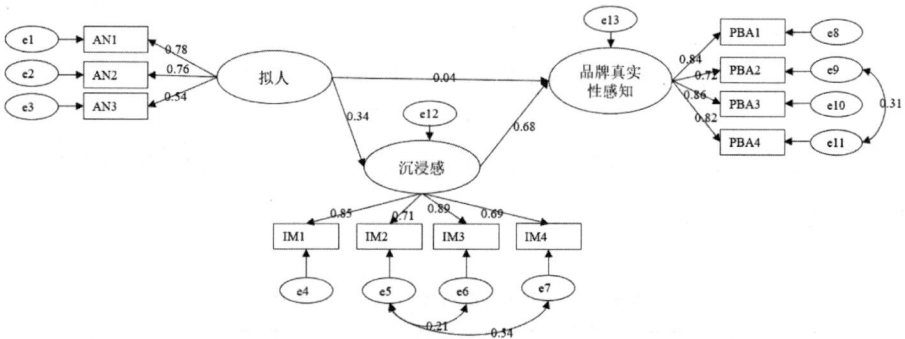

图22　沉浸感中介于拟人与品牌真实性感知模型标准化参数估计

同理，从图23和图24可知，反转和象征都分别对品牌真实性感知影响显著，对沉浸感有显著正向影响，沉浸感对绿色品牌真实性感知影响显著。反转通过沉浸感影响品牌真实性感知，中介效应值为0.14；象征通过沉浸感影响品牌真实性感知，中介效应值为0.379。沉浸感在反转、象征与品牌真实性感知之间起到了部分中介作用。因此，可以判断假设 H8b、H9b 成立。

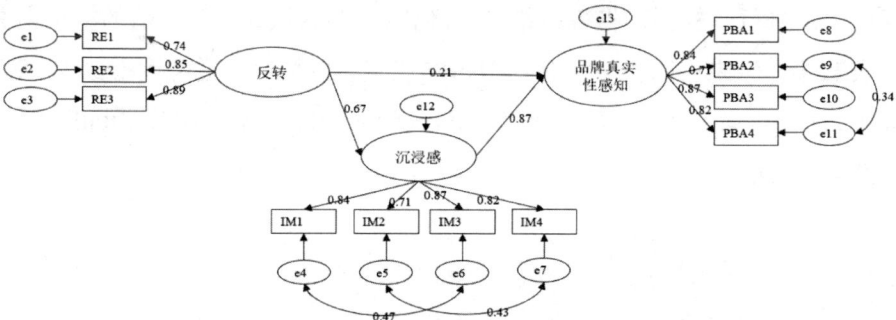

图23　沉浸感中介于反转与品牌真实性感知模型标准化参数估计

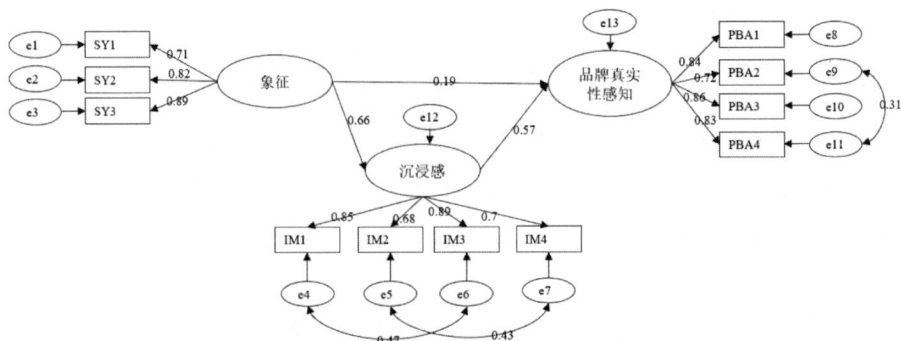

图24　沉浸感中介于象征与品牌真实性感知模型标准化参数估计

由表41可知三组中介效应检验模型的适配度指标均达到了标准要求，三组模型总体适配度较好。

表41　三组中介效应模型的适配度指标

模型	卡方自由度比值	NFI	CFI	TLI	IFI	RFI	适配度评价
拟人模型	2.673	0.952	0.969	0.956	0.97	0.931	非常好
反转模型	2.021	0.969	0.984	0.977	0.984	0.955	非常好
象征模型	2.828	0.956	0.971	0.959	0.971	0.938	非常好
评价标准	<3	>0.9	>0.9	>0.9	>0.9	>0.9	

最后，本研究对沉浸感与品牌真实性感知、品牌真实性感知与品牌信任的关系进行了检验，将检验结果标准化回归系数、t值和p值的结果汇总在表42中。结果表明，假设H5、H10均成立。模型拟合适配度指数为：$X2/df=1.547$，$IFI = 0.98$，$NNFI = 0.97$，$CFI = 0.98$，$RMSEA = 0.04$，$SRMR=0.05$，模型拟合较好。

表42 假设 H5 和 H10 的检验结果

假设	标准回归系数	C.R.（t-value）	p-value	假设检验结果
H5：沉浸感→品牌真实性感知	0.730	11.188	***	支持
H10：真实性感知 → 品牌信任	0.448	7.207	***	支持

注：*** 表示 p<0.001.

7.5 本章小结

品牌真实性感知有利于品牌关系质量建设，并被视为实现品牌成功战略的关键因素。毫无疑问，这可以对品牌信任和忠诚度产生积极的影响。在消费者怀疑主义盛行的今天，品牌真实性感知和品牌信任对于绿色品牌尤为重要。品牌真实性感知和品牌信任的良好结果需要对其前因进行调查。首先，本研究引入叙事修辞来解释品牌故事对品牌真实性感知和品牌信任的影响。主要贡献在于开发并实证评价了消费者品牌真实性感知和绿色品牌信任的模型。本研究的结果支持了之前的研究结果，即引人注目的品牌故事对诱导沉浸感有积极作用，进而增强消费者的品牌真实性感知，然后，品牌真实性感知有助于建立消费者对品牌的信任。实践证明，语言的刻意选择，即修辞策略在绿色品牌故事中的应用，对增强消费者沉浸感起着非常关键的作用。本研究发现，有助于唤起叙事沉浸感的反转和象征修辞的运用对品牌真实性感知有积极影响。

其次，对现有的品牌故事叙事文献进行了拓展，主要集中在品牌故事背后的故事结构和品牌价值的构建上。因此，在如何创造一个引人注目的品牌故事方面，将焦点从抽象的理论化转移到具体的实践。本研究也为有关品牌故事对消费者感知影响的文献提供了实证证据。本研究的结果表明，与一个简单的品牌故事相比，一个充满修辞策略的精心策划的故事更有可能引起消费者的共鸣，从而说服他们。因此，本研究证实了以往研究的结论，即一个有吸引力的品牌故事比基本事实更有说服力，有助于培养品牌信任[①]。

---

① Kaufman, Barbara. Stories that Sell, Stories that Tell [J]. Journal of Business Strategy, 2003, 24（2）: 11–15.

8　研究结论与未来展望

本章主要从以下两个方面对本研究的结论与未来展望进行分析和阐述：一是概括归纳本研究的主要研究结果；二是通过定性与定量分析得到的研究结论，对研究拟解决的科学问题进行阐释，就研究过程中的局限性给予说明，并就未来研究提出改进和优化的建议。

8.1　研究结论

本研究以品牌真实性和品牌故事营销理论为基础，采用扎根理论研究法和实证分析法对40个绿色品牌故事文本进行扎根编码分析，提炼出绿色品牌故事真实性维度构成的测量指标体系。构建了绿色品牌故事真实性和消费者绿色信任的结构方程模型，通过对504份有效样本数据进行数理统计分析来验证研究假设。随后，设计了眼动追踪实验来检测不同类型绿色品牌故事对消费者视觉注意和品牌真实性感知的差异化影响。最后，基于叙事修辞理论提出了绿色品牌故事的建构策略并验证其有效性。本研究详细论证了绪论中提出的一系列研究问题：绿色品牌故事真实性由哪些维度构成，绿色品牌故事真实性对绿色信任的路径影响及影响度，不同自我建构水平下的绿色信任指标是否存在差异，不同类型绿色品牌故事下消费者视觉注意和品牌真实性感知是否存在差异，以及绿色品牌故事真实性的建构策略有效性。本文的所有假设检验结果汇总如表43所示。研究得到以下主要结论：

　·绿色品牌故事真实性构成维度及测量指标体系

真实性是当代市场营销的首要法则，对绿色营销来说更为重要。学界对品牌真实性的概念内涵至今仍没有一致的标准，品牌故事被认为是一种有效传播品牌价值理念，影响消费者情感诉求和赢得消费者信任的方式。品牌故事在绿色营销领域，尤其是建构绿色品牌故事方面的研究成果较少。本研究以品牌真实性理论为基础，从40个绿色品牌的品牌故事文本入手，通过扎根编码分析和文本聚类分析，归纳出绿色品牌原生性、绿色主体象征性、绿色价值原创性、绿色叙述逻辑性、绿色叙述可靠性、诚实性、自然性、天然性和道德性等九大范畴组成的测量体系。从绿色品牌原型、故事内容建构、绿色品牌情感三个方面构建出三个核心范畴：品牌故事原型真实、品牌故事建构真实和品牌故事情感真实。因此，三大维度并不是相互独立的，而是相辅相成的。通过扎根理论分析，发现绿色品牌故事中三大维度也不是平均分配的，本次质性研究数据显示，建构真实被编码的次数最高，其次是原型真实和情感真实。

通过对已有的国内外学者关于品牌真实性测量的文献资料研究，结合本研究扎根编码分析，对绿色品牌故事真实性的测量问卷进行设计和完善，并通过252份问卷调查数据来进一步验证了绿色品牌故事真实性构成维度的信效度、验证性因子分析拟合结果等，得出数据分析结果为：CMIN=103.192，df=61，卡方统计量 =1.692<3，符合评价标准；绝对拟合指数 RMR=0.046，RMSEA=0.05，GFI=0.945，相对拟合指数 NFI=0.96，RFI=0.9249，IFI=0.983，TLI=0.979，CFI=0.983，均大大超过了0.9。数据分析从定量角度证实了绿色品牌故事真实性构成维度的合理性和可靠性。

·绿色品牌故事真实性对绿色信任的显著影响

本研究构建了绿色品牌故事真实性与绿色信任的结构方程模型，并引入消费者自我建构水平作为调节变量。借助 AMOS22.0软件对504份问卷调查数据展开实证分析。结果表明：绿色品牌故事真实性的三大构成维度均对消费者绿色信任有显著影响。对于独立型自我建构消费者来说，原型真实对其绿色信任影响更显著；对于相依型自我建构消费者来说，情感真实对其绿色信任影响更显著，自我建构水平在建构真实和绿色信任之间关系的调节效应不显著。

·不同类型绿色品牌故事对消费者视觉注意和真实性感知的影响存在差异化

本研究通过眼动追踪实验，从品牌讲述故事的角度，将绿色品牌故事划分为品牌自身故事、品牌产品故事和消费者故事，将76名实验对象随机划分为两组进行眼动实验，最终对70份有效眼动追踪实验样本数据进行方差分析。结果表明：被试对品牌消费者故事的注视次数显著高于品牌自身故事和品牌产品故事（$M_{消费者}$=135.57，$M_{产品}$=129.55，$M_{自身}$=113.04，F=3.686，P=0.03<0.05），且被试在兴趣区注视的总持续时间也存在显著差异（$M_{消费者}$=46.19，$M_{产品}$=41.31，$M_{自身}$=37.58，F=3.547，P=0.034<0.05），表明与品牌自身故事和产品故事相比，品牌消费者故事更能显著提升消费者的视觉注意。绿色品牌消费者故事比品牌自身故事和品牌产品故事使被试有更高的品牌真实性感知（$M_{消费者}$=5.66，$M_{产品}$=4.93，$M_{自身}$=4.45，F=8.686，P<0.01）。此外，通过对绿色品牌故事的热点图和被试访谈分析，发现含有修辞描述的故事情节部分更能引起被试的持续关注和兴趣。

·运用叙事修辞手法建构绿色品牌故事的有效性

本研究结合叙事修辞理论，将拟人、反转和象征三种修辞用于绿色品牌故事的建构，结果显示：含有三种叙事修辞的绿色品牌故事（M=5.37;SD=1.25; t=4.094; p<0.05）比没有包含三种修辞的绿色品牌故事（M=4.01;SD=1.32; p<0.05）更能增强参与者的沉浸感。然后，对337份问卷数据进行结构方程模型分析，结果表明，修辞策略在绿色品牌故事中的应用，对增强消费者沉浸感起着非常关键的作用。本研究发现，有助于唤起叙事沉浸感的反转和象征修辞的运用对品牌真实性感知有积极影响。拟人、反转和象征手法都能进一步导致消费者沉浸，进而促进真实性感知，而拟人手法并未直接导致消费者品牌真实性感知。

在普遍怀疑主义的时代，建立消费者对绿色品牌的信任是极其重要的。面对大量的"漂绿"行为和负面评论，绿色品牌可以通过建立高水平的消费者真实性感知受益。绿色品牌将真实性感知作为营销定位的目标是一个有益的策略。因此，品牌管理者必须知道如何提高真实性感知。本研究表明，增加真实性感知的一种方法可能需要通过恰当修辞策略来建构一个引人注目的品牌故事。沉浸在绿色品牌故事中并产生共鸣的消费者更有可能认为这个品牌是真实的，并信任它。这一研究结果对于绿色品牌营销具有重要意义，因为目前还缺乏品牌故事对真实性感知和品牌信任影响的研究。

虽然一些绿色品牌在其官方网站上使用品牌故事，比如那些列出他们的历史、业绩和对社会的贡献的故事，但许多品牌缺乏叙事情节，更不用说组织较好的结构和呈现品牌情感属性。这可能是由于绿色品牌没有把讲故事作为一个最佳的品牌工具的缘故。然而，运用品牌故事的说服力来引导消费者走向品牌想要的结果是很重要的。因此，绿色品牌应该以一种让他们看起来平易近人的方式来写他们的故事，并把过去品牌活动的意义浓缩呈现给消费者，而不是按照时间顺序来写，就像在枯燥的日常报道中那样。

更具体地说，本研究发现拟人、反转和象征都正向影响沉浸感，进而促进品牌真实性感知和品牌信任。反转修辞被认为是引发消费者积极情绪反应的刺激因素，这应该成为构建一个好的绿色品牌故事的修辞策略。如果消费者之前没有使用或体验过广告中的产品，他们会怀疑产品的真实性。然而，通过反转情节设计的品牌故事可能揭示绿色品牌解决消费者所关心问题的方法。例如，在一个中国品牌的抗痘产品故事中，复发的问题让研究人员感到困扰，但该品牌随后又采购了一个有效的日本草药，防止复发。这个反转的故事点燃了一直担心粉刺的青少年的希望，也是绿色品牌可以用来缓和消费者的怀疑和建立信任的一种技巧。

此外，在品牌故事中运用象征修辞可以使品牌变得更加真实。通常，品牌故事的历史联系足以刺激真实性感知，但通过将这些历史联系加载到原型角色和情节主题中，包括大多数人所珍视的象征价值，绿色品牌故事可以与消费者建立情感联系，强化历史联系对真实性感知的影响。例如，一个德国有机化妆品品牌"春光"可以将春天女神的形象或"爱"的主题融入品牌故事中，从而进一步阐明他们致力于保护自然和人类的道路。

表43 研究假设检验结果汇总

研究假设	检验结果
H1：绿色品牌故事真实性对消费者绿色信任有显著影响	成立
H1a：绿色品牌故事原型真实对消费者绿色信任有显著影响	成立
H1b：绿色品牌故事建构真实对消费者绿色信任有显著影响	成立
H1c：绿色品牌故事情感真实对消费者绿色信任有显著影响	成立
H2a：与相依型自我建构消费者相比，绿色品牌故事原型真实对独立型自我建构消费者的绿色信任影响程度更大	成立
H2b：与相依型自我建构消费者相比，绿色品牌故事建构真实对独立型自我建构消费者的绿色信任影响程度更大	不成立
H2c：与独立型自我建构消费者相比，绿色品牌故事情感真实对相依型自我建构消费者的绿色信任影响程度更大	成立
H3：不同类型绿色品牌故事对消费者视觉注意的影响有显著差异	成立
H4：与品牌自身故事和品牌产品故事相比，品牌消费者故事能让消费者有更高的真实性感知	成立
H5：如果消费者沉浸在一个绿色品牌的故事中，他们倾向于认为这个品牌是真实的	成立
H6：有叙事修辞的绿色品牌故事比没有叙事修辞的绿色品牌故事对沉浸感的影响更大	成立
H7a：在绿色品牌故事中使用拟人修辞会对品牌真实性感知产生显著影响	不成立
H7b：沉浸感在拟人修辞与品牌真实性感知之间存在中介作用	成立
H8a：在绿色品牌故事中使用反转修辞会对品牌真实性感知产生显著影响	成立
H8b：沉浸感在反转修辞与品牌真实性感知之间存在中介作用	成立
H9a：在绿色品牌故事中使用象征修辞会对品牌真实性感知产生显著影响	成立
H9b：沉浸感在象征修辞与品牌真实性感知之间存在中介作用	成立
H10：消费者的品牌真实性感知对品牌信任有显著影响	成立

8.2　未来展望

　　本研究通过对国内外品牌故事领域的研究知识结构进行了归纳梳理，以品牌真实性理论、叙事修辞理论等为研究基础，综合运用文献计量分析法、扎根编码分析法、结构方程模型分析、眼动追踪实验法等一系列定性和定量研究方法，开发了绿色品牌故事真实性的测量指标体系，探讨了其对绿色信任的影响和绿色品牌故事的建构策略。本研究基本实现了预期研究目标，得到了一些有价值的研究结论，但仍存在一些不足和局限性，有待后续研究进一步深化：

　　·绿色品牌故事真实性构成维度和测量指标体系开发方面，本研究采用从真实绿色品牌故事的文本入手，采用质性研究编码分析和层次聚类分析进行提炼，尽管实现了从实践到理论的归纳演绎，但鉴于故事文本数量的局限性，后续研究可着眼于从大数据视角，采用 Python 等新技术手段来扩大文本分析的样本范围。

　　·变量选取和样本来源问题。本研究构建了绿色品牌故事真实性构成维度与绿色信任的结构方程模型，引入了消费者自我建构水平作为调节变量，没有考虑其他因素对模型的影响，未来有待进一步拓展。本研究在数据实证分析阶段，尽量扩大了样本来源和范围，即使达到了数理统计分析对样本量的要求，但由于受研究时间、经费和人员限制，样本来源多样性和测试质量仍旧存在不足。另外，眼动追踪实验，由于受场地和实验条件限制，选取的实验对象为某高校在校师生，实验对象较为单一。

　　·在眼动追踪实验部分，该部分研究的目标主要是关注消费者对绿色品牌故事的持续关注（感兴趣的区域和程度差异化）以及故事类型对绿色品牌真实性感知评价的差异化。对用于实验的材料从故事类型进行区分，对文本字数、文本布局做了适当的控制处理，但仍可能存在不确定干扰因素影响眼动实验的效果。未来研究拟进一步对实验刺激材料进行优化，选取多样化的眼动指标构建数据分析模型，让眼动追踪实验的效果更好。

·在绿色品牌故事的叙事修辞策略选用方面，虽然本研究对品牌叙事及其对真实性感知的影响提供了新的见解，但也存在局限性。首先，刺激材料以书面形式呈现，只涉及一个品牌，这可能会在未来评估其他绿色品牌和故事形式时产生问题。此外，本研究只关注拟人、反转和象征这三种修辞策略的效果，因此排除了同理心、类比和隐喻等其他可能影响消费者感知的策略。因此，从其他可测量变量的角度来验证叙事修辞的效果是值得进一步研究的。由于对修辞学与真实性感知关系的研究不足，本研究引入沉浸感来建立两者之间的联系。然而，这项研究没有考虑参与者的认知和移情能力，所以沉浸质量可能因人而异。未来的研究可以通过不同的样本和刺激材料继续这一研究路线，也可以将其他变量纳入考虑，继续拓展绿色品牌故事建构的策略研究。

8.3　管理启示

本研究通过扎根理论研究开发并论证了绿色品牌故事真实性的构成维度，构建了绿色品牌故事真实性、绿色信任、消费者自我建构等变量之间的理论框架并提出了相关研究假设。在此基础上，通过实验法和问卷调查获得的数据验证了理论模型与研究假设。原型真实对独立型自我建构消费者的绿色信任影响程度更大；情感真实对相依型自我建构消费者的绿色信任影响程度更大。在此基础上，本研究通过眼动追踪实验，得到了品牌消费者故事更能增强消费者的品牌真实性感知的结论，且消费者对绿色品牌故事中含有修辞手法的部分关注兴趣度更大。最后，本研究验证了修辞手法、沉浸感、品牌真实性感知、绿色信任等变量之间的关系，得出采用修辞策略的品牌故事更能导致消费者沉浸，沉浸感在修辞与品牌真实性感知的关系中起到中介作用等结论。基于本研究的一系列研究结论，得到如下较为深刻的营销启示。

　　首先，对于绿色品牌而言，真实性是绿色品牌的首要制胜法宝，而品牌故事的真实性同样是一个多维度结构。尽管不同自我建构类型的消费者受绿色品牌故事真实性的影响程度不同，但构建一个深入人心的故事能够更好地传递绿色品牌的真实性，绿色品牌应该牢牢把握故事的核心，巧妙合理地将故事内容与故事策略相结合。从原型真实角度考虑，要结合品牌特点选择合适的故事主角，来传递品牌独特的价值理念和原创的差异性；从建构真实角度考虑，绿色品牌讲述品牌故事要把握故事叙事逻辑性和可靠性，运用恰当的修辞策略更能增强消费者的沉浸感，从而强化真实性感知；从情感真实角度考虑，绿色品牌讲述品牌故事要传递真诚、自然、生态和天然的价值理念，唯有情感联结才能凸显品牌真实性。同时，绿色品牌故事真实性的子维度对绿色信任的影响程度存在差异，建构真实影响权重最大，因而绿色品牌要格外重视如何呈现该维度的真实性。

　　其次，尽管绿色品牌可以从不同的视角讲述不同类型的绿色品牌故事，但不同类型的故事对消费者视觉注意的吸引力是有差异的。企业应该结合自身产品特性和差异化特点，选择与自身最契合的角度讲述品牌故事。随着社交媒体的发展，口碑评价在消费者心中起着越来越重要的作用，本研究也得出品牌消费者故事更能增强消费者的真实性感知。因此，绿色品牌要充分挖掘消费者视角的品牌故事，而不能单纯沿用传统"王婆卖瓜，自卖自夸"的讲述方式。

　　最后，故事之所以能够更有效地增强消费者的真实性感知，源于故事能够导致消费者更好地沉浸其中。无论绿色品牌如何讲述品牌故事，都离不开修辞策略的采用。本研究也证实了修辞策略更能导致消费者沉浸，增强消费者对品牌的真实性感知，但不是所有的修辞策略都能发挥出积极作用。绿色品牌应该结合自身产品特性、品牌故事目标受众的特点等，精准匹配选择合适的叙事修辞策略。

附录1：访谈提纲

亲爱的受访者：

非常感谢您能接受我的访谈，我的博士论文是绿色品牌故事真实性对绿色信任的影响研究，您对绿色品牌故事真实性的看法和意见将对本研究有很大贡献。本次访谈大约需要占用您30—45分钟时间，您的个人资料与访谈内容仅用于本学术研究，若涉及您的个人隐私，我将会严格保密，请您放心。本次访谈的问题没有标准答案，您只需要根据您的实际经历和主观感受进行交流回答即可。本次访谈主要有以下几个问题需要您的回答：

1. 您有了解过绿色品牌吗？在日常生活中哪些绿色品牌让您印象深刻？

2. 您有使用过绿色品牌的相关产品吗？您认为绿色品牌最主要的特质是什么？

3. 据您了解，哪些绿色品牌拥有代表性的品牌故事？请您列举一下。

4. 以您提到的品牌故事为例，您认为这些品牌故事有什么特点？

5. 您认为刚才您提到的绿色品牌故事哪些是真实性的？

6. 您认为刚才您提到的绿色品牌故事，从内容上来看，哪些元素或表述让您觉得该绿色品牌是真实的？

7. 您认为绿色品牌应该如何讲述它的品牌故事？主要突出哪些点？

8. 我现在给您随机展示两个绿色品牌的故事材料，请您仔细阅读一下。当您阅读绿色品牌故事时，您最关注的故事情节是哪些部分？说明一下理由。

9. 当您了解绿色品牌的品牌故事后，会影响您对该品牌的品牌态度吗？

10. 您认为绿色品牌故事本身具有什么样的积极作用和意义？

11. 从这些绿色品牌故事中您能获得什么有价值的启示？

访谈结束，非常感谢您的大力支持。最后，需要登记一下您的基本信息，包含性别、年龄和学历职业等。

附录 2：基于 BP 神经网络的绿色信任模型 仿真分析结果

本书利用 BP 神经网络分析出绿色品牌故事真实性对绿色信任的影响度具有以下优点：首先，消费者对绿色品牌产生绿色信任的条件是复杂的，本研究通过建立绿色信任对绿色品牌故事真实性的函数，有助于更好地理解消费者的绿色信任行为。其次，绿色品牌故事真实性的各个维度对绿色信任的影响强度是不明确的，BP 神经网络能够通过调整权重来开展反复多次的训练学习，可以充分地反映绿色品牌故事真实性与绿色信任之间的多重非线性关系。最后，BP 神经网络能够基于调查数据进行多次训练，进而挖掘出绿色品牌故事真实性对绿色信任的影响程度。由此可见，本书采用 BP 神经网络挖掘绿色品牌故事真实性对绿色信任的影响具有较强的可行性。

BP 神经网络预测前首先要通过训练使网络具有联想记忆和预测能力。BP 神经网络的训练过程的主要步骤如下：

网络初始化。根据系统输入输出序列（X，Y）确定网络输入层节点数 n、隐含层节点数 l、输出层节点数 m，初始化输入层、隐含层和输出层神经元之间的连接权重值 W_{ij}，W_{jk}，初始化隐含层阈值 a，输出层阈值 b，设定学习速率和神经元激励函数。

隐含层输出计算。根据输入变量 X，输入层和隐含层之间连接权值 W_{ij} 以及隐含层阈值 a，计算隐含层输出 H。

输出层输出计算。根据隐含层输出 H，连接权值 W_{jk} 和阈值 b，计算 BP 神经网络预测输出。

误差计算。根据网络预测输出 O 和期望输出 Y，计算网络预测误差 e。

权值更新。根据网络预测误差 e 更新网络连接权值 W_{ij}，W_{jk}。

阈值更新。根据网络预测误差 e 更新网络节点阈值 a，b。

判断算法迭代是否结束，若没有结束，返回步骤2，重新开始下一轮训练。具体的训练步骤如图25所示。

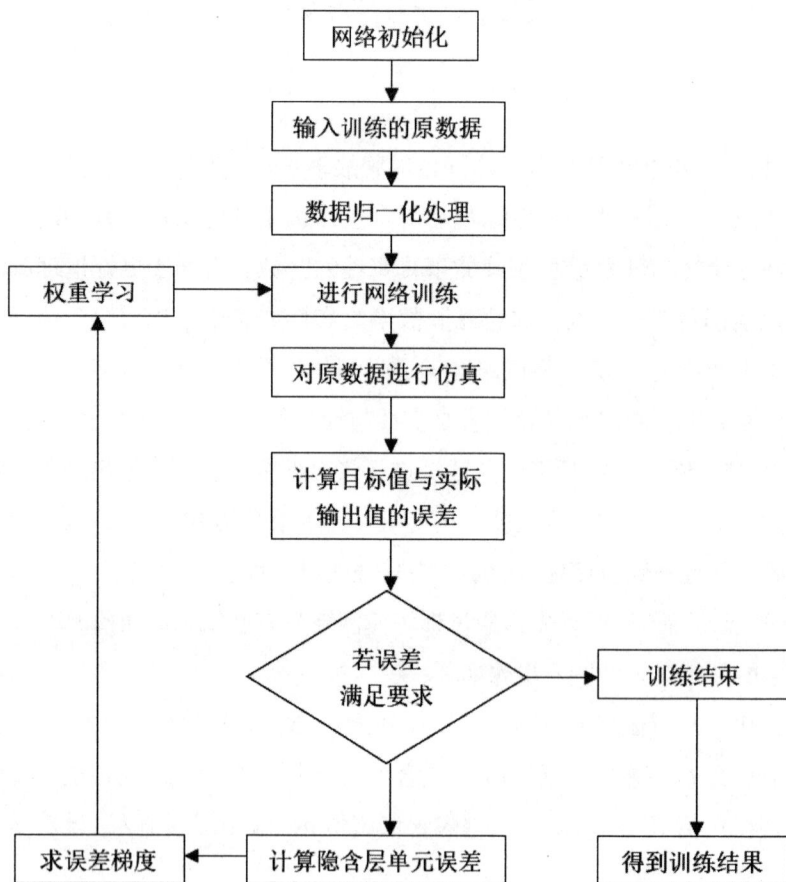

```
                    ┌──────────────┐
                    │   网络初始化   │
                    └──────┬───────┘
                           ↓
                    ┌──────────────┐
                    │ 输入训练的原数据 │
                    └──────┬───────┘
                           ↓
                    ┌──────────────┐
                    │  数据归一化处理  │
                    └──────┬───────┘
                           ↓
    ┌────────┐      ┌──────────────┐
    │ 权重学习 │─────→│  进行网络训练   │
    └────┬───┘      └──────┬───────┘
         ↑                 ↓
         │          ┌──────────────┐
         │          │  对原数据进行仿真 │
         │          └──────┬───────┘
         │                 ↓
         │          ┌──────────────┐
         │          │  计算目标值与实际 │
         │          │   输出值的误差   │
         │          └──────┬───────┘
         │                 ↓
         │            ╱╲
         │           ╱  ╲          ┌────────┐
         │          ╱若误差╲────────→│ 训练结束 │
         │          ╲满足要求╱        └────┬───┘
         │           ╲  ╱                 ↓
         │            ╲╱           ┌──────────────┐
    ┌─────────┐  ┌──────────────┐  │   得到训练结果   │
    │ 求误差梯度 │←─│计算隐含层单元误差│  └──────────────┘
    └─────────┘  └──────────────┘
```

图25 BP 神经网络算法步骤

本研究以前文绿色品牌故事真实性对绿色信任影响的正式调查问卷获取的数据为样本数据。该数据采用李克特七点量表收集，每个变量的得分为1到7。为提高 BP 神经网络的训练效率，按照训练步骤，首先采用最大最小标准化方法对问卷调查数据进行归一化处理，操作公式如下：

$$x_i^* = \frac{x_i - x_{min}}{x_{max} - x_i} \qquad (8)$$

x_i^* 为第 i 个样本归一化后的值，x_i 为第 i 个原始数据的数值，x_{max} 为第 i 个原始数据的最大值，x_{min} 为第 i 个原始数据最小值。

三层的BP神经网络模型能够以任意精度接近任何非线性连续的函数，特别适用于解决分析影响机理模糊不清的问题。因此，本书采用三层BP神经网络结构来对样本数据展开分析。本研究的目的是探索绿色品牌故事真实性各个子维度与绿色信任之间的关系，因此，以原型真实、建构真实和情感真实三大子维度作为输入层神经元指标，绿色信任作为输出层神经元指标。隐含层的结点数采用经验公式 $m = \sqrt{n+l} + a$ 进行反复训练计算。其中 m 为隐含层节点数，n 为输入层节点数，l 为输出层节点数，a 为1~10的常数。本研究的 n 取值为3，l 取值为1，故 m 的取值范围为3~12。按照均方误差最小原则，分别对10组数目进行多次学习，当隐含层个数为10时，网络均方误差最小，且训练集准确率最高（见表44）。

表44　不同隐含层神经元个数下的学习结果

隐含层神经元个数	均方误差（$*10^{-2}$）
3	0.084085
4	0.07919
5	0.074887
6	0.074623
7	0.069474
8	0.06116
9	0.059877
10	0.059727
11	0.064313
12	0.068315

本研究BP神经网络模型的训练算法采用LM（Levenberg-marquardt）算

法，该算法在函数拟合和模型识别等方面具有显著优势，同时也是运算最快速的方法。网络的学习步长设定为0.01，动量项系数定为0.3，最大训练次数10000，最小均方误差设定为$1.00e^{-5}$，具体的模型参数如表45所示。

表45　绿色品牌故事真实性对绿色信任影响的 BP 神经网络模型参数

输入层个数	3（绿色品牌故事真实性三个子维度）
使用参数	参数描述
网络层数	3（输入层，单层隐含层，输出层）
输出层个数	1（绿色信任）
隐含层个数	10（依据公式推算）
输入层激活函数	Sigmod 型函数，本网络选择 tansig
输出层激活函数	Purelin 型函数
隐含层激活函数	Sigmod 型函数，本网络选择 tansig
BP 神经网络创建函数	newff
网络训练函数	Levenberg-Marquardt（trainlm）
权值和阈值的学习算法	Mean Squared Error
网络性能函数	函数 Premnmx
学习步长	0.01
动量项系数	0.3
最大训练次数	10000
最小均方误差	$1.00e^{-5}$

本研究以原型真实、建构真实和情感真实三大子维度作为输入层神经元指标，绿色信任作为输出层神经元指标。隐含层的结点数采用经验公式 $m = \sqrt{n+l} + a$ 进行反复训练计算。其中 m 为隐含层节点数，n 为输入层节点数，l 为输出层节点数，a 为1~10的常数。本研究的 n 取值为3，l 取值为1，故 m 的取值范围为3~12。按照均方误差最小原则，分别对10组数目进行多次学习，当隐含层个数为10时，网络均方误差最小，且训练集准确率最高。

　　经过1507步迭代后绿色品牌故事真实性对绿色信任的神经网络模型训练完成（图26）。通过 BP 神经网络进行绿色品牌故事真实性对绿色信任影响模型的自主训练学习，得到学习样本的预测正确率为91.333%。该模型的学习集样本数据中的绝大部分样本实际输出和期望输出值重合，表明学习集的真实值和预测值有良好的拟合度。由此判断，基于 BP 神经网络构建的绿色信任影响模型可靠性较好。

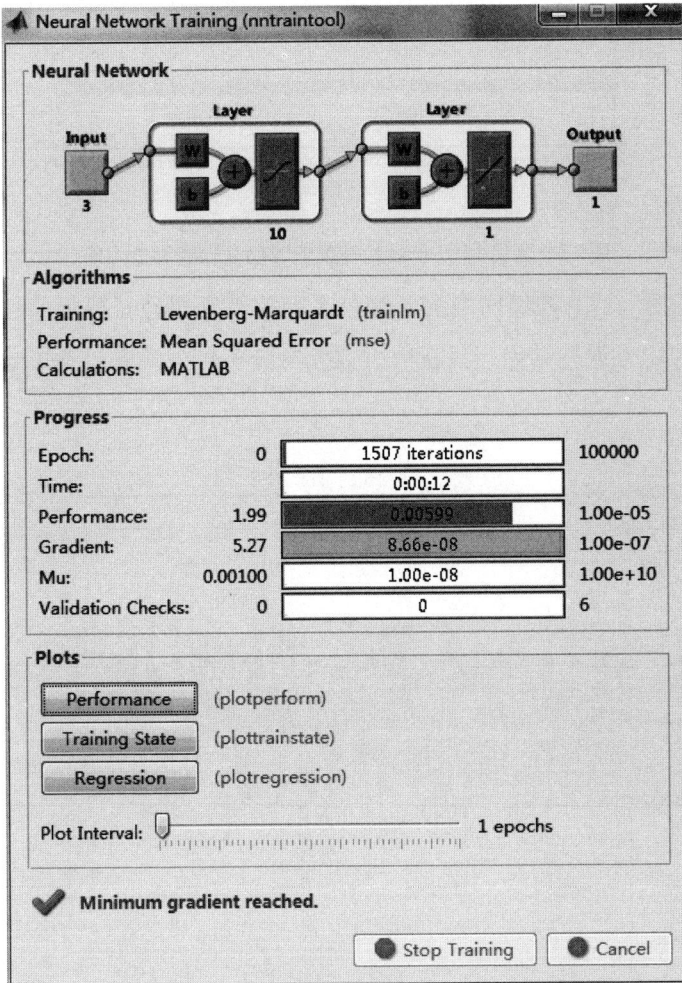

图26　绿色品牌故事真实性对绿色信任的神经网络模型训练完成图

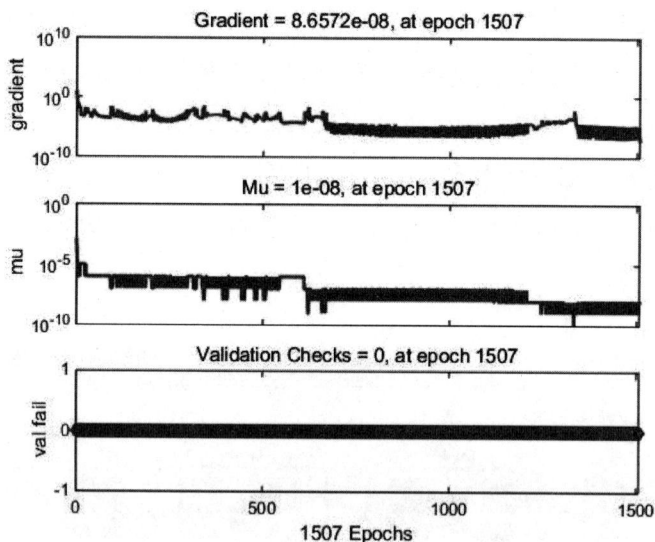

图27　迭代1507步后的梯度值、确认检查和学习率

图28显示了BP神经网络关于绿色品牌故事真实性对绿色信任影响模型的学习样本均方误差结果，只有极少数样本分布较为离散，不影响整体模型评估效果。

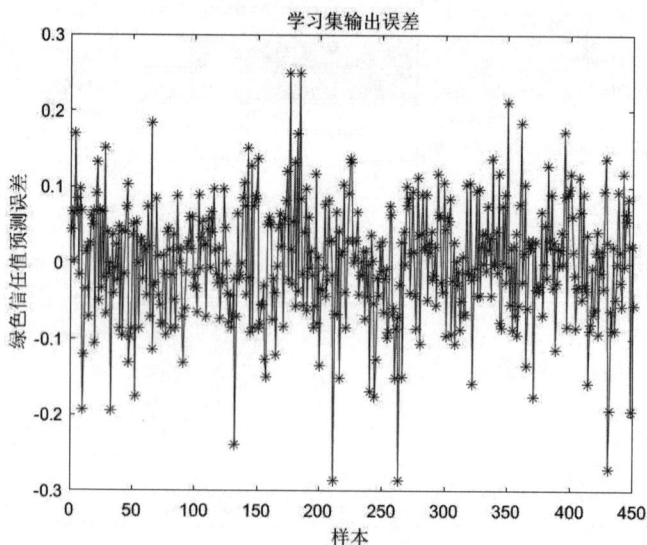

图28　学习样本均方误差

　　基于 BP 神经网络绿色品牌故事真实性对绿色信任训练所得的误差收敛图见图 29，结果显示该模型的训练误差为 0.0059877，符合 $1e^{-5}$ 的要求，即达到了设定的误差要求。

Best Training Performance is 0.0059877 at epoch 1507

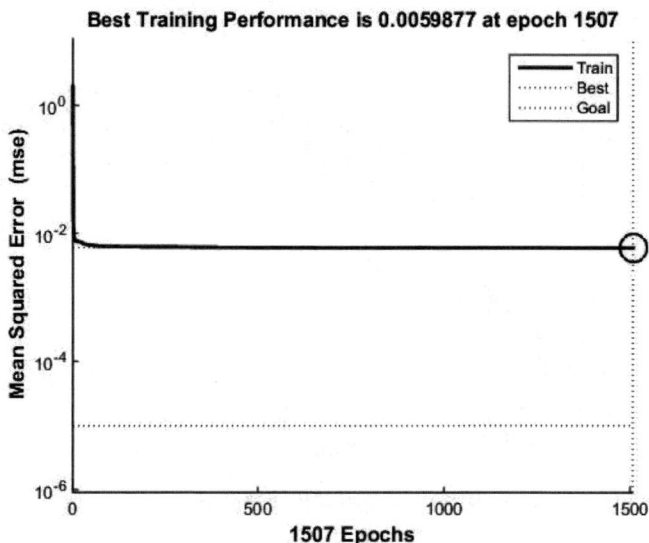

图 29　训练误差收敛图

　　绿色品牌故事真实性对绿色信任影响模型的神经网络训练过程拟合度结果见图 30，训练样本与训练结果的拟合系数 R=0.94777，预测值非常逼近实际值，表明训练结果良好。

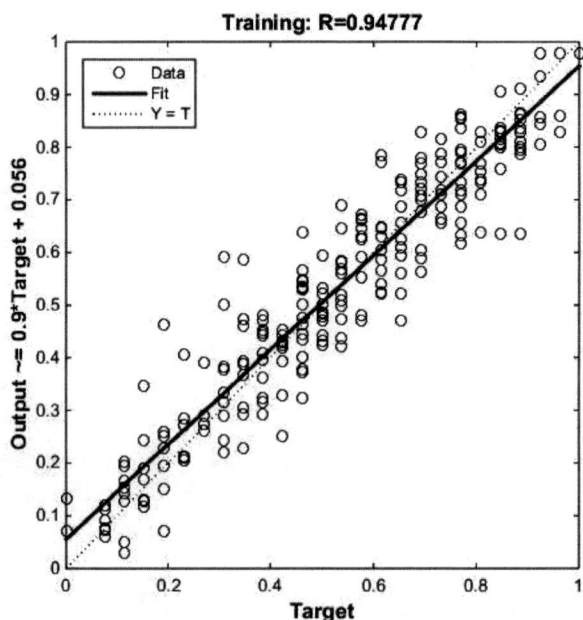

图30　训练过程拟合度分析

通过 BP 神经网络求解绿色品牌故事真实性各个子维度对绿色信任的影响度。首先利用 BP 神经网络自主学习450份训练样本，得到了输入层到隐含层的影响权重矩阵 W_1，隐含层到输出层的影响权重矩阵 W_2，具体见表46和47。

表46　第一层权重矩阵 $W1$

	1	2	3	4	5	6	7	8	9	10
原型真实	−58.25	7.328	11.82	−5.07	1.387	−322.2	1.381	−1.376	−11.65	−3.37
建构真实	95.00	60.32	−1.695	0.186	−3.21	167.82	−2.95	2.66	−11.76	4.48
情感真实	−109.71	9.379	−4.322	2.147	−3.09	−304.1	−3.403	3.749	−8.499	−2.83

表47 第二层权重矩阵 $W2$

	1	2	3	4	5	6	7	8	9	10
绿色信任	−0.08	−4.43	−0.317	−0.603	−52.34	−0.078	96.56	44.63	0.162	−2.187

通过 BP 神经网络模型的权重矩阵计算得到绿色品牌故事真实性子维度对绿色信任的影响权重向量 W=（0.351，0.284，0.365），原型真实、建构真实和情感真实都显著影响绿色信任，影响权重大小排序为建构真实、原型真实和情感真实。因此，对于消费者而言，绿色品牌在讲述品牌故事时，首先最应该考虑的就是品牌故事建构方面的真实性呈现，包括故事叙述的逻辑性和叙述的可靠性，绿色品牌故事的原型真实和情感真实子维度的内容也都需要通过恰当的建构策略才能更好地呈现给消费者。

随后，基于450份样本的自主训练，得到输入层到隐含层和隐含层到输出层的连接权重矩阵，将剩余的54份样本用于模拟测试，得到绿色信任的仿真结果。结果显示，测试集的准确率为91.84%，测试集拟合的 R^2 取值为0.92。如图31，绿色信任值的真实性与预测值的图形大部分重叠，测试样本数据的拟合效果较好。从图32可知，预测集的均方误差分布在 −0.2~0.2，符合均方误差的要求。综上可知，本书所构建的 BP 神经网络用来预测绿色品牌故事真实性对绿色信任影响度的效果较好。

预测集输出对比

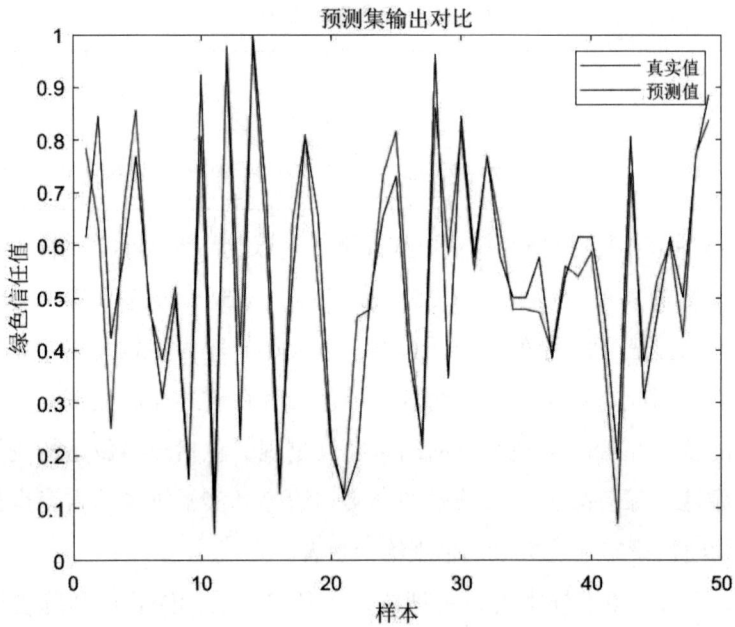

图31　基于 BP 神经网络测试集的样本拟合效果

预测集输出误差

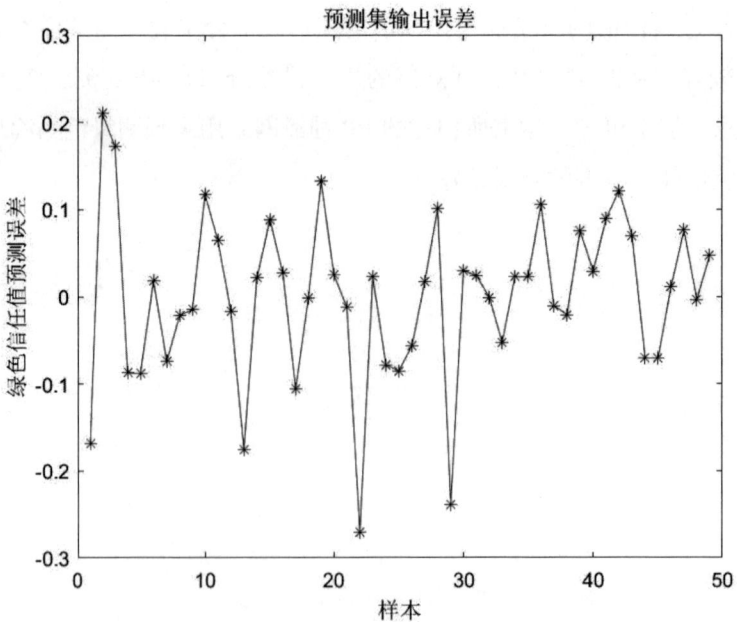

图32　基于 BP 神经网络测试集的均方误差图

参考文献

一、中文文献

（一）专著

［1］海登·怀特.形式的内容：叙事话语与历史再现［M］.董立河，译.北京：文津出版社，2005.

［2］菲利普·科特勒，凯文·莱恩·凯勒.营销管理（第13版）［M］.王永贵，于洪彦，何佳讯，等译.北京：清华大学出版社，2011.

［3］李光斗.故事营销［M］.北京：机械工业出版社，2009.

［4］玛格丽特·马克，卡罗·S·皮尔森.很久很久以前……：以神话原型打造深植人心的品牌［M］.许晋福，戴至中，袁世珮，译.汕头：汕头大学出版社，2003.

［5］马庆国.管理统计：数据获取、统计原理、SPSS工具与应用研究［M］.北京：科学出版社，2002.

（二）期刊

［1］陈文玲，苏勤.近十五年来真实性在国内外旅游中的研究对比［J］.人文地理，2012，27（3）.

［2］陈香，郭锐，WANG C L，等.残缺的力量——励志品牌故事人设健全性对消费者品牌偏好的影响［J］.南开管理评论，2019，22（6）.

［3］陈悦，陈超美，刘则渊，等.CiteSpace知识图谱的方法论功能［J］.科学学研究，2015，33（2）.

［4］郭锐，李伟，严良.漂绿后绿色品牌信任重建战略研究：基于CBBE模型和合理性视角［J］.中国地质大学学报（社会科学版），2015，15（3）.

［5］郭锐，叶咏清，罗杨，等.何类故事更有助于提升网络直播中的民族品牌自信？——兼论文化置换的中介作用和时间焦虑的调节作用［J］.华东师范大学学报（哲学社会科学版），2020，52（6）.

［6］胡钰，陆洪磊.扎根理论及其在新闻学中的应用［J］.新闻大学，2020（2）.

［7］胡志毅，管陈雷，杨天昊，等.中国旅游生态足迹研究可视化分析［J］.生态学报，2020，40（2）.

［8］黄光玉.说故事打造品牌：一个分析的架构［J］.广告学研究，2006（26）.

［9］贾旭东，衡量.扎根理论的"丛林"、过往与进路［J］.科研管理，2020，41（5）.

［10］李爱梅，陈春霞，孙海龙，等.提升消费者体验的故事营销研究述评［J］.外国经济与管理，2017，39（12）.

［11］李宝珠，魏少木.广告诉求形式对产品反馈的影响作用：基于眼动的证据［J］.心理学报，2018，50（1）.

［12］李晓静.社交媒体用户的信息加工与信任判断——基于眼动追踪的实验研究［J］.新闻与传播研究，2017，24（10）.

［13］梁勇.绿色品牌真实性问题探讨［J］.消费经济，2011，27（3）.

［14］刘天娇，谢辰欣.品牌故事类型对消费者品牌态度的影响研究［J］.经营与管理，2022（2）.

［15］吕君，张士强，王颖，等.基于扎根理论的新能源企业绿色创新意愿驱动因素研究［J］.科技进步与对策，2019，36（18）.

［16］马鸿飞.消费者品牌偏好的形成及行为经济学视野的分析［J］.中国流通经济，2008（7）.

［17］毛振福，余伟萍，李雨轩.绿色购买意愿形成机制的实证研究——绿色广告诉求与自我建构的交互作用［J］.当代财经，2017（5）.

［18］潘黎，吕巍.自我建构量表在成人中的应用和修订［J］.中国健康心理学杂志，2013，21（5）.

［19］冉华.国际视角下学校评估标准的特点与趋势——基于 Nvivo 11.0 的编码分析［J］.比较教育研究，2018，40（1）.

［20］申帅芝."他者"理论视角下品牌短视频广告叙事话语研究［J］.当代电视，2021（5）.

［21］沈曼琼，王海忠，刘笛，等.市场信号对信任品采纳的影响研究：基于自我建构的调节效应［J］.外国经济与管理，2019，41（11）.

［22］盛光华，解芳.中国消费者绿色购买行为的心理特征研究［J］.社会科学战线，2019（3）.

［23］孙习祥，陈伟军.消费者绿色品牌真实性感知指标构建与评价［J］.系统工程，2014，32（12）.

［24］汪涛，周玲，彭传新，等.讲故事塑品牌：建构和传播故事的品牌叙事理论——基于达芙妮品牌的案例研究［J］.管理世界，2011（3）.

［25］汪涛，周玲，周南，等.来源国形象是如何形成的？——基于美、印消费者评价和合理性理论视角的扎根研究［J］.管理世界，2012（3）.

［26］王德胜，杨志浩，韩杰.老字号品牌故事主题影响消费者品牌态度机理研究［J］.中央财经大学学报，2021（9）.

［27］王娜，冉茂刚，周飞.品牌真实性对绿色购买行为的影响机制研究［J］.华侨大学学报（哲学社会科学版），2017（3）.

［28］王锡苓.质性研究如何建构理论？——扎根理论及其对传播研究的启示［J］.兰州大学学报，2004（3）.

［29］王新新，孔祥西，姚鹏.招爱还是致厌：并购条件下品牌真实性作用研究［J］.上海财经大学学报，2020，22（5）.

［30］王永胜，赵冰洁，陈茗静，等.中央凹加工负荷与副中央凹信息在汉语阅读眼跳目标选择中的作用［J］.心理学报，2018，50（12）.

［31］温韬.品牌竞争时代的营销策略研究——对故事营销的应用与思考［J］.价格理论与实践，2009（8）.

［32］温忠麟，侯杰泰，Marsh Herbert W.结构方程模型中调节效应的标准化估计［J］.心理学报，2008，40（6）.

［33］项朝阳，李茜凌．农产品品牌真实性对品牌推崇的影响研究［J］．华中农业大学学报（社会科学版），2020（3）．

［34］徐岚，赵爽爽，崔楠，等．故事设计模式对消费者品牌态度的影响［J］．管理世界，2020，36（10）．

［35］徐伟，王新新，刘伟．老字号真实性的概念、维度及特征感知——基于扎根理论的质性研究［J］．财经论丛，2015（11）．

［36］许晖，牛大为．"攻心为上"：品牌故事视角下本土品牌成长演化机制——基于蓝月亮的纵向案例［J］．经济管理，2016，38（9）．

［37］杨晓燕，胡晓红．绿色认证对品牌信任和购买意愿的影响研究［J］．国际经贸探索，2008，24（12）．

［38］杨洋，钟方瑜，李吉鑫，等．营销文字对旅游广告视觉注意的影响［J］．旅游学刊，2020，35（4）．

［39］杨智，许进，姜鑫．绿色认证和论据强度对食品品牌信任的影响——兼论消费者认知需求的调节效应［J］．湖南农业大学学报（社会科学版），2016，17（3）．

［40］姚延波，张丹，何蕾．旅游企业诚信概念及其结构维度——基于扎根理论的探索性研究［J］．南开管理评论，2014，17（1）．

［41］余伟萍，毛振福，赵占恒．环境影响诉求对绿色购买意愿的影响机制研究——消费者CSR内部动机感知的中介作用和自我建构的调节作用［J］．财经论丛，2017（7）．

［42］袁永娜，宋婷，吴水龙，等．绿色广告诉求对购买意向影响的实证研究——基于绿色购买情感的中介效应和自我建构的调节效应［J］．预测，2020，39（1）．

［43］张会龙，张宇东，李桂华．品牌正宗性的概念及其结构维度——基于扎根理论的探索性研究［J］．软科学，2020，34（8）．

［44］张启尧，孙习祥，才凌惠．外部线索对消费者绿色品牌购买意愿影响研究：认知风格的调节作用［J］．商业经济与管理，2016（11）．

［45］张启尧，孙习祥，才凌惠．自我、绿色消费情境与消费者——绿色

品牌关系建立［J］. 贵州财经大学学报，2017（1）.

　［46］张启尧，孙习祥. 基于消费者视角的绿色品牌价值理论构建与测量［J］. 北京工商大学学报（社会科学版），2015，30（4）.

　［47］赵蓓，贾艳瑞. 品牌故事研究述评：内涵、构成及功能［J］. 当代财经，2016（12）.

　［48］周志民，陈瑞霞，简予繁. 品牌幸福感的维度、形成及作用机理——一项基于扎根理论的研究［J］. 现代财经（天津财经大学学报），2020，40（3）.

　［49］朱振中，李晓君，刘福，等. 外观新颖性对消费者购买意愿的影响：自我建构与产品类型的调节效应［J］. 心理学报，2020，52（11）.

（三）论文

　［1］仇立. 基于绿色品牌的消费者行为研究［D］. 天津：天津大学，2012.

　［2］龚本军. 绿色品牌的标识颜色对品牌信任的影响研究［D］. 武汉：中南财经政法大学，2019.

　［3］贾艳瑞. 品牌故事对消费者态度的影响研究［D］. 厦门：厦门大学，2017.

　［4］解芳. 绿色广告中的资源稀缺诉求对绿色消费的影响机制研究［D］. 长春：吉林大学，2019.

　［5］黎淑美. 品牌故事对农产品区域品牌购买意愿的影响研究［D］. 石河子：石河子大学，2020.

　［6］林怡秀. 说故事之管理意涵——探索性研究［D］. 嘉义：台湾中正大学，2005.

　［7］刘呈庆. 绿色品牌发展机制实证研究［D］. 济南：山东大学，2010.

　［8］彭传新. 品牌叙事理论研究：品牌故事的建构和传播［D］. 武汉：武汉大学，2011.

　［9］唐珊. 品牌故事影响消费者购买意愿研究［D］. 北京：北京交通大学，2019.

［10］徐安琪. 品牌故事对品牌依恋影响的优越性及机制探究［D］. 宁波：宁波大学，2012.

［11］徐蔓. 品牌故事对品牌态度的影响［D］. 广州：广东外语外贸大学，2020.

［12］张秋玲. 顾客感知风险对绿色品牌评价的影响［D］. 广州：广东外语外贸大学，2008.

［13］周振华. 品牌故事与品牌形象关系研究［D］. 上海：华东理工大学，2011.

二、英文文献

（一）专著

［1］ALLEN K. The Hidden Agenda：A Proven Way to Win Business and Create a Following［M］. Hoboken：Wiley，2012.

［2］BLUNCH N J. Introduction to Structural Equation Modelling Using SPSS and AMOS［M］. Thousand Oaks：Sage Publications Ltd，2008.

［3］BORCHERS T. Rhetorical Theory：An Introduction［M］. Long Grove：Waveland Press，2011.

［4］BOYLE D. Authenticity：Brands，Fakes，Spin and the Lust for Real Life［M］. New York：Harper Perennial，2003.

［5］BROWN T A. Confirmatory Factor Analysis for Applied Research［M］. New York：The Guilford Press，2006.

［6］BRUNER J. The Remembered Self［M］. Cambridge：Cambridge University Press，1994.

［7］BURKE K. A Grammar of Motives［M］. Oakland：University of California Press，1969.

［8］BYRNE B M. Structural Equation Modeling with AMOS：basic concepts，applications，and programming［M］. Mahwah：Lawrence Erlbaum Associates，2001.

［9］BYRNE B M. Structural Equation Modeling with Mplus［M］. New York：Routledge，2011.

［10］CARÙ A，COVA B. Consumer Immersion in an Experiential Context［M］. New York：Routledge，2007.

［11］ESCALAS J E. Advertising Narratives：What are They and How do They Work［M］. Boca Raton：Routledge，1998.

［12］FOG K，BUDTZ C，MUNCRT P，et al. Storytelling：Branding in practice［M］. Berlin：Springer，2010.

［13］FOG K，BUDTZ C，YAKABOYLU B. Storytelling［M］. Berlin：Springer，2005.

［14］GERRIG R. Experiencing Narrative Worlds［M］. New York，Routledge，1993.

［15］GILMORE J H，PINE II J B. Authenticity：What Consumers Really Want［M］. Cambridge：Harvard Business Review Press Books，2007.

［16］HAIR J F，BLACK B，BABIN B，et al. Multivariate Data Analysis（6th ed.）［M］. Upper Saddle River：Prentice Hall，2010.

［17］HAIR J F，BLACK W C，BABIN B J，et al. Multivariate Data Analysis：A Global Perspective，7th Edition［M］. Upper Saddie River：Pearson，2010.

［18］HAUSER G A. Introduction to Rhetorical Theory［M］. Long Grove：Waveland Press，Inc，2002.

［19］JUNG C，HULL R. Archetypes and the Collective Unconscious［M］. Woodstock：Princeton University Press，2014.

［20］KAUFMAN L，ROUSSEEUW P J. Divisive Analysis（Program DIANA）［M］. Hoboken：John Wiley & Sons，Ltd，2008.

［21］KELLNER D M. Baudrillard：A Critical Reader［M］. Oxford：Blackwell，1995.

［22］Kline R B. Principles And Practice Of Structural Equation Modeling［M］. The New York：Guilford Press，2010.

[23] MARIAMPOLSKI H. Ethnography for Marketers: A Guide to Consumer Immersion [M]. Thousand Oaks: SAGE Publications, 2006.

[24] PHELAN J, RABINOWITZ P J.A Companion to Narrative Theory [M]. Malden: Wiley–Blackwell, 2005.

[25] RICHARD M, ROBERT D. The Elements of Persuasion : Use Storytelling to Pitch Better, Sell Faster & Win more Business [M]. New York: Harper Business, 2007.

[26] TAYLOR C. The Ethics of Authenticity [M]. Cambridge: Harvard University Press , 1991.

[27] Tobias R B. 20 Master Plots: A How to Build Them– Research and Markets [M]. Blue Ash Writer's Digest Books, 2003.

[28] TRILLING L. Sincerity and authenticity [M]. Cambridge: Harvard University Press, 1975.

[29] WANG J C, WANG X Q. Structural Equation Modeling: Applications Using Mplus [M]. Hoboken: Wiley Publishing , 2012.

[30] ZAK P J, JENSEN M C. Moral Markets: The Critical Role of Values in the Economy [M]. Woodstock: Princeton University Press, 2008.

[31] WEDEL M, PIETERS R, Moutinho L, et al. Looking at Vision: Eye/face/head Tracking of Consumers for Improved Marketing Decisions [M]. New York: Routledge, 2014.

（二）期刊

[1] AAKER D A, JOAEHIMSTHALER E. The Brand Relationship Spectrum: The Key to the Brand Architecture Challenge [J]. California Management Review, 2000, 42（4）.

[2] AAKER D A. Measuring Brand Equity Across Products and Markets [J]. California Management Review, 1996, 38（3）.

[3] AAKER J L. Dimensions of Brand Personality [J]. Journal of Marketing Research, 1997, 34（3）.

［4］ADAVAL R，WYER R S. The Role of Narratives in Consumer Information Processing［J］. Journal of Consumer Psychology，1998，7（3）.

［5］AGAUAS S，THOMAS L. Suppressing the Magnocellular Pathway in Skilled Readers：An Eye Movement Study［J］. Journal of Vision，2018，18（10）.

［6］AGGARWAL P，MCGILL A L. Is That Car Smiling at Me? Schema Congruity as a Basis for Evaluating Anthropomorphized Products［J］. Journal of Consumer Research，2007，34（4）.

［7］ALEXANDER N. Brand Authentication：Creating and Maintaining Brand Auras［J］. European Journal of Marketing，2009，43（3-4）.

［8］ALGHARABAT R，DENNIS C. 3D Product Authenticity Model for Online Retail：An Invariance Analysis［J］. International Journal of Business Science & Applied Management，2010，5（3）.

［9］ALWITT L F. Suspense and Advertising Responses［J］. Journal of Consumer Psychology，2002，12（1）.

［10］AMP L Z S，HALLSUPA SUP A. Narrative Persuasion，Transportation，and the Role of Need for Cognition in Online Viewing of Fantastical Films［J］. Media Psychology，2012，15（3）.

［11］ANDERBERG J，MORRIS J. Authenticity and Transparency in the Advertising Industry：An Interview with John Morris［J］. Journal of Management Development，2006，25.

［12］ANDREU L，CASADO-DÍAZ A B，MATTILA A S. Effects of Message Appeal and Service Type in CSR Communication Strategies［J］. Journal of Business Research，2015，68（7）.

［13］ANNA Lundqvist，VERONICA·L，GUMMERUS J，et al. The Impact of Storytelling on the Consumer Brand Experience：The Case of a Firm-originated Story［J］. Journal of Brand Management，2013，20（4）.

［14］APPEL M，GNAMBS T，RICHTER T，et al. The Transportation Scale-Short Form（TS-SF）［J］. Media Psychology，2015，18（2）.

［15］BAAKILE M. Comparative Analysis of Teachers' perception of Equity, Pay Satisfaction, Affective Commitment and Intention to Turnover in Botswana［J］. Journal of Management Research, 2010, 3（1）.

［16］BAGOZZI R P, YI Y·J, NASSEN K D. Representation of Measurement Error in Marketing Variables: Review of Approaches and Extension to Three-facet Designs［J］. Journal of Econometrics, 1998, 89（1-2）.

［17］BANERJEE S C, GREENE K. Role of Transportation in the Persuasion Process: Cognitive and Affective Responses to Antidrug Narratives［J］. Journal of Health Communication, 2012, 17（5）.

［18］BANERJEE S, GULAS C S, IYER E. Shades of Green: A Multidimensional Analysis of Environmental Advertising［J］. Journal of Advertising, 1995, 24（2）.

［19］BARBER B. The Logic and Limits of Trust［J］. Anerican Political Science Review, 1983, 28（1）.

［20］BARZAQ M. Integrating Sequential Thinking Thought Teaching Stories in the Curriculum［J］. Action Research, 2009.

［21］BATTE M T, HOOKER N H, HAAB T C, et al. Putting their Money where Their Mouths are: Consumer Willingness to Pay for Multi-ingredient, Processed Organic Food Products［J］. Food Policy, 2007, 32（2）.

［22］BECKER M, WIEGAND N, REINARTZ W J. Does It Pay to Be Real? Understanding Authenticity in TV Advertising［J］. Journal of Marketing, 2019, 83（1）.

［23］BELL C. Branding New Zealand: The National Green-wash［J］. Bronzs British Review of New Zealand Studies , 2006, 15（6）.

［24］BERRY L L. Relationship Marketing of Services-Growing interest, Emerging Perspectives［J］. Journal of the Academy of Marketing Science, 1995, 23（4）.

［25］BERTINO E, FERRARI·E, SQUICCIARINI A C. Trust-X: A Peer-to-Peer Framework for Trust Establishment [J]. IEEE Transactions on Knowledge & Data Engineering, 2004, 16 (7).

[26] BEVERLAND M B, FARRELLY F J. The Quest for Authenticity in Consumption: Consumers' purposive Choice of Authentic Cues to Shape Experienced Outcomes [J]. Journal of Consumer Research, 2010, 36 (5).

[27] BEVERLAND M B, LINDGREEN A, VINK M W. Projecting Authenticity Through Advertising [J]. The Journal of Advertising, 2008, 37 (1).

[28] BEVERLAND M. The 'real thing': Branding Authenticity in the Luxury Wine Trade [J]. Journal of Business Research, 2006, 59 (2).

[29] BJORNER T · B, HANSEN L G, ROSSELL C S. Environmental Labeling and Consumers' choice An Empirical Analysis of the Effect of the Nordic Swan [J]. Journal of Environmental Economics & Management, 2004, 47 (3).

[30] BOLLEN K A, DIAMANTOPOULOS A. Notes on Measurement Theory for Causal-formative Indicators: A Reply to Hardin [J]. Psychological Methods, 2017, 22 (3).

[31] BOTTERILL J. Cowboys, Outlaws and Artists The Rhetoric of Authenticity and Contemporary Jeans and Sneaker Advertisements [J]. Journal of Consumer Culture, 2007, 7 (1).

[32] BRECHMAN J M, PURVIS S C. Narrative, Transportation and Advertising [J]. International Journal of Advertising, 2015, 34 (2).

[33] BROWN S, KOZINETS R V, SHERRY J F. Teaching Old Brands New Tricks: Retro Branding and the Revival of Brand Meaning [J]. Journal of Marketing, 2003, 67 (3).

[34] BRUHN M, SCHOENMÜLLER V, SCHFER D, et al. Brand Authenticity: Towards a Deeper Understanding of Its Conceptualization and Measurement [J]. Advances in Consumer Research. Association for Consumer Research(U.S.), 2012, 40 (40).

[35] BURMANN C, ZEPLIN S. Building Brand Commitment: A behavioural

Approach to Internal Brand Management [J]. Journal of Brand Management, 2005, 12 (4).

[36] CAO Y, Just D, WANSINK. Cognitive Dissonance, Confirmatory Bias and Inadequate Information Processing: Evidence from Experimental Auctions [J]. Social Science Electronic Publishing, 2014, 5.

[37] CARLSON L, GROVE S, KANGUN N. A Content Analysis of Environmental Advertising Claims: A Matrix Method Approach [J]. Journal of Advertising, 2013, 22.

[38] CARPENTER G S, NAKAMOTO K. Consumer Preference Formation and Pioneering Advantage [J]. Journal of Marketing Research, 1989, 26 (3).

[39] CARPENTER R H. History as Rhetoric: Style, Narrative, and Persuasion [J]. Philosophy and Khetoric, 1997, 30 (1).

[40] CAWELTI J G. Adventure, Mystery, and Romance: Formula Stories as Art and Popular Culture [J]. The Journal of American History, 1977, 47 (1).

[41] CHAUDHURI A, HOLBROOK M B. Product-class Effects on Brand Commitment and Brand Outcomes: The Role of Brand Trust and Brand Affect [J]. Journal of Brand Management, 2002, 10 (1).

[42] CHEN C M. CiteSpace II: Detecting and Visualizing Emerging Trends and Transient Patterns in Scientific Literature [J]. Journal of the American Society for Information Science and Technology, 2006, 57 (3).

[43] CHEN K·J, LIN J·S, CHOI J H, et al. Would You Be My Friend? An Examination of Global Marketers' Brand Personification Strategies in Social Media [J]. Journal of interactive advertising, 2015, 15 (2).

[44] CHEN Q, HUANG R, HOU B. Perceived authenticity of traditional branded restaurants (China): impacts on perceived quality, perceived value, and behavioural intentions [J]. Current Issues in Tourism, 2020, 23 (23).

[45] CHEN R·JC. Green to Gold: How Smart Companies Use Environmental Strategy to Innovate, Create Value, and Build Competitive Advantage [J]. Journal

of Sustainable Tourism, 2011, 19（6）.

［46］CHEN Y · S, CHANG C · H. Greenwash and Green Trust: The Mediation Effects of Green Consumer Confusion and Green Perceived Risk ［J］. Journal of Business Ethics, 2013, 114（3）.

［47］CHEN Y · S, HUANG A · F, WANG T · Y, et al. Greenwash and Green Purchase Behaviour: The Mediation of Green Brand Image and Green Brand Loyalty ［J］. Total Quality Management & Business Excellence, 2020, 31（1–2）.

［48］CHEN Y · S. The Driver of Green Innovation and Green Image–Green Core Competence ［J］. Journal of Business Ethics, 2008, 81（3）.

［49］CHEN Y · S. The Drivers of Green Brand Equity: Green Brand Image, Green Satisfaction, and Green Trust ［J］. Journal of Business Ethics, 2010, 93（2）.

［50］CHIU H · C, HSIEH Y · C, KUO Y · C. How to Align your Brand Stories with Your Products ［J］. Journal of Retailing, 2012, 88（2）.

［51］CINELLI M D, LEBOEUF R A. Keeping It Real: How Perceived Brand Authenticity Affects Product Perceptions ［J］. Journal of Consumer Psychology, 2019, 30（1）.

［52］COWELL A. Advertising, Rhetoric, and Literature: A Medieval Response to Contemporary Theory ［J］. Poetics Today, 2001, 22（4）.

［53］CRANE A. Facing the Backlash: Green Marketing and Strategic Reorientation in the 1990s ［J］. Journal of Strategic Marketing, 2000, 8（3）.

［54］CURRIER J M, KIM S H, SANDY C, et al. The Factor Structure of the Daily Spiritual Experiences Scale: Exploring the Role of Theistic and Nontheistic Approaches at the End of Life ［J］. Psychology of Religion and Spirituality, 2012, 4（2）.

［55］DARNALL N, JOLLEY G J, HANDFIELD R. Environmental Management Systems and Green Supply Chain Management: Complements for Sustainability? ［J］. Business Strategy and the Environment, 2008, 17（1）.

［56］DEIGHTON J, ROMER D, MCQUEEN J. Using Drama to Persuade ［J］.

Journal of Consumer Research, 1989, 16（3）.

［57］DELGADO-BALLESTER·E, MUNUERA-ALEMÁN·J. Brand Trust in the Context of Consumer Loyalty［J］. European Journal of Marketing, 2001, 35（11/12）.

［58］DESSART L, PITARDI V. How Stories Generate Consumer Engagement: An Exploratory study［J］. Journal of Business Research, 2019, 104.

［59］DOEDE R. On Being Authentic. By Charles Guignon［J］. Heythrop Journal-a Quarterly Review of Philosophy and Theology, 2007, 48.

［60］DURKIN S, WAKEFIELD M. Interrupting a Narrative Transportation Experience: Program Placement Effects on Responses to Antismoking Advertising［J］. Journal of Health Communication, 2008, 13（7）.

［61］DUTTON N G. Cognitive Vision, Its Disorders and Differential Diagnosis in Adults and Children: Knowing Where and What Things Are［J］. Eye, 2003, 17（3）.

［62］EDELL J A, BURKE M C. The Power of Feelings in Understanding Advertising Effects［J］. Journal of Consumer Research, 1987, 14.

［63］EGGERS F, O'DWYER M, KRAUS S, et al. The Impact of Brand Authenticity on Brand Trust and SME Growth: A CEO Perspective［J］. Journal of World Business, 2013, 48（3）.

［64］ELLISON B, DUFF B R L, WANG Z, et al. Putting the Organic Label in Context: Examining the Interactions Between the Organic Label, Product type, and Retail Outlet［J］. Food Quality and Preference, 2016, 49.

［65］ENJAMIN W. Work of Art in the Age of Mechanical Reproduction［J］. Media and Cultural Studies, 1969.

［66］ERKAN I, EVANS C. The Influence of e-WOM in Social Media on Consumers' purchase Intentions: An Extended Approach to Information Adoption［J］. Comput. Hum. Behav., 2016, 61.

［67］ESCALAS J E. Imagine Yourself in The Product: Mental Simulation, Narrative Transportation, and Persuasion［J］. Journal of Advertising, 2004, 33（2）.

［68］ESCALAS J E. Self-Referencing and Persuasion: Narrative Transportation versus Analytical Elaboration ［J］. Journal of Consumer Research, 2007, 33（3）.

［69］EWING D R, ALLEN C T, EWING R L. Authenticity as Meaning Validation: An Empirical Investigation of Iconic and Indexical Cues in a Context of "green" Products ［J］. Journal of Consumer Behaviour, 2012, 11（5）.

［70］Fabrigar L, Wegener D T, MACCALLUM R C, et al. Evaluating the Use of Exploratory Factor Analysis in Psychological Research ［J］. Psychological Methods, 1999（4）.

［71］FELDMAN M, SKO LDBERG K. Stories and the Rhetoric of Contrariety: Subtexts of Organizing（Change）［J］. Culture & Organization, 2002, 8（4）.

［72］FINE G A. Crafting Authenticity: The Validation of Identity in Self-Taught Art ［J］. Theory and Society, 2003, 32（2）.

［73］FISHBEIN M. An Investigation of the Relationships between Beliefs about an Object and the Attitude toward that Object［J］. Human Relations, 1963, 16（3）.

［74］FLUDERNIK M. An Introduction to Narratology ［J］. Poetics Today, 2010, 12（3）.

［75］FREATHY P, THOMAS I. Marketplace Metaphors: Communicating Authenticity through Visual Imagery ［J］. Consumption Markets & Culture, 2015, 18（2）.

［76］FREEMAN M. Mythical Time, Historical Time, and The Narrative Fabric of the Self ［J］. Narrative Inquiry, 1998, 8（1）.

［77］FRITZ K, SCHOENMUELLER V, BRUHN M. Authenticity in Branding-exploring Antecedents and Consequences of Brand Authenticity ［J］. European Journal of Marketing, 2017, 51（2）.

［78］GARBARINO E, JOHNSON M S. The Different Roles of Satisfaction, Trust, and Commitment in Customer Relationships ［J］. Journal of Marketing, 1999, 63（2）.

［79］GIANNAKAS K. Information Asymmetries and Consumption Decisions in Organic Food Product Markets［J］. Canadian Journal of Agricultural Economics/ Revue Canadienne DagroEconomie, 2002, 50（1）.

［80］GIOIA D A, SCHULTZ M, CORLEY K G. Organizational Identity, Image, and Adaptive Instability［J］. The Academy of Management Review, 2000, 25（1）.

［81］GLEIM M R, SMITH J S, ANDREWS D, et al. Against the Green: A Multi-method Examination of the Barriers to Green Consumption［J］. Journal of Retailing, 2013, 89（1）.

［82］GOLOMB J. In Search of Authenticity: Existentialism from Kierkegaard to Camus［J］. Environment & Planning D Society & Space, 1995, 14（6）.

［83］GOUGH R. When Champagne Became French: Wine and the Making of a National Identity by Kolleen M. Guy;Camembert: A National Mythby Pierre Boisard; Richard Miller［J］. Technology and Culture, 2004, 45（2）.

［84］GRANITZ N, FORMAN H. Building Self-brand Connections: Exploring Brand Stories through a Transmedia Perspective［J］. Journal of Brand Management, 2015, 22（1）.

［85］GRANT A M. Does Intrinsic Motivation Fuel the Prosocial Fire? Motivational Synergy in Predicting Persistence, Performance, and Productivity［J］. Journal Apply Psychology, 2008, 93（1）.

［86］GRANT J. Green marketing［J］. Strategic Direction, 2008, 24（6）.

［87］GRAYSON K, MARTINEC R, BRODIN K, et al. Consumer Perceptions of Iconicity and Indexicality and Their Influence on Assessments of Authentic Market Offerings［J］. Journal of Consumer Research, 2004, 31（2）.

［88］GREEN M C, BROCK T C. The Role of Transportation in the Persuasiveness of Public Narratives［J］. Journal of Personality and Social Psychology, 2000, 79（5）.

［89］GRIMMER M, WOOLLEY M. Green Marketing Messages and

Consumers' purchase Intentions: Promoting Personal versus Environmental Benefits [J]. Journal of marketing communications, 2014, 20 (4).

[90] GUARDIA J, RYAN R M, COUCHMAN C E, et al. Within-person Variation in Security of Attachment: A Self-determination Theory Perspective on Attachment, Need Fulfillment, and Well-being [J]. Journal of Personality & Social Psychology, 2000, 79 (3).

[91] GUÈVREMONT A, GROHMANN B. Does Brand Authenticity Alleviate the Effect of Brand Scandals? [J]. Journal of Brand Management, 2018, 25 (4).

[92] GUNDLACH H, NEVILLE B. Authenticity: Further theoretical and practical development [J]. Journal of Brand Management, 2012, 19 (6).

[93] Gutman M. The Morphological and Archetypal Traces in the American Dream: Exploring the Potential of the Narrative Structure and Symbolism [J]. Letnik XXVIII, Številka 3 - 4: 161 - 213., 2017.

[94] HAMANN R, KAPELUS P. Corporate Social Responsibility in Mining in Southern Africa: Fair Accountability or just Greenwash? [J]. Development, 2004, 47 (3).

[95] HAMBY A, BRINBERG D, DANILOSKI K. It's about Our Values: How Founder's Stories Influence Brand Authenticity [J]. Psychology & Marketing, 2019, 36 (11).

[96] HANNUS A, CORNELISSEN F W, LINDEMANN O, et al. Selection-for-action In Visual Search [J]. Acta Psychologica, 2005, 118 (1-2).

[97] HARTMANN P, APAOLAZA IBÁNEZ V, FORCADA SAINZ F J. Green Branding Effects on Attitude: Functional versus Emotional Positioning Strategies [J]. Marketing Intelligence & Planning, 2005, 23 (1).

[98] HATANAKA M, BUSCH L. Third-Party Certification in the Global Agri Food System: An Objective or Socially Mediated Governance Mechanism? [J]. Sociologia Ruralis, 2010, 48 (1).

[99] HEATH H, COWLEY S. Developing a Grounded Theory Approach: A

Comparison of Glaser and Strauss [J]. International Journal of Nursing Studies, 2004, 41（2）.

[100] HERSKOVITZ S, CRYSTAL M. The Essential Brand Persona: Storytelling and Branding [J]. Journal of Business Strategy, 2010, 31（3）.

[101] HOBBS J E, GODDARD E. Consumers and trust [J]. Food Policy, 2015, 52.

[102] HOLMSTRÖM S. Niklas Luhmann: Contingency, Risk, Trust and Reflection [J]. Public Relations Review, 2007, 33（3）.

[103] HOLT D B. Why Do Brands Cause Trouble? A Dialectical Theory of Consumer Culture and Branding [J]. Journal of Consumer Research, 2002, 29（1）.

[104] HOLT R, MACPHERSON A. Sensemaking, Rhetoric and the Socially Competent Entrepreneur [J]. International Small Business Journal, 2010, 28（1）.

[105] ITTI L, KOCH C. Computational Modelling of Visual Attention [J]. Nature Reviews Neuroscience, 2001, 2（3）.

[106] JANSSEN C, VANHAMME J. The Role of Brand Prominence on Consumer Perceptions of Responsible Luxury [J]. Arcwebsite.org, 2014, 119（1）.

[107] JANSSEN S, DALFSEN C, HOOF J, et al. Balancing Uniqueness and Similarity: A Content Analysis of Textual Characteristics in Dutch Corporate Stories [J]. Public Relations Review, 2012, 38（1）.

[108] JARVIS C B, MACKENZIE S B, PODSAKOFF P M. A Critical Review of Construct Indicators and Measurement Model Misspecification in Marketing and Consumer Research [J]. Journal of Consumer Research, 2003, 30（2）.

[109] JOHNSON D, GRAYSON K. Cognitive and Affective Trust in Service Relationships [J]. Journal of Business Research, 2005, 58（4）.

[110] KASABOV E. Unknown, Surprising, and Economically Significant: The Realities of Electronic Word of Mouth in Chinese Social Networking Sites [J]. Journal of Business Research, 2016, 69（2）.

[111] KAUFMAN B. Stories that Sell, Stories that Tell [J]. Journal of

Business Strategy，2003，24（2）．

［112］KAY M. Strong Brands and Corporate Brands［J］．European Journal of Marketing，2006，40.

［113］KENT M L. The Power of Storytelling in Public Relations：Introducing the 20 Master Plots-ScienceDirect［J］．Public Relations Review，2015，41（4）．

［114］KIM J，ZHO W，CHANG L，et al. Unified Structural Equation Modeling Approach for the Analysis of Multisubject，Multivariate Functional MRI data［J］．Human Brain Mapping，2010，28（2）．

［115］KIM M K，PARK J H，PAIK J H. Relationship between Service-Related Activities，Service Capability and Market Diffusion：Case of WiBro［J］．Etri Journal，2014，36（3）．

［116］KNIAZEVA M，BELK R W. If This Brand Were a Person，or Anthropomorphism of Brands Through Packaging Stories［J］．Journal of Global Academy of Marketing Science，2010，20（3）．

［117］KWON E S，SUNG Y. Follow Me！Global Marketers' Twitter Use［J］．Journal of Interactive Advertising，2011，12（1）．

［118］LDHA B，KM C. Digital Content Marketing's Role in Fostering Consumer Engagement，Trust，and Value：Framework，Fundamental Propositions，and Implications［J］．Journal of Interactive Marketing，2019，45.

［119］LE D，PRATT M，WANG Y，et al. How to Win the Consumer's Heart？Exploring Appraisal Determinants of Consumer Pre-Consumption Emotions［J］．International Journal of Hospitality Management，2020，88.

［120］LEIGH T W，PETERS C，SHELTON J. The Consumer Quest for Authenticity：The Multiplicity of Meanings within the MG Subculture of Consumption［J］．Journal of the Academy of Marketing Science，2006，34（4）．

［121］LESLIE A. How Stories Argue：The Deep Roots of Storytelling in Political Rhetoric［J］．Storytelling，Self，Society，2015，11.

［122］LIEN N·H，CHEN Y·L. Narrative ads：The Effect of Argument

Strength and Story Format［J］. Journal of Business Research，2013，66（4）.

［123］LIM E·A C，ANG S H，LEE Y H，et al. Processing Idioms in Advertising Discourse：Effects of Familiarity，Literality，and Compositionality on Consumer AD Response［J］. Journal of Pragmatics，2009，41（9）.

［124］LIN J·L，LOBO A，LECKIE C. Green Brand Benefits and Their Influence on Brand Loyalty［J］. Marketing Intelligence & Planning，2017，35（3）.

［125］LLOYD S，WOODSIDE A G. Animals，Archetypes，and Advertising（A3）：The Theory and the Practice of Customer Brand Symbolism［J］. Journal of Marketing Management，2013，29（1-2）.

［126］LUNDQUIST·E. Healthcare.gov，Enterprise Startup Boom Among Top 2013 IT Stories［J］. Eweek，2013.

［127］MACKENZIE DONALD，MILLO·Y. Constructing a Market，Performing Theory：The Historical Sociology of a Financial Derivatives Exchange［J］. American Journal of Sociology，2003，109（1）.

［128］MANSOURIAN Y. Adoption of Grounded Theory in LIS Research［J］. New Library World，2006，107（9/10）.

［129］MARKUS H R，KITAYAMA·S. Culture and the Self：Implications for Cognition，Emotion，and Motivation［J］. Psychological Review，1991，98（2）.

［130］MARTINEZ F. Corporate Strategy and the Environment：Towards a Four-Dimensional Compatibility Model for Fostering Green Management Decisions［J］. Corporate Governance，2014，14（5）.

［131］MATTILA A. The Role of Narratives in the Advertising of Experiential Services［J］. Journal of Service Research，2000，3.

［132］MAYFIELD J，MAYFIELD M. The Creative Environment's Influence on Intent to Turnover：A Structural Equation Model and Analysis［J］. Management Research News，2008，31（1）.

［133］MAZUTIS D D，SLAWINSKI N. Reconnecting Business and Society：Perceptions of Authenticity in Corporate Social Responsibility［J］. Journal of

Business Ethics, 2015, 131 (1).

[134] MCKEE R. Storytelling That Moves People: A Conversation with Screenwriting Coach Robert McKee [J]. Harvard Business Review, 2003, 81 (6).

[135] MENON R, SIGURDSSON V, LARSEN N M, et al. Consumer Attention to Price in Social Commerce: Eye Tracking Patterns in Retail Clothing [J]. Journal of Business Research, 2016, 69 (11).

[136] MEZGER A, CABANELAS P, CABIDDU F, et al. What Does it Matter for Trust of Green Consumers? An Application to German Electricity Market [J]. Journal of Cleaner Production, 2020, 242.

[137] MICU A C, PLUMMER J T. Measurable Emotions: How Television Ads Really Work [J]. Journal of Advertising Research, 2010, 50 (2).

[138] MO X·H, SUN E, YANG X. Consumer Visual Attention and Behaviour of Online Clothing [J]. International Journal of Clothing Science and Technology, 2020, 33 (3).

[139] MORGAN R M, HUNT S D. The Commitment-Trust Theory of Relationship Marketing [J]. Journal of Marketing, 1994, 58 (3).

[140] MORHART F, MALÄR L, Guèvremont A, et al. Brand authenticity: An Integrative Framework and Measurement Scale [J]. Journal of Consumer Psychology, 2015, 25 (2).

[141] MOSSBERG L. Extraordinary Experiences through Storytelling [J]. Scandinavian Journal of Hospitality & Tourism, 2008, 8 (3).

[142] MOTHERSBAUGH D L, HUHMANN B A, FRANKE G R. Combinatory and Separative Effects of Rhetorical Figures on Consumers' Effort and Focus in Ad Processing [J]. Journal of Consumer Research, 2002 (4).

[143] MOULARD J, BABIN B J, GRIFFIN M. How aspects of a wine's place affect consumers' authenticity perceptions and purchase intentions [J]. International Journal of Wine Business Research, 2015, 27 (1).

[144] MOURAD M, SERAG ELDIN AHMED Y. Perception of Green Brand in

An Emerging Inno

[145] NAPOLI J, DICKINSON S J, BEVERLAND M B, et al. Measuring Consumer-based Brand Authenticity[J]. Journal of Business Research,2014,67(6).

[146] NEWMAN G E, DHAR R. Authenticity Is Contagious: Brand Essence and the Original Source of Production [J]. Journal of Marketing Research, 2014, 51 (3).

[147] NUNES J C, ORDANINI A, GIAMBASTIANI G. The Concept of Authenticity: What It Means to Consumers[J]. Journal of Marketing,2021,85(4).

[148] O'SULLIVAN T. All Marketers Are Liars: The Power of Telling Authentic Stories in a Low-Trust World [J]. Journal of Targeting, Measurement and Analysis for Marketing, 2006, 15 (1).

[149] OTT H K, VAFEIADIS M, KUMBLE S, et al. Effect of Message Interactivity on Product Attitudes and Purchase Intentions [J]. Journal of Promotion Management, 2016, 22 (1).

[150] PACE S. Can A Commercially Oriented Brand Be Authentic? A Preliminary Study of The Effects Of A Pro-Business Attitude On Consumer-Based Brand Authenticity [J]. Journal of Applied Business Research, 2015, 31.

[151] PADGETT D, ALLEN D. Communicating Experiences: A Narrative Approach to Creating Service Brand Image[J]. Journal of Advertising,1997,26(4).

[152] PAHARIA N, KEINAN A, AVERY J, et al. The Underdog Effect: The Marketing of Disadvantage and Determination through Brand Biography [J]. Journal of Consumer Research, 2011, 37 (5).

[153] PAPISTA E, DIMITRIADIS S. Consumer-green Brand Relationships: Revisiting Benefits, Relationship Quality and Outcomes [J]. Journal of Product & Brand Management, 2019, 28 (2).

[154] PARGUEL B, BENOT-MOREAU F, LARCENEUX F. How Sustainability Ratings Might Deter 'Greenwashing': A Closer Look at Ethical Corporate Communication [J]. Journal of Business Ethics, 2011, 102 (1).

[155] PARK J K, GUNN F, HAN S L. Multidimensional Trust Building in E-retailing: Cross-cultural Differences in Trust Formation and Implications for Perceived Risk [J]. Journal of Retailing & Consumer Services, 2012, 19 (3).

[156] PERA R, VIGLIA G, FURLAN R. Who Am I? How Compelling Self-storytelling Builds Digital Personal Reputation [J]. Journal of Interactive Marketing, 2016, 35.

[157] PETERSON R A. In Search of Authenticity [J]. Journal of Management Studies, 2005, 42 (5).

[158] PICKETT-BAKER J, OZAKI R. Pro-environmental Products: Marketing influence on Consumer Purchase Decision [J]. Journal of Consumer Marketing, 2008, 25 (4-5).

[159] POPE N. The Economics of Attention: Style and Substance in the Age of Information [J]. Technology & Culture, 2007, 48 (3).

[160] PORTAL S, ABRATT R, BENDIXEN M. The Role of Brand Authenticity in Developing Brand Trust [J]. Journal of Strategic Marketing, 2019, 27 (8).

[161] RAMKISSOON H. Authenticity, Satisfaction, and Place Attachment: A Conceptual Framework for Cultural Tourism in African Island Economies [J]. Development Southern Africa, 2015, 32 (3).

[162] RAMZY A. The Leader's Guide to Storytelling. Mastering the Art and Discipline of Business Narrative [J]. Corporate Reputation Review, 2007, 10 (2).

[163] RETTIE R, BURCHELL K, RILEY D. Normalising Green Benaviours: A New Approach to Sustainability Marketing Normalising Green Behaviours [J]. Journal of Marketing Management, 2012, 28 (3-4).

[164] RICHARDSON B. 'It's a fix!' The Mediative Influence of the X Factor Tribe on Narrative Transportation as Persuasive Process [J]. Journal of Consumer Behaviour, 2013, 12 (2).

[165] ROMANIUK J, NGUYEN C. Is Consumer Psychology Research Ready

for Today's Attention Economy? [J]. Journal of Marketing Management, 2017, 33 (11-12).

[166] ROSSOLATOS G. Brand Image Re-revisited: A Semiotic Note on Brand Iconicity and Brand Symbols [J]. Social Semiotics, 2016, 28 (3).

[167] ROUSSEAU D, SITKIN S, BURT R, et al. Not So Different After All: A Cross-Discipline View of Trust [J]. Academy of Management Review, 1998, 23.

[168] RYU K, LEHTO X Y, GORDON S E, et al. Effect of a Brand Story Structure on Narrative Transportation and Perceived Brand Image of Luxury Hotels [J]. Tourism Management, 2019, 71.

[169] SARKAR A N. Green Supply Chain Management: A Potent Tool for Sustainable Green Marketing [J]. Asia-Pacific Journal of Management Research and Innovation, 2012, 8 (4).

[170] SCHALLEHN M, BURMANN C, RILEY N. Brand Authenticity: Model Development and Empirical Testing [J]. Journal of Product & Brand Management, 2014, 23 (3).

[171] SCHWARTZ S H. Are There Universal Aspects in the Structure and Contents of Human Values? [J]. Journal of Social Issues, 1994, 50 (4).

[172] SHANKAR P, DILWORTH J L, HYERS M J. Nutritional Adequacy and Factors that Influence Food Choices among Undergraduate Students [J]. Journal of the American Dietetic Association, 2001, 101 (9).

[173] SINGELIS T M. The Measurement of Independent and Interdependent Self-Construals [J]. Personality & Social Psychology Bulletin, 1994, 20 (5).

[174] SINGH S, SONNENBURG S. Brand Performances in Social Media [J]. Journal of Interactive Marketing, 2012, 26 (4).

[175] SÖDERGREN J. Brand authenticity: 25 Years of research [J]. International Journal of Consumer Studies, 2021, 45.

[176] SOETAERT R, RUTTEN K. Rhetoric, Narrative and Management:

Learning from Mad Men [J]. Journal of Organizational Change Management, 2017, 30 (3).

[177] SOHN J A, SAHA S, BAUHUS J. Potential of Forest Thinning to Mitigate Drought Stress: A Meta-analysis [J]. Forest Ecology and Management, 2016, 380.

[178] SPICER J. Making Sense of Multivariate Data Analysis [J]. Annals of Pharmacotherapy, 2005.

[179] SPIGGLE S, NGUYEN H, CARAVELLA M. More than Fit: Brand Extension Authenticity [J]. Social Science Electronic Publishing, 2012, 49.

[180] STAUB A, RAYNER K. Eye Movements and On-line Comprehension Processes [J]. Language & Cognitive Processes, 2009, 4 (3-4).

[181] STEINER C J, Reisinger Y. Understanding Existential Authenticity [J]. Annals of Tourism Research, 2006, 33 (2).

[182] STERN B. Authenticity and the Textual Persona: Postmodern Paradoxes in Advertising Narrative [J]. International Journal of Research in Marketing, 1994, 11 (4).

[183] STRICKLAND L H. Surveillance and Trust1 [J]. Journal of Personality, 1958, 26 (2).

[184] SUNG Y, KIM J. Effects of Brand Personality on Brand Trust and Brand Affect [J]. Psychology & Marketing, 2010, 27 (7).

[185] TERRA C. The Seven Sins of Greenwashing: Environmental Claims in Consumer Markets [J]. Environmental Marketing, 2009.

[186] THOMPSON C J, ARSEL Z. The Starbucks Brandscape and Consumers' (Anticorporate) Experiences of Glocalization [J]. Journal of Consumer Research, 2004, 31 (3).

[187] TRIANDIS H C. The Self and Social Behavior in Differing Cultural Contexts [J]. Psychological Review, 1989, 96 (3).

[188] TROPE Y, LIBERMAN N. Construal-level Theory of Psychological

Distance [J]. Psychological Review, 2010, 117 (2).

[189] TSAI M. Storytelling Advertising Investment Profits in Marketing: From the Perspective of Consumers' purchase Intention [J]. Mathematics, 2020, 8 (10).

[190] UANG W · Y. Brand Story and Perceived Brand Image: Evidence from Taiwan [J]. Journal of Family and Economic Issues, 2010, 31 (3).

[191] UNNAVA H R, Burnkrant R E. An Imagery-Processing View of the Role of Pictures in Print Advertisements [J]. Journal of Marketing Research, 1991, 28 (2).

[192] URDE M, GREYSER S A, BALMER J. Corporate Brands with a Heritage [J]. Journal of Brand Management, 2007, 15 (1).

[193] VAN LAER T, DE RUYTER K, VISCONTI L M, et al. The Extended Transportation-Imagery Model: A Meta-Analysis of the Antecedents and Consequences of Consumers' Narrative Transportation [J]. Journal of Consumer Research, 2014, 40 (5).

[194] VINCENT L. Managing Your Practice: Success a la Carte. (Cover Story) [J]. Advisor Today, 2002, 97 (12).

[195] WANG J, CALDER B J. Media Transportation and Advertising [J]. Journal of Consumer Research, 2006, 33 (2).

[196] WANG N. Rethinking Authenticity in Tourism Experience [J]. Annals of Tourism Research, 1999, 26 (2).

[197] WATSON T J. Shaping the Story: Rhetoric, Persuasion and Creative Writing in Organizational Ethnography [J]. Studies in Cultures, Organizations and Societies, 1995, 1 (2).

[198] WEN J T, SONG B. Corporate Ethical Branding on YouTube: CSR Communication Strategies and Brand Anthropomorphism [J]. Journal of Interactive Advertising, 2017, 17 (1).

[199] WEST P M, HUBER J, MIN K S. Altering Experienced Utility: The Impact of Story Writing and Self-referencing on Preferences [J]. Journal of

Consumer Research, 2004, 31.

[200] WICKI S, KAAIJ J. Is it True Love Between the Octopus and the Frog? How to Avoid the Authenticity Gap[J]. Corporate Reputation Review, 2007, 10(4).

[201] WISSMATH B, WEIBEL D, GRONER R. Dubbing or Subtitling? Effects on Spatial Presence, Transportation, Flow, and Enjoyment [J]. Journal of Media Psychology Theories Methods & Applications, 2009, 21 (3).

[202] WOOD Lisa. Dimensions of Brand Purchasing Behaviour: Consumers in the 18-24 age Group [J]. Journal of Consumer Behaviour, 2004, 4.

[203] WOODSIDE A G, MEGEHEE C M. Travel Storytelling Theory and Practice [J]. Anatolia, 2009, 20 (1).

[204] WOODSIDE A G, SOOD S, MILLER K E. When Consumers and Brands Talk: Storytelling Theory and Research in Psychology and Marketing [J]. Psychology and Marketing, 2008, 25 (2).

[205] WOODSIDE A G. Brand-Consumer Storytelling Theory and Research: Introduction to a Psychology & Marketing Special Issue [J]. Psychology & Marketing, 2010, 27 (6).

[206] WU H · C, CHENG C · C. What Drives Green Persistence Intentions? [J]. Asia Pacific Journal of Marketing and Logistics, 2019, 31 (1).

[207] XIANG C J, CHEN P. A Review of Trust Studies [J]. Journal of Guangzhou University (social science edition), 2003, 5.

[208] XIE L S, PENG J M, HUAN T C. Crafting and Testing a Central Precept in Service-dominant Logic: Hotel Employees' brand-citizenship Behavior and Customers' brand Trust [J]. International Journal of Hospitality Management, 2014, 42.

[209] XU Y · H, DU J · G, SHAHZAD F, et al. Untying the Influence of Green Brand Authenticity on Electronic Word-of-Mouth Intention: A Moderation-Mediation Model [J]. Frontiers in Psychology, 2021, 12.

[210] YU M · H, HUANG Y · C, Li C, et al. Building Three-Dimensional

Graphene Frameworks for Energy Storage and Catalysis [J]. Advanced Functional Materials, 2015, 25 (2).

[211] ZAK P J. Why Inspiring Stories Make Us React: The Neuroscience of Narrative [J]. Cerebrum: The Dana Forum on Brain Science, 2015.

[212] ZAMEER H, WANG Y, YASMEEN H. Reinforcing Green Competitive Advantage Through Green Production, Creativity and Green Brand Image: Implications for Cleaner Production in China [J]. Journal of Cleaner Production, 2019, 247 (2).

[213] ZHANG M · H, MERUNKA D. The Impact of Territory of Origin on Product Authenticity Perceptions [J]. Asia Pacific Journal of Marketing and Logistics, 2015, 27 (3).

[214] ZUCKER L G. Production of Trust: Institutional Sources of Economic Structure [J]. Research in Organizational Behavior, 1986, 8.

（三）论文集

[1] BEI L T, CHEN M Y, TSAI M C. The Thinking Style and Information Source Preference for Consumers with an Interdependent–Self versus an Independent–Self [C]. Proceedings of the 2007 Society for Marketing Advances Annual Conference. Antonio, TX, USA, 2007.

[2] CHEN Y · S, TIEN W · P, LEE Y · I, et al. 2016 Portland International Conference on Management of Engineering and Technology Greenwash and Green Brand Equity [C]. Honolulu: IEEE, 2016.

[3] CHO S. Interpersonal Communication between Brands and Consumers: A self–Presentation Study of Corporate Blogs [C]. University of Minnesota. Proceedings of the New Media Research Conference, 2006.

[4] IVERSEN S. In The Living Handbook of Narratology: Narratives in Rhetorical Discourse [C]. Hamburg: Hamburg University Press, 2014.